古典文獻研究輯刊

三二編

潘美月・杜潔祥 主編

第 1 冊

《三二編》總目

編 輯 部 編

《四庫提要》精選精注
（第一冊）

司馬朝軍 著

國家圖書館出版品預行編目資料

《四庫提要》精選精注（第一冊）／司馬朝軍 著 -- 初版 -- 新
北市：花木蘭文化事業有限公司，2021〔民110〕
序 2+ 目 34+224 面；19×26 公分
（古典文獻研究輯刊 三二編；第 1 冊）
ISBN 978-986-518-382-0（精裝）
1. 四庫全書 2. 研究考訂
011.08　　　　　　　　　　　　　　　　　　110000575

ISBN-978-986-518-382-0

9 789865 183820

古典文獻研究輯刊
三二編　第 一 冊　　　　　　ISBN：978-986-518-382-0

《四庫提要》精選精注（第一冊）

作　　者　司馬朝軍
主　　編　潘美月、杜潔祥
總 編 輯　杜潔祥
副總編輯　楊嘉樂
編　　輯　許郁翎、張雅淋　美術編輯　陳逸婷
出　　版　花木蘭文化事業有限公司
發 行 人　高小娟
聯絡地址　235 新北市中和區中安街七二號十三樓
　　　　　電話：02-2923-1455／傳真：02-2923-1452
網　　址　http://www.huamulan.tw 信箱 service@huamulans.com
印　　刷　普羅文化出版廣告事業
初　　版　2021 年 3 月
全書字數　1388152 字
定　　價　三二編 47 冊（精裝）台幣 120,000 元

《三二編》總目

編輯部　編

《古典文獻研究輯刊》三二編　書目

史學文獻研究專輯

諸子學文獻研究專輯

佛教文獻研究專輯

古籍整理與研究專輯

專題文獻研究專輯

出土文獻研究專輯

《三二編》各書作者簡介・提要

第一至七冊　《四庫提要》精選精注

作者簡介

　　司馬朝軍，上海社會科學院歷史研究所研究員、古代史室主任。曾任武漢大學國學院經學教授、歷史學院專門史教授、信息管理學院文獻學教授、中國傳統文化研究中心研究員、四庫學研究中心主任。著有《四庫全書總目研究》《四庫全書總目編纂考》《四庫全書總目精華錄》《續修四庫全書雜家類提要》《四庫全書與中國文化》等四庫學系列著作，主撰《辨偽研究書系》，此外出版國學系列著作多種（如《國故新證》《國故新衡》《國故新語》《漢志諸子略通考》《子略校釋》《黃侃年譜》《黃侃評傳》等），著述數十種，遍及四部。組織主持「經學論壇」與「江南學論壇」，主編連續性學術集刊《傳統中國研究集刊》與不定期學術集刊《江南學論叢》。

提　要

　　本書以浙本《四庫全書總目》為底本，以殿本《四庫全書總目》、文淵閣本《四庫全書》卷端提要為參校本。底本提要原不分段，此次整理大體按照「其人——其書——其學」的結構模式分段，以醒眉目。底本每條提要未注明作者生卒年，本書將目前能夠考證出生卒年的作者全部補出，以小字夾註形式附錄在該作者名下。作者介紹不足的條目，補充有關史料，特別關注人物年譜、傳記及相關研究資料。全書共選1000則提要，大致分為兩大部分：一是能夠代表中國文化的經典文獻，二是書未必重要但提要寫得精彩者。以前者為主，後者為輔。為相關專家提供最新研究的大量信息，包括有關作者研究、文本整理與研究的最新成果，具有極高的學術價值。

第八、九、十冊　《史記》校補

作者簡介

　　蕭旭，男，漢族，1965 年 10 月 14 日（農曆）出生，江蘇靖江市人。常州大學兼職教授，南京師範大學客座研究員。中國訓詁學會會員，中國敦煌吐魯番學會會員。

　　無學歷，無職稱，無師承。竊慕高郵之學，校讀群書自娛。出版學術專著《古書虛詞旁釋》、《群書校補》、《群書校補（續）》、《淮南子校補》、《韓非子校補》、《呂氏春秋校補》、《荀子校補》、《敦煌文獻校讀記》8 種，都 600 萬字。在海內外學術期刊發表學術論文 120 篇，都 200 萬字。

提　要

　　本書稿由三部分組成：一是《史記校補》，是對《史記》各卷的校勘訓詁；二是《史記校證》，是針對中華書局《史記》新點校本提出的個人意見；三是 3 篇論文。

第十一冊　清代西藏方志考論

作者簡介

　　柳森，男，漢族，1980 年生，黑龍江七臺河人，博士，副研究館員，現就職於中國國家圖書館，主要從事藏文文獻整理與研究工作。本科畢業於蘭州大學世界歷史專業，獲得歷史學學士學位（2003）。研究生畢業於中央民族大學中國少數民族史專業（藏學方向），先後獲得法學碩士學位（2008）、法學博士學位（2012）。已在《宗教學研究》、《中國藏學》、《民族文學研究》、《中國邊疆史地研究》等核心期刊發表論文 35 篇。

提　要

　　本書以清代西藏方志為研究中心，在論述清代西藏方志產生與發展之背景、概況與特徵的基礎上，將雍正朝視為清代西藏方志發端期，而乾嘉時期為其勃興與繁盛期，道光朝至清末則是其式微與轉型期。由此，本書以各志成書時間為序，針對《藏紀概》、雍正《四川通志·西域》、乾隆《雅州府志·西域》、《西域全書》、《西藏志》、《西藏記述》、《西藏見聞錄》、乾隆《西寧府新志·武備志·西藏》、《西域遺聞》、《衛藏圖識》、《西藏賦》、《衛藏通志》、

《西藏圖說》、嘉慶《四川通志‧西域志》、《西藏紀聞》、《西藏圖考》、《巴塘鹽井鄉土志》、《西藏新志》等 18 種清代西藏方志，圍繞其作者生平、成書時間、成書背景、版本源流、篇目內容、史料來源、文獻價值、不足之處等進行全方位、綜合性研究。本書採用考證與論述結合的方法，突破專史單一視角的史學研究範式，開展融合歷史學、藏學、文獻學、方志學、邊疆學的跨學科交叉性研究，以期對前人成果予以修正與完善，並在最大限度內填補學術空白，將清代西藏方志研究推向縱深。

第十二冊　戰國《尚書》學研究

作者簡介

鍾雲瑞，男，1990 年生，山東壽光人。曲阜師範大學文學碩士，山東大學中國古典文獻學博士。現為曲阜師範大學孔子文化研究院講師，主要研究方向為古典文獻學、《尚書》學。

目前主持國家社科基金後期資助項目「《尚書》文獻序跋彙錄」、教育部人文社科青年基金項目「清代《御纂七經》研究」、山東省社科規劃優勢學科項目「清代山東《尚書》文獻整理研究」。在《人民論壇》《海南大學學報》等刊物發表論文十餘篇，點校古籍《欽定書經傳說彙纂》《尚書質疑》《清代山東尚書文獻八種》。

提　要

春秋末期，中國的思想界進入「軸心時代」，社會秩序被新的階層關係打破，周王室的衰微導致上層貴族所執掌的文化、政治、思想等因素流入諸侯國乃至民間，即「天子失官，學在四夷」。

《尚書》是關於上古政治的歷史文獻彙編，保存了大量的先王之事，蘊含著豐富的教化思想。孔子以《尚書》為政治教科書，以《書》篇要旨教誨弟子。孔子後學論及《尚書》者主要有顏回、子路、子貢、漆雕開、子夏、子張、曾子等七人。孔子作為《書》教傳統的承擔者，促進了《書》學的保存與傳播，開啟王官之學向諸子之學下移的序幕。孔子後學在促進《書》學發展，推動《書》教傳統形成方面產生深遠的影響。

《尚書》作為政教之書，戰國諸子在議論政事時必然對《書》篇文獻進行徵引，本書就《墨子》《孟子》《莊子》《荀子》《韓非子》《呂氏春秋》《戰

國策》七部典籍進行探究，以反映不同學派的《書》學面貌。出土文獻的不斷湧現，為解決《尚書》相關問題提供了新的契機。

戰國時代諸子百家為求取政治上的話語權，必然援引《尚書》以論證其學說理論，對《書》學大義進行徵引與改造，使之符合己說而推行於世。因此對戰國時代諸子百家徵引《尚書》的情況進行研究，可以全面瞭解戰國時期《尚書》的存在面貌，考辨諸家傳習《尚書》的版本差別，亦可以梳理春秋戰國之際《尚書》的流佈與傳播情況。

第十三至十六冊 《周易玩辭困學記》校證

作者簡介

陳開林（1985～），又名陳宣輔，湖北麻城人。2009 年畢業於重慶工商大學商務策劃學院，獲管理學學士學位（市場營銷專業商務策劃管理方向）。2012年畢業於湖北大學文學院，獲文學碩士學位（中國古代文學先秦方向）。2015年畢業於華中師範大學文學院，獲文學博士學位（中國古代文學元明清方向）。現為鹽城師範學院文學院講師。主要研究宋元明清文學、近代文學、中國古典文獻學、經學。出版專著《〈全元文〉補正》、《劉毓崧文集校證》，並在《圖書館雜誌》《文獻》《中國典籍與文化》《古典文獻研究》《中國詩學》《圖書館理論與實踐》等刊物發表論文 90 餘篇。

提　要

近年來，諸多出版社紛紛刊行易學叢書，然而選題主要聚集於王弼、李鼎祚、孔穎達、程頤、朱熹、來知德、王夫之、惠棟、尚秉和等人，多有重複。部分優秀的易學典籍，則備受冷落，亟待整理。明末張仲次所著《周易玩辭困學記》即其一例。錢謙益評其書「創獲於古人所未發」，四庫館臣亦持論較高，有整理之必要。

本書係《周易玩辭困學記》的首個整理本，也是著者史源學考易系列第一種。一，以清康熙六年（1667 年）刻本為底本，施以現代標點。二，以文淵閣四庫全書本為參校本，以見文本之異同。三，張氏引錄他人之說甚多，用史源學之方法逐條查考張氏引文，以明引文起止之斷限，孰為引文，孰為己說，一目了然。通過比勘引文與原出處文字，可糾正引文剪裁之訛誤。四，書中未標明係引文的部分，多為張氏自撰，但部分內容或係引錄他人之說，

而不注明；或係改換他人之說，敷衍而成，亦儘量一一查明，以見張氏取材之來源。

第十七冊 《論語》注比較研究——以《集注》《新解》為中心考察

作者簡介

宋慶財，生於台灣屏東，自幼好古典文學，不拘漢賦、唐詩、宋詞和散文，尤鍾儒家及老莊哲思。自立至不惑之際，泛濫社會工作、文化創意、美學設計、休閒觀光諸領域。知天命之年，負笈香江親炙碩堂先生（何師廣棪教授），鑽研《論語》、朱子與錢穆之學。業師身言併教，旦夕敦品勵學，浸潤其間，受益良多。歲次戊戌幸得文學博士暨助理教授銜。現於大專校院講授中國文學與觀光休憩等相關課程。

提 要

《論語》係記載孔子言行之重要典籍，深受世人推崇，為之注者不可勝數。《集注》乃朱熹馨四十年之薈萃，為宋代理學家對《論語》理解之代出者；《新解》為錢穆治學之英華，冀求通俗易覽而折中求是。朱熹祖述孔子，形構儒學體系。錢穆尊崇孔朱，撰《朱子新學案》，肩負振興儒學使命。兩賢承先啟後，路徑何其相似。本文透過文本分析、歸納與校勘諸法，對兩《注》之要旨、義理與特色等進行比較考察，研究成果歸納有：首先，《論語》最能體現孔子微言大義並強調躬行實踐之根本所在。《論語》之基本思想內涵，提供微言大義之闡發平台。輒以時代問題、註解者引領面向，結合時代議題，透過注解《論語》，呈現其時代意義；其次，《集注》與《新解》之學術成就、撰作要旨、注釋取向與特色等面向，雖有異同卻各有著眼。朱熹闡微孔學，錢穆表彰孔朱，古今遙相呼應，殆有薪火相續之意。最後，歸結於儒學道統辨正議題，兩賢適逢儒道衰微之際，皆憂道將傾之骨鯁儒士。朱熹汲汲肇道統，錢穆思之邃密，對於道統之說則各有精采論述。綜而論之，本文從廣而深的視角，爬梳兩賢相關文獻，進而比對、推論，已儘可能地完整呈現。尤在兩賢注《論語》之用心處與有關道統之論述方面，應可啟發吾人諸多反思。

第十八冊　先秦地學知識、觀念及文獻研究

作者簡介

高建文（1984～），男，山東濰坊人。2015 年畢業於北京師範大學文學院，師從過常寶教授，獲文學博士學位。現為山西師範大學文學院副教授，主要從事先秦兩漢魏晉南北朝文學、文獻與文化研究。在《民俗研究》《中國詩歌研究》《勵耘學刊》等刊物發表論文多篇。目前承擔有國家青年社會科學基金項目「先唐輿地知識、觀念及相關文獻的生成研究」（項目編號 17CZW015）等項目。本文係在博士學位論文基礎上修改而成，論文於 2016 年獲評北京師範大學優秀博士學位論文。

提　要

先秦時期的地學已經有了較明確的對象，有職掌和傳承人員，有較成熟的概念體系，並形成了以《山海經（圖）》和《禹貢》為元典的兩大知識、文獻系統，已然具備了成「學」的要素。

本書即結合對相關制度背景的考察，對先秦不同時段的地學知識、觀念如何凝結為文獻的過程作出梳理。第一章首先考察了商代及以前地祇信仰以及政治地理空間觀等的情況，以此為參照，論證了巫政合一及朝貢等制度背景下《山海經圖》的生成及其文獻形態、功能等問題；第二章在梳理西周春秋時期地祇知識、地祀禮制以及「中國—四海」天下觀念的發生等問題的基礎上，結合史官制度、禮樂文化背景來考察《王會圖》《禹貢》《儀禮·聘禮》等文獻的生成問題；第三章仍分別從神聖和世俗維度，對中原地祀的衰變與楚地神話地理知識、觀念的流行，和「王土」天下觀的傳承情況作了考察，並結合戰國學術集團等制度背景，來考證鄒衍大九州學說的生成及動機、《山海經》由圖到文的轉化及功能轉向等問題。本章亦在之前研究的基礎上，概述了以《山海經（圖）》和《禹貢》為元典的兩大地學系統在理念上的差異及其在確立王朝地學典範過程中的互動和爭鋒情況。上述研究所需相關資料的統計整理情況，則以附錄形式附於書末。

第十九冊　《皇明恩綸錄》箋證

作者簡介

孫虹，女，歷史學博士，中國國家博物館、中國社會科學院古代史研究

所博士後。已發表多篇論文，並出版專著一部。研究方向為先秦秦漢史，民族史，歷史文獻學。

提　要

《皇明恩綸錄》是一部研究明朝麗江木氏土司的重要史籍，是明朝「誥命」、「聖旨」、「敕諭」的匯總，比較詳細地記錄了從洪武十五年（1382）褒獎麗江土知府木得投誠之聖旨，到崇禎十三年（1640）欽准木增建房表揚之誥命。這是第一手的檔案資料，是不可多得的基礎性材料，這在現存明朝皇帝對一地土司直接褒獎之檔案資料實不多見，尤其是對遠在京師三千多公里的雲南一地之土司的諭旨數量，是絕無僅有的。明朝類似形式的公文能流傳至今的並不多，而又如此集中的更是少之又少，因此它在研究土司制度、誥敕、諭旨文書、邊疆政策、麗江木氏土司、納西族史等方面具有重要的史料價值。

目前，學界對該文獻的研究不夠，對該文獻的版本與流傳情況、內容、數量、截止時間、成書時間等問題知之甚少，對該文獻的史料價值認識不全面。對該文獻的整理，目前也僅有散落在周汝誠先生《納西族史料編年》中的不完整的標點本，以及木光編寫的《木府風雲錄》中的不完整的標點本，而其完整版本或善本或沒有被提及，或沒有得到整理刊布。因此，我們很有必要將《皇明恩綸錄》加以整理，使之為以後的研究者提供便利。

本書的前言部分對《皇明恩綸錄》一書的版本與流傳、史料價值以及木氏土司與《皇明恩綸錄》作了分析、研究。箋證的正文部分，是在前人研究的基礎上，對該書進行了標點、校勘、箋證，以期最大程度的恢復該書的原貌，為後人研究提供一個信得過，用得上的材料。通過進行箋證，在該書的整理和研究方面取得了以下進展：

一、通過以中國國家圖書館藏鈔本（省稱「國圖本」）為底本；以雲南省圖書館藏鈔本（省稱「雲南省圖本」）、周汝誠編《納西族史料編年》中所載不完整的印刷本（省稱「周汝誠本」）、木光《木府風雲錄》中所載不完整的印刷本（省稱「木光本」）為對校本，對該書進行標點、校勘，糾正了該書在傳抄中存在的錯誤。

二、對《皇明恩綸錄》的基本問題進行了較系統的研究。首先，最大限度收集了本書的版本，並對該書的版本與流傳情況進行了梳理；其次，對該書的主要內容及史料價值作了分析、研究，得出：《皇明恩綸錄》保存了一些其他史

籍所不見的有關木氏土司的材料，對於研究明代麗江木氏土司歷史和木氏土司統治時期納西族的政治、經濟、文化和社會有重要價值；它對研究土司的授職、承襲、升遷、獎勵、封贈，對朝廷如何治理土司等提供了史料；該文獻是研究明代的誥敕、諭旨文書難得的基礎材料，它對研究誥書、敕書的書寫的程序，敕諭和敕的內容有重要參考價值；它反映了明朝以木氏土司為治藏布局中的一個重要棋子，以麗江木氏土司來防禦滇西北藏區乃至整個康區藏族地方勢力，同時以木氏土司作為穩定滇西北乃至雲南的力量的邊疆政策。

　　三、對書中的重要人物、職官、地理沿革、名物制度等進行了注釋，對有疑問、錯誤之處作簡要考證，以期達到「辨章學術，考鏡源流」的目的。

第二十冊　晚清上海的物質生活新貌——《游戲報》（1897～1908）廣告文本研究

作者簡介

　　李瓖真，臺灣南投人，現居台中。「完成學位論文」是人生一個重要的頓點，因想探尋生命中其他面向與意涵、想要發現更多可能，於是暫且放下書本和鍵盤，轉而投身咖啡專業工作。

　　近幾年主要鑽研虹吸式咖啡的精準萃取，亦旁及手沖咖啡、摩卡壺與義式咖啡，細究水溫火候對於咖啡風味的沖煮影響。現於台中南屯經營精品咖啡館——[ZAN Coffee 真咖啡]。

提　要

　　《游戲報》是晚清時期的第一份小報，「小報」是一種與大報截然不同的文化載體，無論是顯露於外的報刊形式，或隱含於內的辦報精神、文章風格及報上刊載之廣告內容，都與大報有著明顯的不同。本論文以《游戲報》廣告群體為研究對象，藉由對廣告內容的分析和討論，側視晚清時期的城市生活與物質風貌。

　　全文共分六章，緒論部分闡述本論文的題旨與意涵，同時梳理前人研究成果以確立方法取徑和撰寫次第的書寫可能。第二章「認識《游戲報》」，試圖建立對《游戲報》與《游戲報》廣告的基礎認知，全章分為「《游戲報》的發行」和「《游戲報》的廣告」兩部份。首先討論創辦人背景、辦報目的、版式與內容、報紙售價、銷售網絡與銷售量及報館營運問題，勾勒與《游戲報》

發行有關之內外因緣。接著探討《游戲報》廣告的內涵，包括「廣告涵括的面向」、「廣告主類型」與「讀者」，透過這些討論，釐清《游戲報》廣告對人們日常生活的涉入程度及廣告主、廣告受眾為何。

而後將《游戲報》廣告群體分為「器械類」、「醫藥保健類」、「西式娛樂類」三大類型，分別以專章進行細部討論，並結合時人詩文雜著與新聞時事報導等資料互為映照。期望透過這樣的個案研究，一窺晚清上海的城市生活樣貌。

第二一至二七冊　雜家文獻書錄解題

作者簡介

司馬朝軍，上海社會科學院歷史研究所研究員、古代史室主任。曾任武漢大學國學院經學教授、歷史學院專門史教授、信息管理學院文獻學教授、中國傳統文化研究中心研究員、四庫學研究中心主任。著有《四庫全書總目研究》《四庫全書總目編纂考》《四庫全書總目精華錄》《續修四庫全書雜家類提要》《四庫全書與中國文化》等四庫學系列著作，主撰《辨偽研究書系》，此外出版國學系列著作多種（如《國故新證》《國故新衡》《國故新語》《漢志諸子略通考》《子略校釋》《黃侃年譜》《黃侃評傳》等），著述數十種，遍及四部。組織主持「經學論壇」與「江南學論壇」，主編連續性學術集刊《傳統中國研究集刊》與不定期學術集刊《江南學論叢》。

提　要

該書收錄為《續修四庫全書》所收雜家類 354 種著作所撰寫的提要，對每種書的作者、內容旨要、主要觀點、學術價值、版本源流等方面詳加敘述，間有考訂，充分吸收古今研究成果，窮搜博採，提要鉤玄。該書作為一部書目解題工具書，是對雜家類文獻的一次全面系統的清理，力爭做到「辨章學術，考鏡源流」，對子部雜家類之文獻學研究尤具開創之功，對於古代文獻研究、版本目錄學研究具有極高的學術價值。

第二八、二九冊　《曾胡治兵語錄》研讀

作者簡介

梁世和，1966 年出生於天津市寶坻縣，現為河北省社會科學院北學研究

院執行院長、哲學研究所副所長、研究員。主要從事中國思想文化、地域學術、宗教學研究。在《中國文化》《中國宗教》《世界宗教研究》《河北學刊》《光明日報》《中國社會科學報》等報刊及學術會議發表論文百十餘篇，出版著作及編著、主編多部。

提 要

《曾胡治兵語錄》是中國近代最負盛名的軍事著作，甚至被推舉為中國十大兵書之一。「曾胡」指曾國藩（1811～1872）和胡林翼（1812～1861），兩人均是科舉翰林出身，以儒生帶兵起家，一手打造了湘軍，分別被稱為「湘軍之父」和「湘軍之母」。二人合作親密無間，率領湘軍打敗了太平天國，挽救了清王朝覆滅的命運，被譽為「中興名臣」。《曾胡治兵語錄》主要是輯錄曾國藩和胡林翼有關軍事言論的一本語錄體兵書，由民國著名將領蔡鍔編撰，並對每一章加以按語而成。後來蔣介石又對此書加以增補，稱為《增補曾胡治兵語錄》，也常簡稱為《曾胡治兵語錄》。

本書正文一共十三章，每一章前都有「題解」一欄，對本章內容主旨進行簡介。正文每一節以及三篇序文，都設置「原文」「注釋」「譯文」「解讀」四個部分。本書有兩大特色，一是對包括序文在內的每一節原文都進行了詳細解讀。解讀原則是盡量以曾國藩、胡林翼、蔡鍔、蔣介石等人的其他著述去詮釋、用中國傳統兵書及經典中的兵學思想來闡發。由於《曾胡治兵語錄》貫穿著儒家的思想和靈魂，因此又注重以儒家經典及理念來解讀。本書還有一個重要特色，是作者對《曾胡治兵語錄》中曾國藩、胡林翼、左宗棠的所有條目，花費極大工夫，找全了在他們各自文集的原始出處，加以標識，並校訂了以前版本中的眾多訛誤之處，方便學者對《曾胡治兵語錄》的進一步研究，也有利於讀者擴展瞭解曾胡左諸人在《語錄》中的言論背景，全面理解其思想。

第三十、三一、三二冊　長安高僧錄

作者簡介

梁曉燕，西安建築科技大學陝西省新型城鎮化和人居環境研究院、中國城鄉建設與文化傳承研究院助理教授，理學博士，2013～2020 年就讀於蘭州大學，主要關注陝西地方文化傳承研究。

　　閆強樂，中國政法大學法學院博士研究生，2011～2018 年就讀於蘭州大學，主要關注陝西地方文化以及中國法律史研究，出版專著《趙舒翹年譜》（花木蘭文化事業有限公司 2019 年版）、《正史法律資料類編（先秦秦漢卷）》（花木蘭文化事業有限公司 2021 年版），在《中國史研究》、《原道》等刊物發表論文多篇。

提　要

　　長安高僧、長安佛教在中國佛教史中的地位殊勝，長安佛教的研究，對整個中國佛教史的研究具有重大意義。本書包括長安高僧錄、遊長安高僧錄兩部分，主要收錄元代以前在長安地區的 130 餘佛教高僧的小傳和經長安進行佛事活動的 400 多位高僧的行狀，通過高僧的行跡集中反映了長安地區佛教發展、演變，資料翔實，內容豐富，對於長安地方文化、中國佛教史、絲綢之路的研究具有一定的基礎作用。

第三三、三四冊　《國語》單穆公、伶州鳩論樂二章彙證

作者簡介

　　郭萬青，山東寧津人。聊城師範學院本科、廣西師範大學碩士、南京師範大學博士，碩士師從王志瑛教授，博士師從方向東教授。現為唐山師範學院中文系教授，河北省「三三三人才工程」第二層次人選。主持省部級以上項目 6 項，在國內外權威刊物及其它學術期刊上發表論文百餘篇。出版有《〈國語〉動詞管窺》《〈國語補音〉異文研究》《近百年來〈國語〉校詁研究》《唐代類書引〈國語〉研究》等專著 7 部，曾獲河北省優秀社科成果三等獎等。

提　要

　　《國語‧周語下》中「單穆公諫景王鑄無射而為之大林」和「伶州鳩論律」二章是最重要的先秦音樂史料，是後世音樂理論的源頭。因此，對這兩篇文獻進行版本校勘，並進行語義解釋的匯錄、古樂注釋或相關論題研討的匯錄，釐定文字、研討語義，並匯錄相關古樂學研究成果，為古樂研究、《國語》研究提供關於這兩篇的較為全面的資料。

第三五、三六冊　正史法律資料類編（先秦秦漢卷）

作者簡介

閆強樂，男，1993 年 7 月生，陝西藍田人，西北大學法學院講師。2015 年於蘭州大學國家文科基礎學科人才培養基地班歷史學學士畢業；2018 年於蘭州大學歷史文化學院中國古代史碩士畢業，導師喬健教授；2021 年於中國政法大學法學院法律史博士畢業，導師朱勇教授。

出版學術專著《趙舒翹年譜》（花木蘭文化事業有限公司，2019 年版），在《中國史研究》、《中華法系》、《中西法律傳統》、《法律文化論叢》、《西夏研究》、《人民法院報》、《學習時報》等刊物發表論文 20 餘篇。

提　要

在「破碎化」史學、「新材料」史學學術風氣盛行的當下，系統閱讀基本史學資料，是初學者從事學術研究的基本路徑。本書以西方部門法學分類為標準，具體為立法概況、法律理論、行政法律、刑事法律、軍事法律、經濟民事法律、婚姻家庭與繼承法律、獄訟法律、刑法志，系統輯錄《史記》、《漢書》、《後漢書》、《資治通鑒》（秦漢部分）中關於法律的相關史料，以編年的形式對於相關史料進行考證分析，同時在重點史料之下以「按語」的方式記錄自己對於史料的認識，以及學界研究的可取之處，或及進一步閱讀的書目文獻，本書對於法律史初學者熟知先秦秦漢法律歷史的發展提供重要的史料支撐。

第三七冊　散見宋金元墓誌地券輯錄

作者簡介

周峰，男，漢族，1972 年生，河北省安新縣人。中國社會科學院民族學與人類學研究所研究員，歷史學博士，博士生導師。主要從事遼金史、西夏學的研究。出版《完顏亮評傳》《21 世紀遼金史論著目錄（2001～2010 年）》《西夏文〈亥年新法・第三〉譯釋與研究》《奚族史略》《遼金史論稿》《五代遼宋西夏金邊政史》等著作 13 部（含合著），發表論文 90 多篇。

提　要

本書共收錄宋金元三代的墓誌、地券 100 種，其中宋代 62 種，金代 7 種，

元代 31 種。每種墓誌地券內容包括兩部分：拓本或照片、錄文。拓本及照片絕大部分來源於網路，絕大部分沒有公開發表過。墓主大部分為不見經傳的普通百姓，為我們瞭解宋金元時期民眾的生活提供了第一手的寶貴資料。

第三八至四五冊　南宋戲謔詩校注

作者簡介

　　張福清，1968 年生，湖北建始人。現任廣東韓山師範學院文學與新聞傳播學院教授、副院長，雲南大學文學院碩士研究生導師。中國文學地理學會理事、中國韻文學會會員、中國宋代文學學會會員、中國劉禹錫研究會會員。主要從事中國古代文學教學與研究。出版《宋詩導讀》（暨南大學出版社 2012 年）、《宋代集句詩校注》（上海古籍出版社 2013 年）、《八股文彙編》（副主編，嶽麓書社 2014 年）、《宋代集句詩研究》（中國社會科學出版社 2015 年）、《宋代集句詞評注》（暨南大學出版社 2016 年）、《認知潮州》（暨南大學出版社 2018 年）、《北宋戲謔詩校注》（暨南大學出版社 2020 年）等專著和教材。主持教育部人文社科研究規劃基金項目和廣東省哲學社會科學規劃項目各一項，參與國家社科基金項目和省廳重點項目多項。主持廣東省級質量工程項目「漢語言文學卓越教師班」1 項，參與《中國古代文學》精品課程等多項；榮獲廣東教育教學成果獎（高等教育類）二等獎 1 項。在核心和專業期刊上發表論文 40 餘篇。

提　要

　　本書主要對《全宋詩》《全宋詩訂補》《全宋詩輯補》中的南宋戲謔詩予以彙總整理，從而呈現出戲謔詩的真正價值。其中 10 首以上的詩人有 61 人，他們依次是李綱（70 首）、李擢（18 首）、張綱（10 首）、張守（20 首）、呂本中（34 首）、曾幾（20 首）、郭印（17 首）、王洋（43 首）、鄭剛中（41 首）、李彌遜（21 首）、陳與義（12 首）、釋慧空（12 首）、歐陽澈（22 首）、朱松（20 首）、曹勳（12 首）、劉子翬（10 首）、陳棣（20 首）、黃公度（14 首）、王十朋（67 首）、洪适（17 首）、周麟之（11 首）、韓元吉（27 首）、李流謙（17 首）、姜特立（16 首）、范成大（94 首）、楊萬里（99 首）、周必大（69 首）、朱熹（58 首）、陳造（23 首）、許及之（11 首）、虞儔（30 首）、薛季宣（12 首）、周孚（11 首）、陳傅良（11 首）、樓鑰（31 首）、楊冠卿（10 首）、趙蕃（12 首）、張鎡（24 首）、陳文蔚（16 首）、韓淲（19 首）、劉宰（12

首)、戴復古(15首)、華岳(12首)、鄭清之(42首)、 岳珂(15首)、 王
邁(13首)、 劉克莊(37首)、 張侃(15首)、 林希逸(21首)、白玉蟾(14
首)、 吳潛(29首)、方岳(21首)、釋紹嵩(27首)、蕭立之(10首)、舒
岳祥(22首)、方回(46首)、牟巘(13首)、陸文圭(15首)、徐瑞(11首)、
汪永昶(11首)、馬臻(12首)。主要把南宋分前中後三個時間段,對南宋各
個時期詩人的戲謔詩按詩人出生先後順序收錄並對其人物、名物、制度、典
故等作出注釋,對其不同版本的異同作出說明。

第四六、四七冊 嶽麓書院藏秦簡《參》奏讞書研究

作者簡介

楊梡清,台灣嘉義人,淡江大學中文系學士,台南大學國語文系碩士,
高雄師範大學國文系博士。曾任嘉義女中實習教師、新營高中設備組長,現
任新營高中教師兼任校長秘書。師承汪中文教授、林文欽教授。碩士論文為
《戰國縱橫家書彙釋及相關問題研究》。曾參與編寫《不用出門補習也能寫好
學測國文》一書。喜好出土文物和古文字研究。

提 要

《嶽麓書院藏秦簡》是湖南大學嶽麓書院在 2007 年搶救性購入的一批珍
貴竹簡,《嶽麓書院藏秦簡》中所見律法皆可與《睡虎地秦簡》、《里耶秦簡》、
《張家山漢簡》……等出土秦、漢簡做比對,除了可以互相解釋印證外,亦
可看出漢律在秦律基礎上的沿襲。

《嶽麓書院藏秦簡(叁)》是關於戰國秦至秦統一後跟律法有關的判例,
內容多是秦代的官吏判案過程有疑慮時,上表奏讞的案例,有一部分是因破
獲微難獄而請求升官的案例,整體而言,是研究秦代律法和瞭解秦代民間生
活的重要材料之一。

《嶽麓書院藏秦簡(叁)》共有十五個案例,均為判例。雖然有些案例殘
簡頗多,但仍可大致判讀其內容,自出土以來研究者眾,在前人的研究基礎
上,本文將十五篇案例重新分為五類:「盜罪案件研究」、「刑事案件研究」、「乞
鞫案件研究」、「為偽書和畏耎案研究」和「綜合案件研究」。

本文從釋文、彙釋及相關問題研究著手,除了羅列前人研究外,加上筆
者之爬梳整理並提出個人看法,希望對後來之相關研究者,有所裨益。

《四庫提要》精選精注
（第一冊）

司馬朝軍　著

作者簡介

司馬朝軍，上海社會科學院歷史研究所研究員、古代史室主任。曾任武漢大學國學院經學教授、歷史學院專門史教授、信息管理學院文獻學教授、中國傳統文化研究中心研究員、四庫學研究中心主任。著有《四庫全書總目研究》《四庫全書總目編纂考》《四庫全書總目精華錄》《續修四庫全書雜家類提要》《四庫全書與中國文化》等四庫學系列著作，主撰《辨偽研究書系》，此外出版國學系列著作多種（如《國故新證》《國故新衡》《國故新語》《漢志諸子略通考》《子略校釋》《黃侃年譜》《黃侃評傳》等），著述數十種，遍及四部。組織主持「經學論壇」與「江南學論壇」，主編連續性學術集刊《傳統中國研究集刊》與不定期學術集刊《江南學論叢》。

提　　要

　　本書以浙本《四庫全書總目》為底本，以殿本《四庫全書總目》、文淵閣本《四庫全書》卷端提要為參校本。底本提要原不分段，此次整理大體按照「其人——其書——其學」的結構模式分段，以醒眉目。底本每條提要未注明作者生卒年，本書將目前能夠考證出生卒年的作者全部補出，以小字夾註形式附錄在該作者名下。作者介紹不足的條目，補充有關史料，特別關注人物年譜、傳記及相關研究資料。全書共選 1000 則提要，大致分為兩大部分：一是能夠代表中國文化的經典文獻，二是書未必重要但提要寫得精彩者。以前者為主，後者為輔。為相關專家提供最新研究的大量信息，包括有關作者研究、文本整理與研究的最新成果，具有極高的學術價值。

自 序

　　予自弱冠以還，轉益多師，博訪當代通人，略窺為學之途徑。戊寅之秋，始專攻《四庫全書總目》，且以博涉《四庫全書》為日課。古人云：「觀水必觀於海，觀其會也。」予更下一轉語：「觀書必觀於《總目》，觀其書海之會也。」是書也，提要鉤玄，考鏡源流，殘膏剩馥，沾溉百代。然《四庫全書》著作浩繁，匯五千年文化而為一煌煌巨帙。四部之籍，一隙難窺，雖深刻如周樹人，淵博如錢默存，亦不免望洋而歎。或云：「《四庫全書》可置之不讀也，然《總目》不可不讀也。」信耶否耶？【今按，余昔日以其言為信，今則否也。】

　　讀《總目》者，恰似飲河之鼠，各充其量而已。現代史家呂誠之，平日慣於通讀大書，但於《總目》亦僅畢經、史、子三部，於集部提要讀其半而中輟矣。《總目》囊括大典，貫串萬家，未易可窺測藩籬，況堂奧乎？予頻年籀讀《總目》，手不釋卷，循環誦之，其初如涉大海，浩無津涯，孰辨淄澠涇渭，而魚龍異狀，莫識其名，既窮山海變怪，然後稍敢獻疑焉。《總目》或為《四庫全書》之津逮，然終因其卷帙浩大，通讀為難。至於澄汰沙礫，披檢精英，勢在必行。是以《四庫提要精選精注》之編纂，早成弦上之箭矣。然鄭箋未作，解人難索。老師宿儒，期之甚殷。友人門生，促之尤切。然則注釋之學，古今所難，先哲言之備矣，而予以為莫難於注釋《四庫提要》。何則？學必貫四部而窮七略，一也；事必數典，二也；語必溯源，三也；非集眾人之長，殆未易得其全體，其所以為難，抑又其次也。余能薄而材譾，何敢預注者之選？若不奮力刪述，豈不愧對吾家之先哲！遙想當年，史遷發憤，溫公枕木，《史記》《通鑒》，先後輝映，真可謂留取丹心照汗青矣。試問吾家雄風而今安在哉？於是蹶然而起，焚膏繼晷，臥薪嘗膽，兀兀如愚，如聾如啞，如牛如馬，如癡如醉，通讀《總目》已難記遍數。

　　是錄之纂也，首以《總目》釋《總目》，次以《四庫全書》釋《總目》，復以《四庫全書》外之群書釋《總目》。讀書破萬卷，下筆豈敢亂言哉！有契於心，輒箋其下，積數千條焉。昔胡三省於《通鑒》竭畢生之力，有溫公諍臣之目。然身之嘗曰：「人苦不自覺，前注之失吾知之，吾注之失，吾不得而知也。」誠哉注書之難也！然樂亦在其中矣。人或不堪其難，予則不改其樂。因前人之導路，乘檢索之便利，越十祀而成此書矣。

第一冊

目

次

第三冊

第四冊

例　言

一、此冊名之曰《四庫提要精選精注》，兼顧普及與提高，旨在為文史愛好者、文科大學生與研究生提供指導，同時也為相關專家提供最新研究信息，包括有關作者研究、文本整理與研究的最新成果。

二、本書所選提要，以浙本《四庫全書總目》為底本，以殿本《四庫全書總目》、文淵閣本《四庫全書》卷端提要為參校本。

三、凡改正底本，一般都作校勘記。惟避諱缺筆字、古今異體字和明顯的誤字據上下文徑改，不出校記。

四、底本每條提要書名後注明版本來源，但未注明版刻特徵，今一律刪去。

五、底本提要原不分段，此次整理大體按照「其人——其書——其學」的結構模式分段，以醒眉目。

六、底本每條提要未注明作者生卒年，本書將目前能夠考證出生卒年的作者全部補出，以小字夾註形式附錄在該作者名下。作者介紹不足的條目，補充有關史料，特別關注人物年譜、傳記及相關研究資料。讀者相互參稽，庶幾讀其書，知其人，論其世。

七、補引書之卷次及篇目，以考其史源。

八、據所引原書善本校對，遇異文則出校記。

九、書中干支紀年，全部換為公元年號。均以小字在正文中隨文夾註。

十、一般不解釋語詞，但對難字難詞、名物制度也有選擇地箋釋。

十一、凡異同錯出者考之，是非歧似者辨之，義理未發者闡之，舊說有誤者正之，無可考定者存之。

十二、凡涉古籍真偽之爭、是非之辨，則不避繁瑣之譏，旁徵博引，折衷諸說，以求確解。

十三、撰寫提要之初，四庫館臣即參考原書序跋。因此，本書酌量節錄原序原跋，以資比勘。

十四、此書共選 1000 則提要，大致分為兩大部分：一是能夠代表中國文化的經典文獻，二是書未必重要但提要寫得精彩者。以前者為主，後者為輔。

十五、總敘類序，辨章學術，考鏡源流，歷來被視為「門徑之門徑」，故全部錄存。但對這部分的箋注不多。涵詠白文，其意自見。

十六、有所發明者稱「司馬按」，參考前人研究成果者稱「今按」。

一、敘序

（一）總敘

1. 經部總敘

　　經稟聖裁〔一〕，垂型萬世。刪定之旨，如日中天，無所容其讚述。所論次者，詁經之說而已。自漢京以後，越二千年，儒者沿波，學凡六變：

　　其初專門授受，遞稟師承，非惟詁訓相傳，莫敢同異，即篇章字句，亦恪守所聞，其學篤實謹嚴，及其弊也拘；

　　王弼、王肅，稍持異議，流風所扇，或信或疑，越孔、賈、啖、趙〔二〕以及北宋孫復〔三〕、劉敞〔四〕等，各自論說，不相統攝，及其弊也雜；

　　洛、閩繼起〔五〕，道學〔六〕大昌，擺落漢唐，獨研義理，凡經師舊說，俱排斥以為不足信，其學務別是非，及其弊也悍（如王柏、吳澄，攻駁經文，動輒刪改之類）；

　　學脈旁分，攀緣日眾，驅除異己，務定一尊，自宋末以逮明初，其學見異不遷，及其弊也黨（如《論語集注》誤引包咸「夏瑚商璉」之說，張存中《四書通證》即闕此一條，以諱其誤；又如王柏刪《國風》三十二篇，許謙疑之，吳師道〔七〕反以為非之類）；

　　主持太過，勢有所偏，才辨聰明，激而橫決，自明正德嘉靖以後，其學各抒心得，及其弊也肆（如王守仁之末派皆以狂禪解經之類）；

　　空談臆斷，考證必疏，於是博雅之儒，引古義以類抵其隙，國初諸家，其學徵實不誣，及其弊也瑣（如一字音訓動辨數百言之類）。

要其歸宿，則不過漢學、宋學兩家互為勝負。夫漢學具有根柢，講學者以淺陋輕之，不足服漢儒也；宋學具有精微，讀書者以空疏薄之，亦不足服宋儒也。〔八〕消融門戶之見，而各取所長，則私心祛而公理出，公理出而經義明矣。

蓋經者非他，即天下之公理而已。今參稽眾說，務取持平，各明去取之故，分為十類：曰易，曰書，曰詩，曰禮，曰春秋，曰孝經，曰五經總義，曰四書，曰樂，曰小學。

【注釋】

〔一〕【聖裁】猶聖斷。經稟聖裁，指中國古代第一號聖人孔子整理儒家經典。《莊子·天運》：「孔子謂老聃曰：『邱治《詩》《書》《禮》《樂》《易》《春秋》六經，自以為久矣，孰知其故矣。』」《漢書·武帝紀贊》：「孝武初立，卓然罷黜百家，表章六經。」顏師古注：「六經，謂《易》《詩》《書》《春秋》《禮》《樂》也。」今按，漢以來無《樂經》。今文家以為「樂」本無經，皆包含於《詩》《禮》之中；古文家以為《樂》毀於秦始皇焚書。

〔二〕【孔賈啖趙】分別指孔穎達（574～648）、賈公彥、啖助（724～770）、趙匡，均為唐代經學家。

〔三〕【孫復】（992～1057），字明復，平陽（今山西臨汾）人。事蹟具《宋史·儒林傳》。

〔四〕【劉敞】（1019～1068），字原父，號公是，臨江新喻（今江西新餘）人。事蹟具《宋史》本傳。

〔五〕【洛閩】洛指洛學，以程顥、程頤為代表；閩指閩學，以朱熹為領袖。

〔六〕【道學】本指儒家的道德學問。此處指宋代儒家周敦頤、張載、程顥、程頤、朱熹等的哲學思想。亦稱理學。

〔七〕【吳師道】（1283～1344）字正傳，浙江蘭溪人。著有《禮部集》《戰國策校注》《禮部詩話》等。

〔八〕【漢宋對立】馮友蘭認為：「漢朝學者的注解和宋朝學者的注解代表兩種作風。大致說起來，漢人的注解偏重於名物訓詁，就是文字上的解釋；宋人的注解偏重於闡釋義理，就是意思的體會。這兩種作風，各有短長。經書的注解者偏重名物訓詁，態度比較客觀，但是往往使我們只知道一個字一個字的意思，這些字聯繫起來是什麼意思，還是不清楚。注解者偏重闡釋義理，把自己的體會說出來，可以幫助我們瞭解經書的內容；但是他所說的也可能僅只是他個人的體會，而不是經書的原意。宋朝學者注解經書，往往是藉以發

揮他自己的哲學思想。所以這兩種注解應該配合起來批評地使用，對於宋人的注解，特別應該批評地使用。」（《中國哲學史史料學》第23頁）

2. 史部總敘

史之為道，撰述欲其簡，考證則欲其詳。莫簡於《春秋》，莫詳於《左傳》。魯史所錄，具載一事之始末。聖人觀其始末，得其是非，而後能定以一字之褒貶。此作史之資考證也。邱明錄以為傳，後人觀其始末，得其是非，而後能知一字之所以褒貶。此讀史之資考證也。苟無事蹟，雖聖人不能作《春秋》；苟不知其事蹟，雖以聖人讀《春秋》，不知所以褒貶。儒者好為大言，動曰捨傳以求經，此其說必不通，其或通者則必私求諸傳，詐稱捨傳云爾。

司馬光《通鑑》，世稱絕作。不知其**先為長編**，**後為考異**。高似孫《緯略》載其《與宋敏求書》稱：「到洛八年，始了晉、宋、齊、梁、陳、隋六代，唐文字尤多。依年月編次為草卷，以四丈為一卷，計不減六七百卷。」又稱：「光作《通鑑》，一事用三四出處纂成，用雜史諸書凡二百二十二家。」李燾《巽巖集》亦稱，張新甫見洛陽有《資治通鑑》草稿，盈兩屋。按：燾集今已佚，此據馬端臨《文獻通考》述其父廷鸞之言。今觀其書，如淖方成禍水之語，則採及《飛燕外傳》，張彖冰山之語，則採及《開元天寶遺事》〔一〕，並小說亦不遺之。然則古來著錄，於正史之外，兼收博採，列目分編，其必有故矣。

今總括群書分十五類，首曰正史，大綱也；次曰編年，曰別史，曰雜史，曰詔令奏議，曰傳記，曰史抄，曰載記，皆參考紀傳者也；曰時令，曰地理，曰職官，曰政書，曰目錄，皆參考諸志者也；曰史評，參考論贊者也。

舊有譜牒一門，然自唐以後譜學殆絕，玉牒既不頒於外，家乘亦不上於官，徒存虛目，故從刪焉。考私家記載，惟宋、明兩代為多。蓋宋、明人皆好議論，議論異則門戶分，門戶分則朋黨立，朋黨立則恩怨結，恩怨既結，得志則排擠於朝廷，不得志則以筆墨相報復，其中是非顛倒，頗亦熒聽。

然雖有疑獄，合眾證而質之，必得其情。雖有虛詞，參眾說而核之，亦必得其情。張師棣《南遷錄》之妄〔二〕，鄰國之事無質也，趙與時《賓退錄》證以金國官制而知之。《碧雲騢》一書誣謗文彥博、范仲淹諸人，晁公武以為真出梅堯臣，王銍以為出自魏泰，邵博又證其真出堯臣，可謂聚訟，李燾卒參互而辨定之，至今遂無異說。此亦考證欲詳之一驗。然則史部諸書，自鄙倍冗雜灼然、無可採錄外，其有裨於正史者，固均宜擇而存之矣。

【注釋】

〔一〕【開元天寶遺事】五代王仁裕撰。雜敍唐玄宗時瑣事。依冰山條已為《資治通鑒》採用。1985 年上海古籍出版社出版輯校《開元天寶遺事十種》本。

〔二〕【南遷錄】舊題金通直郎秘書省著作郎騎都尉張師顏撰。紀金愛王大辨叛據五國城，及元兵圍燕，貞祐遷都汴京之事。按《金史》世宗太子允恭生章宗，而夔王允升最幼。今此書乃作長子允升、次允猷、次允植。允升、允猷以謀害允植被誅，而允植子得立為章宗。世次俱不合。又稱章宗被弒，磁王允明立為昭王。磁王又被弒，立瀛王允文為德宗。德宗殂，乃立淄王允德為宣宗，與史較，多一代，尤不可信。至《金史》鄭王允蹈誅死絕後，不聞有愛王大辨其人。所稱天統、興慶等號，《金史》亦無此紀年。舛錯謬妄，不可勝舉。故趙與時《賓退錄》、陳振孫《書錄解題》皆斷其偽。振孫又謂「或云華岳所作」，岳即宋殿前司軍官嘗作《翠微南征錄》者。今觀其書所言，亂金國者章宗、大辨皆趙氏所自出。又謂「大辨初生，其母夢一人乘馬持刀，稱南昭興主遣來云云」。蓋必出於宋人雪憤之詞，而又假造事實以證佐之，故其牴牾不合如此。或果出岳手，未可知也。羅大經《鶴林玉露》以遣秦檜南還事，見此書所載張大鼎疏，而證其可信，未免好異。然《金史》所載，宣宗見浮碧池有狐相逐而行，遂決南遷之計，其事實本此書。不知元時修史者，又何所見而採用之也？（《總目》卷五十二）

今按，潘景鄭《校明抄本金國南遷錄》云：「陳振孫《直齋書錄解題》疑此書非北人語而附會者，謂出自華岳所為，以其歲月牴牾，證其妄不足據。然宋車若水《腳氣集》云：『秦檜議和，殺害名將，後人猶以為愛東南。』而此編中載孫大鼎疏言：『天會八年之冬，諸大臣會於黑龍江之柳林，相議謂檜可用。』下云：『秦檜自謂欺世，不料後日金人自言之，則檜之奸狀於此可見一斑。竊恨俗儒不解是非，有謂檜之議和亦為國計。』又嘗見某書，載稱檜為太平公公，後者不察，為所眩惑，抑且妄議忠賢，顛倒黑白，讀此篇者其亦可以昭若發蒙矣。讀此史者，當反覆深思，勿為邪說惑其志行，變亂史事，自欺欺人，終為識者所齒冷耳！」（《著硯樓讀書記》第 94～95 頁）。

又按，錢大昕《竹汀先生日記鈔》卷一云：「讀張師顏《南遷錄》一卷，即《直齋書錄》所稱《金人南遷錄》也。其書世宗年號曰興慶（興慶四年世宗晏駕），章宗號曰天統（天統四年誅鄭王允蹈）。而泰和至十四年，泰和之

後有天定，皆與《金史》不同。又稱章宗磁王允明皆被弒，濰王允文嗣立，五年而殂。淄王允德繼之，乃南遷汴，與正史全不相應。直齋亦稱其歲月牴牾，想是宋人偽造也。」（第20頁）又見《十駕齋養新錄》卷八「南遷錄」條。鄧廣銘也有專文論證《南遷錄》係偽書（載顧頡剛紀念文集內）。

3. 子部總敘

自「六經」以外，立說者皆子書也〔一〕。其初亦相淆，自《七略》區而列之，名品乃定。其初亦相軋，自董仲舒別而白之，醇駁乃分。其中或佚不傳，或傳而後莫為繼，或古無其目而今增，古各為類而今合，大都篇帙繁富。

可以自為部分者，儒家之外有兵家，有法家，有農家，有醫家，有天文算法，有術數，有藝術，有譜錄，有雜家，有類書，有小說家。其別教則有釋家，有道家。敘而次之，凡十四類。〔二〕

儒家尚矣。有文事者有武備，故次之以兵家；兵，刑類也，唐、虞無皋陶，則寇賊奸宄無所禁，必不能風動時雍，故次以法家；民，國之本也，穀民之天也，故次以農家；本草、經方，技術之事也，而生死繫焉，神農、黃帝，以聖人為天子，尚親治之，故次以醫家；重民事者先授時，授時本測候，測候本積數，故次以天文算法。以上六家，皆治世者所有事也。

百家方技，或有益，或無益，而其說久行，理難竟廢，故次以術數。遊藝亦學問之餘事，一技入神，器或寓道，故次以藝術。以上二家，皆小道之可觀者也。

《詩》取多識，《易》稱制器，博聞有取，利用攸資，故次以譜錄。群言歧出，不名一類，總為薈萃，皆可撷菁英，故次以雜家。隸事分類，亦雜言也，舊附於子部，今從其例，故次以類書。稗官所述，其事末矣，用廣見聞，愈於博弈，故次以小說家。以上四家，皆旁資參考者也。

二氏〔三〕，外學〔四〕也，故次以釋家、道家終焉。

夫學者研理於經，可以正天下之是非；徵事於史，可以明古今之成敗。餘皆雜學也。然儒家本六藝之支流，雖其間依草附木，不能免門戶之私，而數大儒明道立言，炳然具在，要可與經史旁參。其餘雖真偽相雜，醇疵互見，然凡能自名一家者，必有一節之足以自立，即其不合於聖人者，存之亦可為鑒戒。「雖有絲麻，無棄菅蒯」，「狂夫之言，聖人擇焉」，在博收而慎取之爾。

【注釋】

〔一〕【子書】指圖書四部分類法中的子部書籍。如《老子》《墨子》《荀子》等。

〔二〕【子部】指中國古代圖書四部（經、史、子、集）分類的第三類，也稱丙部。《隋書・經籍志》分為儒家、道家、法家、名家、墨家、縱橫家、雜家、農家、小說家、兵家、天文、曆數、五行、醫方十四類。不同時期的子部各有不同。

〔三〕【二氏】指佛、道兩家。錢大昕《十駕齋養新錄》卷十八「引儒入釋」條云：「道術之分久矣。自西晉以來，於吾道之外，別為二氏。自南宋以來，於吾道之中，自分兩歧。又其後則取釋氏之精蘊，而陰附於吾道之內。又其後則尊釋氏之名法，而顯出於吾道之外。」

〔四〕【外學】佛教指佛經以外的典籍為外學。宋王禹偁《左街僧錄通惠大師文集序》云：「釋子謂佛書為內典，謂儒書為外學。」今按，《總目》此處反其道而行之，以儒書為內學，以二氏為外學。

4. 集部總敘

集部之目，《楚辭》最古，別集次之，總集次之，詩文評又晚出，詞曲則其閏餘也。

古人不以文章名，故秦以前書無稱屈原、宋玉工賦者。洎乎漢代，始有詞人，跡其著作，率由追錄。故武帝命所忠求相如遺書，魏文帝亦詔天下上孔融文章。至於六朝，始自編次，唐末又刊板印行（事見貫休〔一〕《禪月集序》）。夫自編則多所愛惜，刊板則易於流傳。四部之書，別集最雜，茲其故歟？然典冊高文，清詞麗句，亦未嘗不高標獨秀，挺出鄧林，此在翦刈卮言，別裁偽體，不必以猥濫病也。

總集之作，多由論定。而蘭亭、金谷，悉觴詠於一時；下及《漢上題襟》《松陵倡和》《丹陽集》〔二〕惟錄鄉人，《篋中集》則附登乃弟。雖去取僉孚眾議，而履霜有漸，已為詩社標榜之先驅。其聲氣攀援，甚於別集。要之，浮華易歇，公論終明。歸然而獨存者，《文選》《玉臺新詠》以下數十家耳。

詩文評之作，著於齊、梁，觀同一八病四聲也。鍾嶸以求譽不遂，巧致譏排，劉勰以知遇獨深，繼為推闡。詞場恩怨，亙古如斯。冷齋曲附乎豫章，石林隱排乎元祐，黨人餘釁，報及文章，又其已事矣。固宜別白存之，各覈其實。

至於倚聲末技，分派詩歌，其間周、柳、蘇、辛，亦遞爭軌轍，然其得其失，不足重輕，姑附存以備一格而已。

大抵門戶構爭之見，莫甚於講學，而論文次之。講學者聚黨分朋，往往禍延宗社。操觚之士，筆舌相攻，則未有亂及國事者。蓋講學者必辨是非，辨是非必及時政，其事與權勢相連，故其患大。文人詞翰，所爭者名譽而已，與朝廷無預，故其患小也。然如艾南英以排斥王、李之故，至以嚴嵩為察相〔三〕，而以殺楊繼盛〔四〕為稍過當，豈其捫心清夜果自謂然？亦朋黨既分，勢不兩立，故決裂名教而不辭耳。至錢謙益《列朝詩集》更顛倒賢奸，彝良泯絕，其貽害人心風俗者又豈尠哉！今掃除畛域，一準至公，明以來諸派之中，各取其所長，而不迴護其所短，蓋有世道之防焉，不僅為文體計也。

【注釋】

〔一〕【貫休】（832～912），唐末五代婺州蘭溪（今浙江金華）人。賜號「禪月大師」。有《禪月集》三十卷。文集五卷已佚，今僅存詩集。日人小林市太郎撰《禪月大師的生涯和藝術》（《小林市太郎著作集》第3卷，淡交社1974年版）。

〔二〕【丹陽集】唐殷璠編。匯次包融、儲光羲、丁仙芝等十八人之詩。此書今未見。《宋史·藝文志》著錄一卷。

〔三〕【察相】明察之相。《管子·小匡》：「桓公能假其群臣之謀以益其智也……大霸天下，名聲廣裕，不可掩也，則唯有明君在上，察相在下也。」《戰國策·齊策五》：「彼明君察相者，則五兵不動而諸侯從，辭讓而重賂至矣。」今按，《總目》以嚴嵩為姦臣，故對「察相」之說大加譴責。

〔四〕【楊繼盛】（1516～1555），字仲芳，號椒山，河北容城人。曾冒死上《請誅賊臣疏》，彈劾嚴嵩「盜權竊柄，誤國殃民」的十大罪狀，下獄三年，竟遭棄市。

（二）類序

1. 易類

聖人覺世牖民，大抵因事以寓教：《詩》寓於風謠，《禮》寓於節文，《尚書》《春秋》寓於史，而《易》則寓於卜筮。故《易》之為書，推天道以明人事者也。《左傳》所記諸占，蓋猶太卜之遺法。

漢儒言象數，去古未遠也，一變而為京、焦〔一〕，入於禨祥；再變而為陳、邵〔二〕，務窮造化，《易》遂不切於民用；王弼盡黜象數，說以老、莊，一變而胡瑗〔三〕、程子，始闡明儒理；再變而李光〔四〕、楊萬里〔五〕，又參證史事，《易》遂日啟其論端。此兩派六宗，已互相攻駁。〔六〕

又《易》道廣大，無所不包，旁及天文、地理、樂律、兵法、韻學、算術，以逮方外之爐火，皆可援《易》以為說，而好異者又援以入《易》，故《易》說愈繁。

夫六十四卦《大象》皆有「君子以」字，其爻象則多戒占者，聖人之情見乎詞矣。其餘皆《易》之一端，非其本也。今參校諸家，以因象立教者為宗，而其他《易》外別傳者，亦兼收以盡其變，各為條論，具列於左。

【注釋】

〔一〕【京焦】分別指京房、焦延壽。京房（前 77～前 37），河南清豐人。事蹟詳見盧央《京房評傳》（南京大學出版社 1998 年版）。

〔二〕【陳邵】分別指陳摶、邵雍。

〔三〕【胡瑗】（993～1059），字翼之，泰州海陵人。

〔四〕【李光】（1078～1159），字泰發，浙江上虞人。

〔五〕【誠齋說《易》長於以史證經】錢大昕《跋誠齋象數易傳》云：「其說長於以史證經，譚古今治亂安危賢奸消長之故，反覆寓意，有概乎言之。」（《潛研堂文集》卷二十七）

〔六〕【漢宋之分】馮友蘭認為：「漢《易》注重象數，宋《易》注重義理。其實這種分別代表著兩種思想體系，不僅是注解的態度和方法的不同。」（《中國哲學史史料學》第 26 頁）今按，《總目》注重象數，「以因象立教者為宗」，表章漢《易》，顯然站在漢學家的立場上。

2. 書類

《書》以道政事，儒者不能異說也。《小序》之依託〔一〕，《五行傳》之附會〔二〕，久論定矣。然諸家聚訟，猶有四端，曰今文古文，曰錯簡，曰《禹貢》山水，曰《洪範》疇數。

夫古文之辨，至閻若璩始明。朱彝尊謂是書久頒於學官，其言多綴輯逸經成文，無悖於理。汾陰漢鼎，良亦善喻。吳澄舉而刪之，非可行之道也。

禹跡大抵在中原，而論者多當南渡。昔疏今密，其勢則然。然尺短寸長，互相補苴，固宜兼收並蓄，以證同異。

若夫劉向記《酒誥》《召誥》脫簡僅三，而諸儒動稱數十。班固索《洪範》於洛書，諸儒並及河圖，支離轕輵〔三〕，淆經義矣。故王柏《書疑》、蔡沈《皇極數》之類，非解經之正軌者，咸無取焉。

【注釋】

〔一〕【《小序》之依託】《小序》指《尚書》每篇前面的小序，乃後人之依託，絕非孔子所撰。

〔二〕【《五行傳》之附會】《五行傳》即劉向所撰《洪範五行傳》，多附會鑿空之言。

〔三〕【轕輵】亦作「轇轕」，亦作「轇葛」。交錯、雜亂。引申為糾纏不清。

3. 詩類

《詩》有四家〔一〕，毛氏獨傳。唐以前無異論，宋以後則眾說爭矣。然攻漢學者，意不盡在於經義，務勝漢儒而已；伸漢學者，意亦不盡在於經義，憤宋儒之詆漢儒而已。各挾一不相下之心，而又濟以不平之氣，激而過當，亦其勢然歟？

夫解《春秋》者，惟公羊多駁，其中高子、沈子之說，殆轉相附益，要其大義數十，傳自聖門者不能廢也。

《詩序》稱子夏，而所引高子、孟仲子乃戰國時人，固後來攙續之明證。即成伯璵等所指篇首一句經師口授，亦未必不失其真。然去古未遠，必有所受，意其真贗相半，亦近似公羊，全信全疑，均為偏見。〔二〕

今參稽眾說，務協其平，苟不至程大昌之妄改舊文，王柏之橫刪聖籍者。論有可採，並錄存之，以消融數百年之門戶。至於鳥獸草木之名，訓詁聲音之學，皆事須考證，非可空談，今所採輯，則尊漢學者居多焉。

【注釋】

〔一〕【四家詩】指魯申公之《魯詩》、轅固生之《齊詩》、韓嬰之《韓詩》、毛亨之《毛詩》。

〔二〕【詩序研究】王承略教授對於《詩序》研究提出了新的見解，詳見其博士論文。

4. 禮類

古稱「議禮如聚訟」。然《儀禮》難讀，儒者罕通，不能聚訟。《禮記》輯自漢儒，某增某減，具有主名，亦無庸聚訟。所辯論求勝者，《周禮》一書而已。考《大司樂》章〔一〕，先見於魏文侯時，理不容偽。河間獻王但言闕《冬官》一篇，不言簡編失次，則竄亂移補者亦妄。「三禮」並立，一從古本，無可疑也。鄭康成注、賈公彥、孔穎達疏於名物度數特詳，宋儒攻擊，僅摭其好引讖緯一失，至其訓詁則弗能逾越。蓋得其節文，乃可推制作之精意，不比《孝經》《論語》，可推尋文句而談，本漢、唐之注疏，而佐以宋儒之義理，亦無可疑也。

謹以類區分，定為六目：曰周禮、曰儀禮、曰禮記、曰三禮總義、曰通禮、曰雜禮書。六目之中，各以時代為先後，庶源流同異可比而考焉。

【注釋】

〔一〕【史源】《周禮・春官》之一章。

5. 春秋類

說經家之有門戶，自《春秋》「三傳」始，然迄能並立於世。其間諸儒之論，中唐以前，則《左氏》勝，啖助、趙匡以逮北宋，則《公羊》《穀梁》勝。孫復、劉敞之流，名為棄傳從經，所棄者特《左氏》事蹟、《公羊》《穀梁》月日例耳。其推闡譏貶，少可多否，實陰本《公羊》《穀梁》法，猶誅鄧析用竹刑也。夫刪除事蹟，何由知其是非？無案而斷，是《春秋》為射覆〔一〕矣。聖人禁人為非，亦予人為善。經典所述，不乏褒詞，而操筆臨文，乃無人不加誅絕，《春秋》豈吉網羅鉗乎？至於用夏時則改正朔，削尊號則貶天王，《春秋》又何僭以亂也！沿波不返，此類弘多。

雖舊說流傳，不能盡廢，要以切實有徵、平易近理者為本。其瑕瑜互見者，則別白而存之，遊談臆說，以私意亂聖經者，則僅存其目。蓋「六經」之中，惟《易》包眾理，事事可通。《春秋》具列事實，亦人人可解。一知半見，議論易生；著錄之繁，二經為最，故最之不敢不慎也。

【注釋】

〔一〕【射覆】古時的一種猜物遊戲，亦往往用以占卜。《漢書・東方朔傳》：「上嘗使諸數家射覆，置守宮盂下，射之，皆不能中。」顏師古注：「數家，術數之家也。於覆器之下而置諸物，令闇射之，故云射覆。」

6. 孝經類

蔡邕《明堂論》引魏文侯《孝經傳》〔一〕，《呂覽‧審微篇》亦引《孝經‧諸侯章》〔二〕，則其來古矣。然授受無緒，故陳騤、汪應辰皆疑其偽。今觀其文，去二戴所錄為近，要為七十子徒之遺書，使河間獻王採入一百三十一篇中，則亦《禮記》之一篇，與《儒行》《緇衣》轉從其類。惟其各出別行，稱孔子所作，傳錄者又分章標目，自名一經，後儒遂以不類《繫辭》《論語》繩之，亦有由矣。

中間孔、鄭兩本互相勝負，始以開元御注用今文，遵制者從鄭；後以朱子《刊誤》用古文，講學者又轉而從孔。要其文句小異，義理不殊，當以黃震之言為定論（語見《黃氏日抄》）。故今之所錄，惟取其詞達理明，有裨來學，不復以今文、古文區分門戶，徒釀水火之爭。蓋注經者明道之事，非分明角勝之事也。

【注釋】

〔一〕【解釋】蔡邕《明堂論》引魏文侯（？～前396）《孝經傳》，可見《孝經》久已成書。

〔二〕【史源】《呂氏春秋‧察微》引《孝經》曰：「高而不危，所以長守貴也；滿而不溢，所以長守富也。富貴不離其身，然後能保其社稷，而和其民人。」今按，《呂覽‧審微篇》應作《呂覽‧察微篇》。《孝經‧諸侯章》全文為：「在上不驕，高而不危，制節謹度，滿而不溢。高而不危，所以長守貴也；滿而不溢；所以長守富也。富貴不離其身，然後能保其社稷，而和其民人。蓋諸侯之孝也。《詩》云：『戰戰兢兢，如臨深淵，如履薄冰。』」

7. 五經總義類

漢代經師如韓嬰治《詩》兼治《易》者，其訓故皆各自為書。宣帝時始有石渠《五經雜義》十八篇，《漢志》無類可隸，遂雜置之《孝經》中。《隋志》錄許慎《五經異義》以下諸家，亦附《論語》之末。《舊唐書‧志》始別名「經解」，諸家著錄因之，然不見兼括諸經之義。朱彝尊作《經義考》，別目曰「群經」，蓋覺其未安，而採劉勰《正緯》之語以改之，又不見為訓詁之文。徐乾學刻《九經解》〔一〕，顧湄〔二〕兼採總集經解之義，名曰「總經解」，何焯復斥其不通（語見沈廷芳所刻何焯點校《經解目錄》中）。蓋正名若是之難也。考《隋志》

於統說諸經者，雖不別為部分，然「論語類」末稱「《孔叢》《家語》《爾雅》諸書並五經總義，附於此篇」，則固稱「五經總義」矣。今準以立名，庶猶近古，《論語》《孝經》《孟子》雖自為書，實均《五經》之流別，亦足以統該之矣。其校正文字以及傳經諸圖，並約略附焉，從其類也。

【注釋】

〔一〕【徐乾學】（1631～1694），字原一，號健庵，江蘇崑山人。事蹟詳見徐衡《東海公年譜》、徐昆《徐健庵先生年譜》。《九經解》即《通志堂經解》，為宋學系經解之集大成者。徐氏為清初學界領袖，宜深入研究。

〔二〕【顧湄】字伊人，號抱山，江蘇太倉人。著有《違竿集》。徐乾學延館於家，校勘《通志堂經解》甚力。

8. 四書類

《論語》《孟子》，舊各為帙；《大學》《中庸》，舊《禮記》之二篇。其編為《四書》，自宋淳熙始〔一〕；其懸為令甲，則自元延祐復科舉始〔二〕。古來無是名也。然二戴所錄《曲禮》《檀弓》諸篇，非一人之書，迨立名曰《禮記》，《禮記》遂為一家。即王逸所錄屈原、宋玉諸篇，《漢志》均謂之賦，迨立名曰《楚辭》，《楚辭》亦遂為一家。元邱葵〔三〕《周禮補亡序》稱「聖朝以『六經』取士」，則當時固以《四書》為一經。前創後因，久則為律，是固難以一說拘矣。

今從《明史·藝文志》例，別立「四書」一門，亦所謂「禮以義起」也。朱彝尊《經義考》於「四書」之前，仍立《論語》《孟子》二類。黃虞稷《千頃堂書目》，凡說《大學》《中庸》者，皆附於禮類，蓋欲以不去餼羊，略存古義。然朱子書行五百載矣。趙岐、何晏以下，古籍存者寥寥；梁武帝義疏以下，且散佚並盡。元、明以來之所解，皆自《四書》分出者耳。《明史》併入《四書》，蓋循其實。今亦不復強析其名焉。

【注釋】

〔一〕【四書集注】成書於宋淳熙四年（1177）至十六年（1189）。

〔二〕【令甲】第一道詔令；法令的第一篇。後用為法令的通稱。元延祐年間恢復科舉取士制度，考試從《四書》內出題設問，專用朱熹的《四書集注》。

〔三〕【邱葵】（1244～1333），字吉甫，泉州同安人。

9. 樂類

沈約稱《樂經》亡於秦。考諸古籍，惟《禮記·經解》有「樂教」之文〔一〕。伏生《尚書大傳》引「辟雍舟張」四語，亦謂之樂〔二〕，然他書均不云有《樂經》。《隋志》《樂經》四卷，蓋王莽元始三年所立。賈公彥《考工記·磬氏疏》所稱「樂曰」，當即莽書，非古《樂經》也。大抵樂之綱目具於《禮》，其歌詞具於《詩》，其鏗鏘鼓舞則傳在伶官。漢初制氏所記，蓋其遺譜，非別有一經為聖人手定也。特以宣豫導和，感神人而通天地，厥用至大，厥義至精，故尊其教，得配於經。而後代鐘律之書亦遂得著錄於經部，不與藝術同科。

顧自漢氏以來，兼陳雅俗，豔歌側調，並隸雲韶。於是諸史所登，雖細至箏琶，亦附於經末。循是以往，將小說稗官，未嘗不記言、記事，亦附之《書》與《春秋》乎？悖理傷教，於斯為甚！今區別諸書，惟以辨律呂、明雅樂者仍列於經。其謳歌末技，絃管繁聲，均退列「雜藝」、「詞曲」兩類中，用以見大樂元音，道侔天地，非鄭聲所得而奸也。

【注釋】

〔一〕【史源】《禮記·經解》：孔子曰：「入其國，其教可知也。其為人也，溫柔敦厚，《詩》教也；疏通知遠，《書》教也；廣博易良，《樂》教也；絜靜精微，《易》教也；恭儉莊敬，《禮》教也；屬辭比事，《春秋》教也。」

〔二〕【史源】孫之騄輯《尚書大傳》卷一：二年，談然乃作《大唐之歌》，其樂曰：「舟張辟雍，鶬鶬相從。八風回回，鳳皇喈喈。」

10. 小學類

古小學所教，不過六書之類，故《漢志》以《弟子職》〔一〕附《孝經》，而《史籀》等十家四十五篇列為小學。《隋志》增以金石刻文，《唐志》增以書法、書品，已非初旨。自朱子作《小學》以配《大學》，趙希弁《讀書附志》遂以《弟子職》之類併入小學，又以《蒙求》〔二〕之類相參並列，而小學益多歧矣。考訂源流，惟《漢志》根據經義，要為近古。

今以論幼儀者別入儒家，以論筆法者別入雜藝，以《蒙求》之屬隸故事，以便記誦者別入類書。惟以《爾雅》以下編為訓詁〔三〕，《說文》以下編為字書，《廣韻》以下編為韻書。庶體例謹嚴，不失古義。其有兼舉兩家者，則各以所重為主（如李燾《說文五音韻譜》〔四〕實字書、袁子讓《字學元元》〔五〕實論等韻之類）。悉條其得失，具於本篇。

【注釋】

〔一〕【弟子職】為《管子》中的一篇。

〔二〕【蒙求】五代後晉李瀚撰。蒙學課本。

〔三〕【評論】錢大昕《與晦之論爾雅書》云：「夫六經皆以明道，未有不通訓詁而能明道者。欲窮六經之旨，必自《爾雅》始。」（《潛研堂文集》卷二十七）

〔四〕【考證】明萬曆中，宮氏刻李燾《說文五音韻譜》，陳大科序之，誤以為即徐鉉校本。

〔五〕【字學元元】明袁子讓撰。子讓字仔肩，郴州人。萬曆辛丑進士。官至眉州知州。名曰「元元」，蓋取班固「元元本本」語也。然惟憑脣吻，未見古書，至謂《禮部韻略》為陸明德作，故分元、魂為二，而合東、冬、清、青為一。又忽論七音，忽論六書，體例糅雜，茫無端緒。所論六書亦純以臆測，不考許、顧以來之舊義，所謂聰明過於學問者，其子讓之謂乎？（《總目》卷四十四）

今按，李致忠先生將「字學元元」改為「字學玄玄」，似無根據。

11. 正史類

正史〔一〕之名，見於《隋志》，至宋而定著十有七。明刊監板，合宋、遼、金、元四史為二十有一。皇上欽定《明史》，又詔增《舊唐書》為二十有三。近搜羅四庫，薛居正《舊五代史》得裒集成編〔二〕，欽稟睿裁，與歐陽修書並列，共為二十有四。今並從官本校錄。凡未經宸斷者，則悉不濫登。蓋正史體尊，義與經配，非懸諸令典〔三〕，莫敢私增，所由與稗官野記異也。

其他訓釋音義者，如《史記索隱》之類，掇拾遺闕者，如《補後漢書年表》之類，辨正異同者，如《新唐書糾謬》〔四〕之類，校正字句者，如《兩漢刊誤補遺》之類，若別為編次，尋檢為繁，即各附本書，用資參證。至宋、遼、金、元四史譯語，舊皆舛謬，今悉改正，以存其真。其子部、集部亦均視此，以考校釐訂，自正史始，謹發其凡於此。

【注釋】

〔一〕【正史】指《史記》《漢書》等以帝王本紀為綱的紀傳體史書。清乾隆年間詔定二十四史為正史，1921年北洋政府又增《新元史》，合稱「二十五史」。《隋書·經籍志》：「今依其世代，聚而編之，以備正史。」馮桂芬《明紀序》云：「史家分紀傳、編年二體，而紀傳為正史。」

〔二〕【舊五代史】薛居正《舊五代史》由邵晉涵從《永樂大典》中裒集成編，詳後。

〔三〕【令典】泛指憲章法令。

〔四〕【評論】錢大昕《潛研堂文集》卷二十八《跋新唐書糾謬》，批評《新唐書糾謬》未達於地理、官制、史例、小學。（《潛研堂文集》第 465～466 頁）

12. 編年類

司馬遷改編年為紀傳，荀悅又改紀傳為編年〔一〕。劉知幾深通史法，而《史通》分敘六家，統歸二體〔二〕，則編年、紀傳均正史也。其不列為正史者，以班、馬舊裁，歷朝繼作，編年一體，則或有或無，不能使時代相續，故姑置焉，無他義也。今仍搜羅遺帙，次於正史，俾得相輔而行。

《隋志》史部有起居注一門，著錄四十四部。《舊唐書》載二十九部，並實錄為四十一部。《新唐書》載二十九部，存於今者《穆天子傳》六卷、溫大雅《大唐創業起居注》三卷而已。《穆天子傳》雖編次年月，類小說傳記，不可以為信史。實惟存溫大雅一書，不能自為門目，稽其體例，亦屬編年。今併合為一，猶《舊唐書》以實錄附起居注之意也。

【注釋】

〔一〕【解釋】司馬遷《史記》一改《春秋左氏傳》編年體而為紀傳體，荀悅《漢紀》又依《左氏傳》，改紀傳體為編年體。

〔二〕【史源】《史通·六家篇》分敘六家為《尚書》家、《春秋》家、《左傳》家、《國語》家、《史記》家、《漢書》家。《史通·二體篇》統歸班、荀二體，亦即紀傳體與編年體。

13. 紀事本末類

古之史策〔一〕，編年而已，周以前無異軌也。司馬遷作《史記》，遂有紀傳一體，唐以前亦無異軌也。至宋袁樞以《通鑑》舊文，每事為篇，各排比其次第，而詳敘其始終，命曰「紀事本末」，史遂又有此一體。

夫事例相循，其後謂之因，其初皆起於創。其初有所創，其後即不能不因。故未有是體以前，微獨紀事本末創，即紀傳亦創，編年亦創。既有是體以後，微獨編年相因，紀傳相因，即紀事本末亦相因。因者既眾，遂於二體之外，別立一家。

今亦以類區分，使自為門目，凡一書備諸事之本末，與一書具一事之本末者，總匯於此。其不標紀事本末之名，而實為紀事本末者，亦並著錄。若夫偶然記載，篇帙無多，則仍隸諸雜史、傳記，不列於此焉。

【注釋】

〔一〕【史策】史冊，史書。

14. 別史類

《漢‧藝文志》無史名，《戰國策》《史記》均附見於《春秋》。厥後著作漸繁，《隋志》乃分正史、古史、霸史諸目。然《梁武帝》《元帝實錄》列諸雜史，義未安也。陳振孫《書錄解題》創立「別史」一門，以處上不至於正史，下不至於雜史者，義例獨善，今特從之。

蓋編年不列於正史，故凡屬編年，皆得類附。《史記》《漢書》以下，已列為正史矣。其歧出旁分者，《東觀漢記》《東都事略》《大金國志》《契丹國志》之類，則先資草創。《逸周書》《路史》之類，則互取證明。《古史》《讀後漢書》之類，則檢校異同。其書皆足相輔，而其名則不可以並列，命曰「別史」，猶大宗〔一〕之有別子〔二〕云爾。包羅既廣，六體兼存，必以類分，轉形瑣屑，故今所編錄，通以年代先後為敘。

【注釋】

〔一〕【大宗】宗法社會以嫡系長房為「大宗」，餘子為「小宗」。《儀禮‧喪服》：「為人後者孰後？後大宗也。曷為後大宗？大宗者，尊之統也。」《禮記‧大傳》：「有百世不遷之宗，有五世則遷之宗。」唐孔穎達疏：「百世不遷之宗者，謂大宗也，云有五世則遷之宗者，謂小宗也。」

〔二〕【別子】古代宗法制度稱諸侯嫡長子以外之子為「別子」。《禮記‧大傳》：「百世不遷者，別子之後也，宗其繼別子之所自出者。」孔穎達疏：「別子謂諸侯之庶子也。諸侯之適子適孫繼世為君，而第二子以下悉不得禰先君，故云別子。」

15. 雜史類

「雜史」之目，肇於《隋書》。蓋載籍既繁，難於條析，義取乎兼包眾體，宏括殊名，故王嘉《拾遺記》〔一〕《汲冢璅語》〔二〕得與《魏尚書》《梁實錄》並列，不為嫌也。然既係史名，事殊小說，著書有體，焉可無分。

今仍用舊文，立此一類。凡所著錄，則務示別裁。大抵取其事繫廟堂，語關軍國，或但具一事之始末，非一代之全編，或但述一時之見聞，只一家之私記，要期遺文舊事，足以存掌故、資考證、備讀史者之參稽云爾。若夫語神怪，供詼嘲，里巷瑣言，稗官所述，則別有雜家、小說家存焉。

【注釋】

〔一〕【拾遺記】秦王嘉撰。蓋仿郭憲《洞冥記》而作，其言荒誕，證以史傳皆不合。如皇娥燕歌之事、趙高登仙之說，或上誣古聖，或下獎賊臣，尤為乖迕。然歷代詞人取材不竭，亦劉勰所謂「事豐奇偉，辭富膏腴，無益經典，而有助文章」者歟？（《四庫全書目》卷一百四十二）

〔二〕【汲冢璅語】原出汲郡魏襄王墓之竹書，《隋志》著錄為《古文瑣語》四卷，腳注「汲冢書」。（李致忠《三目類序釋評》第 230 頁）。

16. 詔令奏議類

記言、記動，二史分司。起居注，右史事也；左史所錄蔑聞焉。〔一〕王言所敷，惟詔令耳。《唐志》史部初立此門〔二〕。黃虞稷《千頃堂書目》則移制誥於集部，次於別集。夫渙號〔三〕明堂〔四〕，義無虛發，治亂得失，於是可稽。此政事之樞機，非僅文章類也。抑居詞賦，於理為褻。《尚書》誓誥，經有明徵。今仍載史部，從古義也。

《文獻通考》始以奏議自為一門，亦居集末。考《漢志》載《奏事》十八篇，列《戰國策》《史記》之間，附《春秋》末。則論事之文，當歸史部，其證昭然。今亦並改隸，俾易與紀傳互考焉。〔五〕

【注釋】

〔一〕【二史】周代史官有左史、右史之分。左史記行動，右史記言語。《禮記·玉藻》：「動則左史書之，言則右史書之。」一曰左史記言，右史記事。《漢書·藝文志》：「古之王者，世有史官。君舉必書，所以慎言行、昭法式也。左史記言，右史記事。事為《春秋》，言為《尚書》，帝王靡不同之。」

〔二〕【考證】李致忠認為此說不確，詳見《三目類序釋評》第 295～296 頁。

〔三〕【渙號】言王者大發號令。典出《易經·渙卦·九五》：「渙汗其大號。」

〔四〕【明堂】古代帝王宣明政教的地方。凡朝會、祭祀、慶賞、選士、養老、教學等大典，都在此舉行。

〔五〕【評論】李致忠認為：將詔令、奏議合在一起，立為一類，此為《四庫全書總
目》在分類上的創舉……使王皇下達之詔令與人臣上呈之奏議緊密結合起
來，成為一個上下契合的整體，使政事之樞機作用在這裡表現得淋漓盡致。
（《三目類序釋評》第 298 頁）

17. 傳記類

　　紀事始者，稱傳記始黃帝，此道家野言〔一〕也。究厥本源，則《晏子春
秋》是即家傳，《孔子三朝記》其記之權輿〔二〕乎？裴松之注《三國志》、劉
孝標注《世說新語》，所引至繁，蓋魏、晉以來，作者彌夥。諸家著錄體例相
同，其參錯混淆，亦如一軌。

　　今略為區別：一曰「聖賢」，如孔、孟《年譜》之類；二曰「名人」〔三〕，
如《魏鄭公諫錄》之類；三曰「總錄」，如《列女傳》之類；四曰「雜錄」，如
《驂鸞錄》之類。其杜大圭《碑傳琬琰集》、蘇天爵《名臣事略》諸書，雖無
傳記之名，亦各覈其實，依類編入。至安祿山、黃巢、劉豫諸書，既不能遽削
其名，亦未可薰蕕同器〔四〕。則從叛臣諸傳附載史末之例，自為一類，謂之曰
「別錄」。

【注釋】

〔一〕【野言】隱者之語；村野人的話。

〔二〕【權輿】始也。

〔三〕【名人】著名的人物。《呂氏春秋·勸學》：「不疾學而能為天下魁士名人者，
　　　未之嘗有也。」高誘注：「名德之人。」

〔四〕【薰蕕】《左傳·僖公四年》：「一薰一蕕，十年尚猶有臭。」杜預注：「薰，香
　　　草；蕕，臭草。」蕕（yóu），草名。似細蘆，蔓生水邊，有惡臭。常比喻惡
　　　人。

18. 史抄類

　　帝魁〔一〕以後書，凡三千二百四十篇，孔子刪取百篇。此史抄之祖也。
《宋志》始自立門。然《隋志》雜史類中有《史要》十卷，注：「漢桂陽太守
衛颯撰，約《史記》要言，以類相從。」又有《三史略》二十卷，吳太子太傅
張溫撰。嗣後專抄一史者，有葛洪《漢書抄》三十卷，張緬《晉書抄》三十
卷。合抄眾史者，有阮孝緒《正史削繁》九十四卷。則其來已古矣。沿及宋

代，又增四例：《通鑑總類》〔二〕之類，則離析而編纂之；《十七史詳節》〔三〕之類，簡汰而刊削之；《史漢精語》〔四〕之類，則採摭文句而存之；《兩漢博聞》之類，則割裂詞藻而次之。

迨乎明季，彌衍餘風。**趨簡易，利剽竊**，史學荒矣。要其含咀英華，刪除冗贅，即韓愈所稱記事提要之義，不以末流蕪濫責及本始也。**博取約存，亦資循覽**。若倪思《班馬異同》惟品文字，婁機《班馬字類》惟明音訓，及《三國志文類》〔五〕總匯文章者，則各從本類，不列此門。

【注釋】

〔一〕【帝魁】炎帝神農氏之名。傳說中上古姜姓部族首領。相傳少典娶於有蟜氏而生。原居姜水流域，後向東發展到中原地區。《孔子家語・辯物》：「昔黃帝以雲紀官……炎帝以火，共工以水，太昊以龍，其義一也。」《史記・五帝本紀》：「炎帝欲侵陵諸侯，諸侯咸歸軒轅。」張守節《正義》引《帝王世紀》云：「神農氏，姜姓也……以火德王，故號炎帝。」

〔二〕【通鑑總類】宋沈樞撰。取司馬光《資治通鑑》事蹟，仿《冊府元龜》之例，分為二百七十一門。每門各以事標題，略依時代前後為次，亦間採光議論附之，所分門目頗有繁碎。

〔三〕【十七史詳節】宋呂祖謙編。此蓋其讀史時刪節備檢之本，而建陽書坊為刻而傳之者。

〔四〕【史記法語】宋洪邁編。是編於《史記》百三十篇內自二字以上句法古雋者依次標出，亦間錄舊注，蓋與《經子法語》等編同以備修詞之用。邁於諸書多有節本，其所纂輯自經子至前漢皆曰「法語」，自後漢至唐書皆曰「精語」。

〔五〕【三國志文類】不著編輯人名氏。今流傳有宋刊本。凡分二十三門，所採上涉漢末，而下及晉初，則以《魏志・太祖紀》其事皆在建安，而裴松之注所採多晉人書也。

19. **載記類**

五馬南浮〔一〕，中原雲擾，偏方割據，各設史官，其事蹟亦不容泯滅。故阮孝緒作《七錄》，「偽史」立焉。《隋志》改稱「霸史」，《文獻通考》則兼用二名。然年祀綿邈，文籍散佚，當時僭撰久已無存；存於今者，大抵後人追記而已。曰「霸」，曰「偽」，皆非其實也。

案：《後漢書・班固傳》稱撰平林〔二〕、新市〔三〕、公孫述〔四〕事為「載記」；《史通》亦稱平林、下江諸人《東觀》列為「載記」；又《晉書》附敘十六國，亦云「載記」，是實立乎中朝，以敘述列國之名。今採錄《吳越春秋》以下述偏方僭亂遺跡者，準《東觀漢記》《晉書》之例，總題曰「載記」，於義為允。惟《越史略》一書為其國所自作，僭號紀年，真為偽史，然外方私記，不過附存，以聲罪示誅，足昭名分，固無庸為此數卷別區門目焉。〔五〕

【注釋】

〔一〕【五馬南浮】永嘉五年（311），後漢軍隊攻破洛陽，司馬睿、司馬繹等五王南渡長江，在建業（今南京）建立東晉王朝，史稱「五馬南浮」。

〔二〕【平林】古地名，在今湖北隨州市東北。新莽地皇二年（22），平林人陳牧等人在此揭竿而起，號稱平林兵。

〔三〕【新市】古地名，在今湖北京山東北。王莽末年，新市人王匡等人在此起義，號稱新市兵。

〔四〕【公孫述】字子陽，扶風茂陵人。建武元年（25），自立為天子。

〔五〕【載記】現代古籍編目，往往取消「載記」，而視其書之體裁，或入紀傳，或入編年，或入雜史。

20. 時令類

《堯典》首授時〔一〕，舜初受命，亦先齊七政〔二〕。後世推步測算，重為專門，已別著錄。其本天道之宜以立人事之節者，則有時令諸書。孔子考獻徵文，以《小正》〔三〕為尚存夏道，然則先王之政，茲其大綱歟？後世承流，遞有撰述，大抵農家日用、閭閻風俗為多，與《禮經》所載小異。然民事即王政也，淺識者歧視之耳。至於選詞章，隸故實，誇多鬥靡，浸失厥初，則踵事增華，其來有漸，不獨時令一家為然。汰除鄙倍，採摘典要，亦未始非《豳風》《月令》之遺矣。

【注釋】

〔一〕【史源】《尚書・堯典》：「敬授人時。」

〔二〕【七政】古天文術語。說法不一：1. 指日、月和金、木、水、火、土五星。2. 指天、地、人和四時。3. 指北斗七星。以七星各主日、月、五星，故曰七政。

〔三〕【小正】即《夏小正》，詳後。

21. 地理類

　　古之地志，載方域、山川、風俗、物產而已，其書今不可見。然《禹貢》《周禮·職方氏》其大較矣。《元和郡縣志》頗涉古蹟，蓋用《山海經》例。《太平寰宇記》增以人物，又偶及藝文，於是為州縣志書之濫觴。元、明以後，體例相沿。列傳侔乎家牒，藝文溢於總集。末大於本，而輿圖反若附錄。其間假借誇飾以侈風土者，抑又甚焉。王士禛稱《漢中府志》載木牛流馬法，《武功縣志》載《織錦璇璣圖》，此文士愛博之談，非古法也。然踵事增華，勢難遽返。今惟去泰去甚，擇尤雅者錄之。凡蕪濫之編，皆斥而存目。

　　其編類：首宮殿疏，尊宸居也；次總志，大一統也；次都會郡縣，辨方域也；次何防，次邊防，崇實用也；次山川，次古蹟，次雜記，次遊記，備考核也；次外紀，廣見聞也。若夫《山海經》《十洲記》〔一〕之屬，體雜小說，則各從其本類，茲不錄焉。

【注釋】

〔一〕【海內十洲記】舊本題漢東方朔撰。十洲者，祖洲、瀛洲、懸洲、炎洲、長洲、元洲、流洲、生洲、鳳麟洲、聚窟洲也。又後附以滄海島、方丈洲、扶桑、蓬邱、崑崙五條。其言或稱臣朔，似對君之詞，或稱武帝，又似追記之文。又盛稱武帝不能盡朔之術，故不得長生，則似道家誇大之語。大抵恍惚支離，不可究詰。（《四庫全書總目》卷一四二）

22. 職官類

　　前代官制〔一〕，史多著錄，然其書恒不傳。《南唐書·徐鍇傳》稱後主得《齊職制》，其書罕覯，惟鍇知之，今亦無舉其名者。世所稱述《周官》外，惟《唐六典》最古耳。蓋建官為百度〔二〕之綱，其名品職掌，史志必撮舉大凡，足備參考。故本書繁重，反為人所倦觀。且惟議政廟堂，乃稽舊典。其間如元豐變法〔三〕，事不數逢。故著述之家，或通是學而無所用，習者少則傳者亦稀焉。

　　今所採錄，大抵唐宋以來一曹一司之舊事，與儆戒訓誥之詞。今釐為官制、官箴二子目，亦足以稽考掌故，激勸官方。明人所著率類州縣志書，則等之自鄶〔四〕矣。

【注釋】

〔一〕【官制】設官的制度。

〔二〕【百度】百事，各種制度。

〔三〕【元豐變法】指北宋神宗元豐年間（1078～1085）對官制的改革。

〔四〕【等之自鄶】即「鄶下無譏」。《左傳‧襄公二十九年》：「吳公子札來聘……
為之歌《陳》，曰『國無主，其能久乎！』自《鄶》以下無譏焉。」後以「鄶
下無譏」言其微不足道。

23. 政書類

志藝文者，有故事一類。其間祖宗創法，奕葉慎守，是為一朝之故事。
後鑒前師，與時損益者，是為前代之故事。史家著錄，大抵前代事也。《隋志》
載《漢武故事》〔一〕，濫及稗官〔二〕。《唐志》載《魏文貞故事》，橫牽家傳。
循名誤列，義例殊乖。

今總核遺文，惟以國政朝章六官所職者，入於斯類，以符《周官》故府
之遺。至儀注條格，舊皆別出，然均為成憲，義可同歸。惟我皇上制作日新，
垂謨冊府〔三〕，業已恭登新笈，未可仍襲舊名。考錢溥《秘閣書目》〔四〕有政
書一類〔五〕，謹據以標目，見綜括古今之意焉。

【注釋】

〔一〕【漢武故事】舊本題漢班固撰。然史不云固有此書。《隋志》著錄傳記類中，
亦不云固作。晁公武《讀書志》引張柬之《洞冥記跋》謂出於王儉。唐初去齊
梁未遠，當有所考也。所言亦多與《史記》《漢書》相出入，而雜以妖妄之語。

〔二〕【稗官】小官。小說家出於稗官，後因稱野史小說為稗官。

〔三〕【冊府】古時帝王藏書的地方。

〔四〕【錢溥】字原溥，華亭人。正德己未進士。官至南京吏部尚書。成化二十二
年撰《秘閣書目》。

〔五〕【史源】《明代書目題跋叢刊》上冊第 678 頁。

24. 目錄類

鄭玄有《三禮目錄》一卷，此名所昉〔一〕也。其有解題，胡應麟《經義
會通》謂始於唐之李肇〔二〕。案：《漢書》錄《七略》書名，不過一卷，而劉

氏《七略》《別錄》至二十卷，此非有解題而何？《隋志》曰：「劉向《別錄》、劉歆《七略》，剖析條流，各有其序，推尋事蹟，自是以後，不能辨其流別，但記書名而已。」其文甚明，應麟誤也。

今所傳者，以《崇文總目》為古，晁公武、趙希弁、陳振孫並準為撰述之式。惟鄭樵作《通志・藝文略》，始無所詮釋，並建議廢《崇文總目》之解題，而尤袤《遂初堂書目》因之。自是以後，兩體並行。今亦兼收，以資考核。

金石之文，隋、唐《志》附「小學」，《宋志》乃附「目錄」。今用《宋志》之例，並列此門，而別為子目，不使與經籍相淆焉。〔三〕

【注釋】

〔一〕【昉】，天方明。引申為開始。

〔二〕【史源】李肇有《經史釋題》。

〔三〕【評論】李致忠認為：「後世目錄於金石之書做了兩件事：一是把石經之拓本、刻本從金石文字中析出，於經書中各歸其類，這是非常科學的類歸思想。二是將金石類書籍從目錄類中析出，與目錄類、正史類、編年類等平行，單設金石類，成為二級類目，這也是非常科學非常實際的類歸思想。」（《三目類序釋評》第 294 頁）

25. 史評類

《春秋》筆削，議而不辨，其後「三傳」異詞。《史記》自為序贊，以著本旨，而先黃老，後「六經」，退處士，進奸雄，班固復異議焉。此史論所以繁也。其中考辨史體，如劉知幾、倪思諸書，非博覽精思，不能成帙，故作者差稀。至於品騭舊聞，抨彈往跡，則才翻史略，即可成文，此是彼非，互滋簧鼓，故其書動至汗牛。又文士立言，務求相勝，或至鑿空生義，僻謬不情。如胡寅《讀史管見》譏晉元帝不復牛姓者，更往往而有。故瑕纇叢生，亦惟此一類為甚。

我皇上綜括古今，折衷眾論，欽定《評鑑闡要》及《全韻詩》，昭示來茲，日月著明，爝火〔一〕可息。百家讕語〔二〕，原可無存。以古來著錄，舊有此門，擇其篤實近理者，酌錄數家，用備體裁云爾。

【注釋】

〔一〕【爝火】炬火，小火。

〔二〕【讕語】妄語。此處「讕語」猶「讕言」，誣妄之言，無稽之談。今按，所謂「百家讕語，原可無存」，這是赤裸裸的文化專制主義，與「百花齊放，百家爭鳴」的方針完全背道而馳。

26. 儒家類

古之儒〔一〕者，立身行己，誦法先王，務以通經適用而已，無敢自命聖賢者。王通教授河汾，始摹擬尼山，遞相標榜，此亦世變之漸矣。迨托克托等修《宋史》，以道學、儒林分為兩傳，而當時所謂道學者，又自分二派，筆舌交攻。自時厥後，天下惟朱、陸是爭，門戶別而朋黨起，恩仇報復，蔓延者垂數百年。明之末葉，其禍遂及於宗社，惟好名好勝之私心不能自克，故相激而至是也。聖門設教之意，其果若是乎？

今所錄者，大旨以濂、洛、關、閩為宗。而依附門牆，藉詞衛道〔二〕者，則僅存其目。金溪、姚江之派，亦不廢所長，惟顯然以佛語解經者，則斥入雜家。凡以風示儒者，無植黨，無近名，無大言而不慚，無空談而鮮用，則庶幾孔孟之正傳矣。

【注釋】

〔一〕【儒】術士。周、秦、兩漢用以稱某些有專門知識、技藝的人。《周禮·天官·太宰》：「儒以道得民。」鄭玄注：「儒，諸侯保氏有藝以教民者。」俞樾《群經平議·周官一》：「儒者，其人有伎術者也。」參見章太炎《原儒》。

〔二〕【衛道】指衛護儒家道統。宋明理學家稱儒家學術思想授受的系統為道統。

27. 兵家類

《史記·穰苴列傳》稱，齊威王使大夫追論古者司馬兵法，是古有兵法之明證。然《風後》〔一〕以下皆出依託，其間孤虛〔二〕王相〔三〕之說，雜以陰陽五行；風雲〔四〕氣色之說，又雜以占候。故兵家恒與術數相出入，術數亦恒與兵家相出入，要非古兵法也。其最古者，當以《孫子》《吳子》《司馬法》為本，大抵生聚訓練之術，權謀運用之宜而已。

今所採錄，惟以論兵為主，其餘雜說悉別存目。古來偽本，流傳既久者，詞不害理，亦並存以備一家。明季遊士撰述，尤為猥雜，惟擇其著有晚效，如戚繼光〔五〕《練兵實紀》之類者，列於篇。

【注釋】

〔一〕【風后】即《風后握奇經》。

〔二〕【孤虛】古代方術用語。即計日時，以十天干順次與十二地支相配為一旬，所餘的兩地支稱之為「孤」，與孤相對者為「虛」。古時常用以推算吉凶禍福及事之成敗。《史記·龜策列傳》：「日辰不全，故有孤虛。」裴駰《集解》：「甲乙謂之日，子丑謂之辰。《六甲孤虛法》：甲子旬中無戌亥，戌亥即為孤，辰巳即為虛。甲戌旬中無申酉，申酉為孤，寅卯即為虛。甲申旬中無午未，午未為孤，子丑即為虛。甲午旬中無辰巳，辰巳為孤，戌亥即為虛。甲辰旬中無寅卯，寅卯為孤，申酉即為虛。甲寅旬中無子丑，子丑為孤，午未即為虛。劉歆《七略》有《風后孤虛》二十卷。」漢趙曄《吳越春秋》云：「必察天地之氣，原於陰陽，明於孤虛，審於存亡，乃可量敵。」「孤虛，謂天門地戶也。」但錢大昕認為二者不同。

〔三〕【王相】陰陽家以王（旺盛）、相（強壯）、胎（孕育）、沒（沒落）、死（死亡）、囚（禁錮）、廢（廢棄）、休（休退）八字與五行、四時、八卦等遞相配搭，以表示事物的消長更迭。五行用事者為王，王所生為相，表示物得其時。王充《論衡·難歲》：「立春，艮王、震相、巽胎、離沒、坤死、兌囚、乾廢、坎休。王之衝死，相之衝囚，王相衝位，有死囚之氣。」王符《潛夫論·夢列》：「風雨寒暑謂之感，五行王相謂之時……故審其徵候，內考情意，外考王相，即吉凶之符，善惡之效，庶可見也。」汪繼培箋：「《五行大義》云：五行體休王者，春則木王，火相，水休，金囚，土死；夏則火王，土相，木休，水囚，金死；六月則土王，金相，火休，木囚，水死；秋則金王，水相，土休，火囚，木死；冬則水王，木相，金休，土囚，火死。」王文濡等音注：「王相，陰陽家語。一作『旺相』……俗以得時為旺相，失時為休囚。」

〔四〕【風雲】古軍陣名有「風」「雲」等，後即以「風雲」泛稱軍陣。明湯顯祖《牡丹亭·折寇》：「接濟風雲陣勢，侵尋歲月邊陲。」徐朔方等注：「《風后握奇經》以天、地、風、雲、飛龍、翔鳥、虎翼、蛇蟠為八種陣勢。」

〔五〕【戚繼光】（1528～1587），字元敬，登州（今山東蓬萊）人。事蹟詳見范中義《戚繼光評傳》（南京大學出版社 2004 年版）。

28. 法家類

　　刑名之學〔一〕，起於周季，其術為聖世所不取。然流覽遺篇，兼資法戒〔二〕。觀於管仲諸家，可以知近功小利之隘。觀於商鞅、韓非諸家，可以知刻薄寡恩之非。鑒彼前車，即所以克端治本。曾鞏所謂「不滅其籍，乃善於放絕」者歟？至於凝、㠓所編，和凝、和㠓父子，相繼撰《疑獄集》〔三〕，闡明疑獄。桂、吳所錄，桂萬榮、吳訥相續撰《棠陰比事》〔四〕矜慎祥刑，並義取持平，道資弼教。雖類從而錄，均隸法家。然立議不同，用心各異，於虞廷欽恤亦屬有裨，是以仍準舊史，錄此一家焉。

【注釋】

〔一〕【刑名之學】實為法家學說之別稱。

〔二〕【法戒】正反兩方面的經驗教訓，正者為法，反者為戒。

〔三〕【疑獄集】五代和凝、和㠓撰。記漢至五代各種疑案及昭雪冤獄事例，對離奇的人情事變多所分析，含有刑事偵查學和法醫學的若干內容。陸心源《儀顧堂題跋》卷六《疑獄集跋》云：「今四庫著錄四卷本，乃後人分第三卷為兩卷，以足四卷之數，亦非原本也。」

〔四〕【棠陰比事】宋桂萬榮撰，明吳訥刪補。其書仿唐李瀚《蒙求》之體，括以四字韻語，便於記讀而自為之注。凡一百四十四條，皆古來剖析疑獄之事。明景泰間，吳訥以其徒拘聲韻對偶，而敘次無義，乃刪其不足為法及相類、復出者，存八十條。以事之大小為先後，不復以叶韻相從。（《四庫全書總目》卷一〇一）

　　今按，日本重刻元至大三卷本，詳見羅振玉《雪堂類稿》戊冊第 1181 頁。此書有《四部叢刊》影元抄本，張元濟跋云：「當時桂氏原書未出，館臣於吳氏增入之語，故多疑詞。」（《張元濟古籍書目序跋彙編》第 901 頁）

29. 農家類

　　農家條目，至為蕪雜，諸家著錄，大抵輾轉旁牽，因耕而及《相牛經》，因《相牛經》及《相馬經》《相鶴經》《鷹經》《蟹錄》，至於《相貝經》，而《香譜》《錢譜》相隨入矣。因五穀而及《圃史》，因《圃史》而及《竹譜》《荔支譜》《橘譜》，至於《梅譜》《菊譜》，而《唐昌玉蕊〔一〕辯證》《揚州瓊花譜》相隨入矣。因蠶桑而及《茶經》，因《茶經》及《酒史》《糖霜譜》，至於《蔬

食譜》，而《易牙遺意》《飲膳正要》相隨入矣。觸類蔓延，將因《四民月令》，而及算術天文。因《田家五行》，而及風角〔二〕、鳥占〔三〕。因《救荒本草》而及《素問》《靈樞》乎？

今逐類汰除，惟存本業，用以見重農貴粟。其道至大，其義至深，庶幾不失《豳風·無逸》之初旨。茶事一類，與農家稍近，然龍團鳳餅之製，銀匙玉盌〔四〕之華，終非耕織者所事，今亦別入譜錄類，明不以末先本也。

【注釋】

〔一〕【玉蕊】即玉蕊花，亦即瓊花。白居易《代書一百韻寄微之》云：「唐昌玉蕊會，崇敬牡丹期。」一說為瑒花。宋趙彥衛《雲麓漫抄》卷四：「今瑒花即玉蘂花也。介甫以比瑒，謂當用此瑒字。蓋瑒，玉名，取其白。山谷又名為山礬礬，謂可以染也……唐昌玉蕊，以少故見珍耳。」

〔二〕【風角】古代的數術。李賢注：「風角謂候四方四隅之風，以占吉凶也。」風角與候氣有關，是以季節風的風向變換和冷暖強弱來說明陰陽二氣的消長。可參閱李零《中國方術考》第52～57頁。

〔三〕【鳥占】古代的占卜術。以鳥的飛鳴占卜吉凶。《新唐書》卷九十三《李靖傳贊》：「世言靖精風角、鳥占、雲祲、孤虛之術，為善用兵。是不然，特以臨機果料敵明，根於忠智而已。俗人傳著怪詭禨祥，皆不足信。」元楊瑀《山居新話》卷四：「宋末有富春子，能風角、鳥占之術，名聞賈秋壑。一日，賈招之，叩以來日飲食之事，富寫而封之。明日，賈作宴於西湖舟中。至晚，賈行立於船頭，自歌『月明星稀，烏鵲南飛』之句。客廖瑩中言：『日已晚，可拆緘觀之。』諸事不及，唯有『月明星稀，烏鵲南飛』八字，眾皆驚賞。」

〔四〕【盌】今作「碗」。

30. 醫家類

儒之門戶分於宋，醫之門戶分於金、元。觀元好問《傷寒會要序》〔一〕，知河間之學〔二〕與易水之學〔三〕爭。觀戴良作《朱震亨傳》，知丹溪之學與宣和局方之學爭也〔四〕。然儒有定理，而醫無定法。病情萬變，難守一宗。故今所敍錄，兼眾說焉。

明制定醫院十三科，頗為繁碎。而諸家所著，往往以一書兼數科，分隸為難。今通以時代為次。《漢志》醫經、經方二家後，有房中、神仙二家，後

人誤讀為一，故服餌、導引歧途頗雜，今悉刪除。《周禮》有獸醫，《隋志》載《治馬經》等九家，雜列醫書間。今從其例，附錄此門，而退置於末簡，貴人賤物之義也。《太素脈法》，不關治療，今別收入術數家，茲不著錄。

【注釋】

〔一〕【元好問《傷寒會要序》】往予在京師，聞鎮人李杲明之有國醫之目，而未之識也。壬辰之兵，明之與予同出汴梁，於聊城，於東平，與之遊者六年，於今然後得其所以為國醫者為詳。蓋明之世以貲雄鄉里，諸父讀書，喜賓客，所居竹里，名士日造其門。明之幼歲好醫藥，時易州人張元素以醫名燕、趙間，明之捐千金，從之學，不數年，盡得其業。家既富厚，無事於技，操有餘以自重，人不敢以醫名之。大夫士或病其資性高騫，少所降屈，非危急之疾，有不得已焉者，則亦未始謁之也。大概學於傷寒、癰疽、眼目病為尤長。傷寒則著《會要》三十餘萬言，其說曰：「傷寒家有經禁、時禁、病禁，此三禁者，學醫者人知之，然亦顧所以用之為何如耳？」《會要》推明仲景、朱奉議、張元素以來備矣，見證得藥，見藥識證，以類相從，指掌皆在。倉猝之際，雖使粗工，用之蕩然，如載司南以適四方，而無問津之惑，其用心博矣……（明賀復徵編《文章辨體匯選》卷三百十四）

〔二〕【河間之學】代表人物為劉完素，寒涼派。劉完素（1120～1200）字守真，河間人。嘗遇異人陳先生，以酒飲守真，大醉，及寤洞達醫術，若有授之者。乃撰《運氣要旨論》《精要宣明論》，慮庸醫或出妄說，又著《素問玄機原病式》，特舉二百八十八字，注二萬餘言。然好用涼劑，以降心火、益腎水為主。自號「通元處士」云。事蹟具《金史》卷一三一。

〔三〕【易水之學】代表人物為張元素，溫補派。張元素字潔古，易州人。八歲試童子舉。二十七試經義進士，犯廟諱下第。乃去學醫，無所知名，夜夢有人用大斧長鑿鑿心開竅，納書數卷於其中，自是洞徹其術。河間劉完素病傷寒八日，頭痛脈緊，嘔逆不食，不知所為。元素往候，完素面壁不顧，元素曰：「何見待之卑如此哉？」既為診脈，謂之曰：「脈病云云。」曰：「然。」「初服某藥，用某味乎？」曰：「然。」元素曰：「子誤矣。某味性寒，下降走太陰，陽亡汗不能出。今脈如此，當服某藥則效矣。」完素大服，如其言遂愈，元素自此顯名。平素治病不用古方，其說曰：「運氣不齊，古今異軌，古方新病不相能也。」自為家法云。事蹟具《金史》卷一三一。

〔四〕【史源】元戴良《九靈山人集》卷十有《丹溪翁朱震亨傳》曰：時方盛行陳師
　　文、裴宗元所定大觀二百九十七方，翁窮晝夜是習，既而悟曰：「操古方以治
　　今病，其勢不能以盡合，苟將起度量，立規矩，稱權衡，必也《素》《難》諸
　　經乎！」又稱震亨得羅知悌之學以歸，諸醫泥陳、裴之學者，聞其言大驚，
　　而笑且排，及治許謙末疾良驗，笑且排者乃各皆心服。是此書盛行於宋元之
　　間，至震亨《局方發揮》出，而醫學始一變也。
　　　　今按，朱震亨（1281～1358），字彥修，學者尊之曰丹溪翁、丹溪先生。
　　元婺州義烏人。

31. 天文算法類

　　三代上之制作，類非後世所及。**惟天文算法則愈闡愈精**。容成造術〔一〕，
顓頊立制〔二〕，而測星紀閏，多述帝堯，在古初已修改漸密矣。洛下閎〔三〕以
後，利瑪竇以前，變化不一。泰西〔四〕晚出，頗異前規。門戶構爭，亦如講
學。然分曹〔五〕測驗，具有實徵，終不能指北為南，移昏作曉。故攻新法者
至國初而漸解焉。

　　聖祖仁皇帝《御製數理精蘊》諸書，妙契天元〔六〕，精研化本，於中西兩
法權衡歸一，垂範億年。海宇承流，遞相推衍。一時如梅文鼎等，測量撰述，
亦具有成書。故言天者至於本朝更無疑義。今仰遵聖訓，考校諸家，存古法
以溯其源，秉新制以究其變。古來疏密，釐然具矣。若夫占驗禨祥〔七〕率多
詭說。鄭當再火，裨灶先誣〔八〕。舊史各自為類，今亦別入之術數家。**惟算術、
天文相為表裏**。《明史・藝文志》以算術入小學類，是古之算術，非今之算術
也。今覈其實，與天文類從焉。

【注釋】

〔一〕【容成】相傳為黃帝大臣，發明曆法。

〔二〕【顓頊】上古五帝之一，相傳為黃帝之孫。史載推步測時以製曆。

〔三〕【洛下閎】巴郡方士，參與漢武帝時《太初曆》的製作。

〔四〕【泰西】猶極西。舊泛指西方國家，一般指歐美各國。

〔五〕【分曹】猶今之分部門，分科。

〔六〕【天元】謂歲時運行之理。《史記・曆書》：「王者易姓受命，必慎始初，改正
　　朔，易服色，推本天元，順承厥意。」司馬貞《索隱》：「言王者易姓而興，
　　必當推本天之元氣行運所在，以定正朔，以承天意，故云承順厥意。」

〔七〕【禨祥】指變異之事。謂吉凶之先兆。《史記・天官書》:「所見天變,皆國殊窟穴,家占物怪,以合時應,其文圖籍禨祥不法。」張守節《正義》引顧野王曰:「禨祥,吉凶之先見也。」

〔八〕【裨灶】春秋時鄭國的大夫,是星象術數家。他曾預言:「宋、衛、陳、鄭,將同月火。」「不用吾言,鄭又將火。」典出《左傳》。

32. 術數類

　　術數之興,多在秦、漢以後。要其旨,不出乎陰陽五行,生克制化。實皆《易》之支派,傳以雜說耳。物生有象,象生有數,乘除推闡,務究造化〔一〕之源者,是為**數學**。星土雲物,見於經典,流傳妖妄,寖失其真。然不可謂古無其說,是為**占候**〔二〕。自是以外,末流猥雜,不可殫名,史志總概以**五行**〔三〕。

　　今參驗古書,旁稽近法,析而別之者三:曰相宅相墓,曰占卜〔四〕,曰命書相書。並而合之者一,曰陰陽五行。雜技術之有成書者,亦別為一類附焉。中惟數學一家,為《易》外別傳,不切事而猶近理。其餘則皆百偽一真,遞相煽動。必謂古無是說,亦無是理,固儒者之迂談;必謂今之術士能得其傳,亦世俗之惑志,徒以冀福畏禍。今古同情,趨避之念一萌,方技者流各乘其際以中之,故悠謬之談彌變彌夥耳。然眾志所趨,雖聖人有所弗能禁。其可通者存其理,其不可通者姑存其說可也。

【注釋】

〔一〕【造化】自然界的創造者。亦指自然。

〔二〕【占候】視天象變化以附會人事,預言吉凶。《後漢書・郎顗傳》:「能望氣占候吉凶。」

〔三〕【五行】水、火、木、金、土。我國古代稱構成各種物質的五種元素,古人常以此說明宇宙萬物的起源和變化。

〔四〕【占卜】古代用龜甲、蓍草等,後世用銅錢、牙牌等推斷吉凶禍福。

33. 藝術類

　　古言六書〔一〕,後明八法〔二〕,於是字學、書品為一事。左圖右史,畫亦古義,丹青金碧,漸別為賞鑒一途。衣裳製而纂組巧,飲食造而陸海陳,

踵事增華，勢有馴致。然均與文史相出入，要為藝事之首也。琴本雅音〔三〕，舊列樂部，後世俗工撥捩，率造新聲，非復《清廟》〔四〕《生民》〔五〕之奏，是特一技耳。摹印本六體之一〔六〕，自漢白元朱，務矜鐫刻，與小學遠矣。《射義》《投壺》載於《戴記》。諸家所述，亦事異禮經，均退列藝術，於義差允。至於譜博弈、論歌舞，名品紛繁，事皆瑣屑，亦並為一類，統曰雜技焉。

【注釋】

〔一〕【六書】指象形、指事、會意、形聲、轉注、假借。

〔二〕【八法】漢字筆劃有側（點）、勒（橫）、努（直）、趯（鉤）、策（斜畫向上）、掠（撇）、啄（右邊短撇）、磔（捺），謂之八法。多以指書法。

〔三〕【琴】樂器名。指古琴。傳為神農創製。琴身為狹長形，木質音箱，面板外側有十三徽。底板穿「龍池」、「鳳沼」二孔，供出音之用。上古作五弦，至周增為七絃。古人把琴當作雅樂。

〔四〕【清廟】《詩經・周頌》的一篇。相傳為祀文王之歌。

〔五〕【生民】《詩經・大雅》的一篇。

〔六〕【摹印】秦書八體之一。就小篆稍加變化。本用於璽印，後亦用於一般印章。許慎《說文解字敘》云：「自爾秦書有八體……四曰蟲書，五曰摹印。」段玉裁注：「即新莽之繆篆也。」

34. 譜錄類

劉（向）〔歆〕《七略》〔一〕，門目孔多，後並為四部〔二〕，大綱定矣。中間子目遞有增減，亦不甚相遠。然古人學問各守專門，其著述具有源流，易於配隸。六朝以後，作者漸出新裁，體例多由創造，古來舊目遂不能該，附贅懸疣〔三〕，往往牽強。《隋志・譜系》本陳族姓，而末載《竹譜》《錢圖》，《唐志・農家》本言種植，而雜列《錢譜》《相鶴經》《相馬經》《鷹擊錄》《相貝經》，《文獻通考》亦以《香譜》入「農家」。是皆明知其不安，而限於無類可歸，又復窮而不變，故支離顛舛，遂至於斯。

惟尤袤《遂初堂書目》，創立「譜錄」一門，於是別類殊名，咸歸統攝。此亦變而能通矣。今用其例，以收諸雜書之地可繫屬者。門目既繁，檢尋亦病於瑣碎，故諸物以類相從，不更以時代次焉。

【注釋】

〔一〕**【七略】** 漢劉歆撰。我國最早的圖書目錄分類著作。分《輯略》《六藝略》《諸子略》《詩賦略》《兵書略》《術數略》和《方技略》。《漢書·藝文志》即據《七略》為藍本。原書已佚，清馬國翰、洪頤煊等均有輯本。

〔二〕**【四部】** 中國古代圖書分類名稱。將群書分為甲、乙、丙、丁或經、史、子、集四類，稱「四部」。

〔三〕**【附贅懸疣】** 猶「疣贅」，原指癰疽瘡毒，後喻多餘無用之物。

35. 雜家類

衰周之季，百氏爭鳴〔一〕，立說著書，各為流品〔二〕。《漢志》所列備矣。或其學不傳，後無所述，或其名不美，人不肯居。故絕續不同，不能一概。著錄後人，株守舊文，於是墨家僅《墨子》《晏子》二書，名家僅《公孫龍子》《尹文子》《人物志》三書，縱橫家僅《鬼谷子》一書，亦別立標題，自為支派。此拘泥門目之過也。

黃虞稷《千頃堂書目》，於寥寥不能成類者，併入雜家。「雜」之義廣，無所不包，班固所謂「合儒、墨，兼名、法」也。〔三〕變而得宜，於例為善。今從其說，以立說者謂之「雜學」，辯證者謂之「雜考」，議論而兼敍述者謂之「雜說」，旁究物理、臚陳纖瑣者謂之「雜品」，類輯舊文、塗兼眾軌者謂之「雜纂」，合刻諸書、不名一體者謂之「雜編」。〔四〕凡六類。

【注釋】

〔一〕**【百氏爭鳴】** 即百家爭鳴。指春秋戰國時期學術上的各種派別的爭鳴。

〔二〕**【流品】** 品類；等級。本指官階，後亦泛指門第或社會地位。

〔三〕**【評論】** 提要所謂「雜」之義，與班固所謂「合儒、墨，兼名、法」是完全不同的概念，此處有偷樑換柱之嫌。

〔四〕**【雜編】** 即「叢書」。《四庫提要》對於「叢書」缺乏清晰認識，誤置於雜家類之中，實則此類當獨立於四部之外。

36. 類書類

類事之書，兼收四部，而非經、非史、非子、非集。四部之內，乃無類可歸。《皇覽》始於魏文〔一〕，晉荀勗《中經部》分隸何門，今無所考〔二〕。《隋

志》載入子部，當有所受之。歷代相承，莫之或易。明胡應麟作《筆叢》，始議改入集部。然無所取義，徒事紛更，則不如仍舊貫矣。〔三〕

此體一興，而操觚〔四〕者易於檢尋，注書者利於剽竊，轉輾稗販，實學頗荒。然古籍散亡，十不存一，遺文舊事，往往託以得存。《藝文類聚》《初學記》《太平御覽》諸編，殘璣斷璧〔五〕，至捃拾不窮，要不可謂之無補也。其專考一事，如《同姓名錄》之類者，別無可附，舊皆入之類書，亦今仍其例。

【注釋】

〔一〕【皇覽】中國最早的類書。三國魏文帝時命文臣自五經群書，分類為篇，編輯成書，以供皇帝閱覽。後散佚，清孫馮翼有輯本一卷。

〔二〕【考證】晉荀勗《中經部》將類書分隸丙部，即後之史部。

〔三〕【史源】關於類書源流，請詳參本書《淵鑒類函》條提要。類書亦當獨立於四部之外。

〔四〕【操觚】執簡。謂寫作。

〔五〕【璣】不圓的珠。一說小珠。【璧】玉器名。扁平、圓形、中心有孔。邊闊大於孔徑。古代貴族用作朝聘、祭祀、喪葬時的禮器，也作佩帶的裝飾。

37. 小說家類

張衡《西京賦》曰：「小說九百，本自虞初〔一〕。」《漢書・藝文志》載《虞初周說》九百四十三篇，注稱武帝時方士，則小說興於武帝時矣。故《伊尹說》以下九家，班固多注依託也。（《漢書・藝文志》注，凡不著姓名者，皆班固自注。）然屈原《天問》，雜陳神怪，多莫知所出，意即小說家言。而《漢志》所載《青史子》五十七篇，賈誼《新書・保傅篇》中先引之，則其來已久，特盛於虞初耳。

跡其流別，凡有三派：其一敘述雜事，其一記錄異聞，其一綴輯瑣語也。唐、宋而後，作者彌繁，中間誣謾失真，妖妄熒聽者，固為不少。然寓勸誡、廣見聞、資考證者亦錯出其中。班固稱：「小說家流，蓋出於稗官。」〔二〕如淳注謂：「王者欲知閭巷風俗，故立稗官使稱說之。」然則博採旁搜，是亦古制，固不必以冗雜廢矣。今甄錄其近雅馴者，以廣見聞，惟猥鄙〔三〕荒誕，徒亂耳目者，則黜不載焉。

【注釋】

〔一〕【虞初】河南洛陽人。漢武帝時，以方士侍郎號「黃車使者」。

〔二〕【史源】《漢書‧藝文志》：「小說家者流，蓋出於稗官。街談巷語，道聽途說
者之所造也。」顏師古注：「稗官，小官。如淳曰：『細米為稗，街談巷語，
其細碎之言也。王者欲知閭巷風俗，故立稗官使稱說之。』」《文心雕龍‧諧
隱》：「然文辭之有諧隱，譬九流之有小說。蓋稗官所採，以廣視聽。」稗官，
小官。小說家出於稗官，後因稱野史小說為稗官。

〔三〕【猥鄙】卑劣，低劣。

38. 釋家類

　　梁阮孝緒作《七錄》，以二氏之文別錄於末〔一〕。《隋書》遵用其例，亦
附於志末〔二〕，有部數卷數而無書名。《舊唐書》以古無釋家，遂並佛書於道
家，頗乖名實。然惟錄諸家之書為二氏作者，而不錄二氏之經典，則其義可
從。

　　今錄二氏於子部末，用阮孝緒例；不錄經典，用劉昫例也。諸志皆道先
於釋，然《魏書》已稱《釋老志》。《七錄》舊目，載於釋道宣《廣弘明集》者，
亦以釋先於道，故今所敘錄，以釋家居前焉。

【注釋】

〔一〕【史源】《七錄》分內外篇，內篇五錄，即經典錄、紀傳錄、子兵錄、文集錄、
技術錄，外篇二錄，即佛經錄、仙道錄。《七錄》確實將佛道二氏之文別錄於
末。

〔二〕【考證】《隋志》在經、史、子、集四部之外，也就是在全志的末尾另外附加
了道經、佛經兩類。

39. 道家類

　　後世神怪之跡多附於道家，道家亦自矜其異，如《神仙傳》《道教靈驗記》
是也。要其本始，則主於清淨自持，而濟以堅忍之力，以柔制剛，以退為進。
〔一〕故《申子》《韓子》流為刑名之學〔二〕，而《陰符經》可通於兵〔三〕。其
後長生之說與神仙家合為一，而服餌、導引入之。房中一家〔四〕近於神仙者
亦入之。鴻寶有書，燒煉入之。張魯立教，符籙入之。北魏寇謙之等又以齋
醮、章咒入之。世所傳述，大抵多後附之文，非其本旨。彼教自不能別，今亦
無事於區分。然觀其遺書，源流遷變之故，尚一一可稽也。

【注釋】

〔一〕【道家】我國古代的一種思想流派，以老子、莊子為代表。道家崇尚自然，主張清靜無為。《漢書・藝文志》云：「道家者流，蓋出於史官，歷記成敗存亡禍福古今之道，然後知秉要執本，清虛以自守，卑弱以自持，此君人南面之術也。」

〔二〕【刑名】戰國時以申不害為代表的學派。主張循名責實，慎賞明罰。後人稱之為「刑名之學」，亦省作「刑名」。《史記・老子韓非列傳》云：「申子之學，本於黃、老，而主刑名。」

〔三〕【《陰符經》可通於兵】《陰符經》全稱《神機制敵太白陰經》，又稱《太白陰經》《太白陰符》《陰符太白經》。唐李筌撰。於心術、謀略、治軍、選將、用兵、宿營、戰陣、軍用文書、軍醫等均有論述。所論古代攻守戰取之法，多為杜佑《通典・兵典》所採用。

〔四〕【房中】道家之房中術及其圖書類目名稱。胡應麟《少室山房筆叢・經籍會通二》：「仙道錄：一經戒，二服餌，三房中，四符圖。」房中術指古代道士、方士關於節欲養生保氣之術。《漢書・藝文志》：「房中八家，百八十六卷，房中者，情性之極，至道之際，是以聖王制外樂以禁內情，而為之節文。《傳》曰：先王之作樂，所以節百事也。樂而有節，則和平壽考，及迷者弗顧，以生疾而隕性命。」房中八家，其書皆佚，後世方士造為邪術，總名「房中術」。陶宗儀《輟耕錄・房中術》云：「今人以邪僻不經之術，如運氣、逆流、採戰之類，曰『房中術』。」

40. 楚辭類

裒屈、宋諸賦，定名《楚辭》，自劉向始也。後人或謂之「騷」，故劉勰品論《楚辭》，以「辨騷」標目。考史遷稱：「屈原放逐，乃著《離騷》。」蓋舉其最著一篇。《九歌》以下，均襲騷名，則非事實矣。《隋志》集部以「楚辭」別為一門，歷代因之。蓋漢、魏以下，賦體既變，無全集皆作此體者，他集不與《楚辭》類，《楚辭》亦不與他集類，體例既異，理不得不分著也。

楊穆〔一〕有《九悼》一卷，至宋已佚。晁補之〔二〕、朱子皆嘗續編，然補之書亦不傳，僅朱子書附刻《集注》後。今所傳者，大抵注與音耳。注家由東漢至宋，遞相補苴，無大異詞。迨於近世，始多別解，割裂補綴，言人人殊。錯簡說經之術，蔓延及於詞賦矣。今並刊除，杜竄亂古書之漸也。

【注釋】

〔一〕【楊穆】字紹叔，北周弘農華陰人。

〔二〕【晁補之】（1053～1110），字无咎，號濟北，濟州巨野人。事蹟具《宋史》本傳。

41. 別集類

集始於東漢。荀況諸集，後人追題也〔一〕。其自製名者，則始於張融《玉海》。其區分部帙，則江淹〔二〕有「前集」，有「後集」；梁武帝有「詩賦集」，有「文集」，有「別集」；梁元帝有「集」，有「小集」；謝朓有「集」，有「逸集」；與王筠之一官一集，沈約之「正集」百卷，又別選「集略」三十卷者，其體例均始於齊、梁。蓋集之盛，自是始也。唐、宋以後，名目益繁。然隋、唐《志》所著錄，《宋志》十不存一；《宋志》所著錄，今又十不存一。新刻日增，舊編日減，豈數有乘除歟？

文章公論，歷久乃明。天地英華，所聚卓然不可磨滅者，一代不過數十人。其餘可傳不可傳者，則繫乎有幸有不幸。存佚靡恒，不足異也。今於元代以前，凡論定諸編，多加甄錄。有明以後，篇章彌富，則刪薙〔三〕彌嚴。非曰沿襲恒情，貴遠賤近。蓋閱時未久，珠礫並存，去取之間，尤不敢不慎云爾。

【注釋】

〔一〕【史源】《隋書‧經籍志》著錄《荀況集》一卷。

〔二〕【江淹】（444～505），字文通，南朝梁濟陽考城人。明胡之驥有《江文通集匯注》（中華書局 1984 年版）。

〔三〕【刪薙】刪除。

42. 總集類

文集日興，散無統紀，於是總集作焉。一則網羅放佚，使零章殘什並有所歸；一則刪汰繁蕪，使莠稗〔一〕咸除，菁華〔二〕畢出。是固文章之衡鑒，著作之淵藪矣。

《三百篇》既列為經，王逸所裒又僅《楚辭》一家。故體例所成，以摯虞《流別》為始。其書雖佚，其論尚散見《藝文類聚》中，蓋分體編錄者也。《文

選》而下，互有得失。至宋真德秀《文章正宗》，始別出談理一派，而總集遂判兩途。然文質相扶，**理無偏廢**，各明一義，未害同歸。惟末學循聲，主持過當，使方言俚語俱入詞章，麗製鴻篇橫遭嗤點，是則並德秀本旨失之耳。今一一別裁，務歸中道。至明萬曆以後，儈魁漁利，坊刻彌增，剽竊陳因，動成巨帙，並無門徑之可言，姑存其目，為冗濫之戒而已。

【注釋】

〔一〕【莠】田間常見雜草。生禾粟下，似禾非禾，秀而不實。因其穗形象狗尾，故俗名「狗尾草」。【稗】稗子。草之似穀者。《說文・禾部》：「稗，禾別也。」王筠《句讀》：「今之稗有數種，自生者，種而生者，生於水者，皆性自為稗，不得謂之禾別，稉稻中生稗，猶穀中生莠，皆貴化為賤。故俗呼止稗為稻莠。」

〔二〕【菁華】精華。

43. 詩文評類

　　文章莫盛於兩漢，渾渾灝灝〔一〕，文成法立，無格律〔二〕之可拘。建安、黃初，體裁漸備，故論文之說出焉，《典論》其首也。其勒為一書，傳於今者，則斷自劉勰、鍾嶸。勰究文體之源流，而評其工拙；嶸第作者之甲乙〔三〕，而溯厥師承，為例各殊。至皎然《詩式》〔四〕，備陳法律；孟棨《本事詩》，旁採故實；劉攽《中山詩話》〔五〕、歐陽修《六一詩話》〔六〕，又體兼說部〔七〕。後所論著不出此五例中矣。

　　宋、明兩代均好為議論，所撰尤繁。雖宋人務求深解，多穿鑿之詞；明人喜作高談，多虛憍〔八〕之論。然汰除糟粕，採擷菁英，每足以考證舊聞，觸發新意。《隋志》附總集之內，《唐書》以下則並於集部之末，別立此門。豈非以其討論瑕瑜，別裁真偽，博參廣考，亦有裨於文章歟？

【注釋】

〔一〕【渾渾】廣大貌。【灝灝】廣大無際貌。渾渾灝灝，狀兩漢文章廣大無際之盛況。

〔二〕【格律】指法度、規格。宋陳善《捫虱新話・作文須題外之意》：「文章須要於題外立意，不可以尋常格律自窘束。」

〔三〕【甲乙】評定優劣。

〔四〕【詩式】唐人詩格傳於世者，王昌齡、杜甫、賈島諸書，率皆依託。即皎然《杼山詩式》，亦在疑似之間。（《總目》卷一九五《詩品》提要）

〔五〕【中山詩話】宋人所引，多稱《劉貢父詩話》。此本名曰《中山》，疑本無標目，後人用其郡望追題，以別於他家詩話也。《花蕊夫人宮詞》本一百首，攽稱僅見三十餘篇。疑王安國初傳之時或好事者有所摘鈔，攽未見其全本也。其論李商隱《錦瑟》詩，以為令狐楚青衣之名，頗為影撰。其論赫連勃勃蒸土一條，亦不確當。不但解杜甫詩「功曹非復漢蕭何」句，考之未審，為晁公武所糾；至開卷第二條所引劉子儀詩，誤以《論語》「師也辟」為「師也達」，漫無駁正，亦不可解。所載嘲謔之詞，尤為冗雜。攽好詼諧，嘗坐是為馬默所彈。殆性之所近，不覺濫收歟？北宋詩話惟歐陽修、司馬光及攽三家，號為最古。此編較歐陽、司馬二家雖似不及，然攽在元祐諸人之中，學問最有根柢，其考證論議，可取者多，究非江湖末派鉤棘字句、以空談說詩者比也。（《四庫全書總目》卷一九五）

今按，郭紹虞先生認為：「今傳詩話，除《六一》《溫公》而外，當以此為最古，固宜其未脫詩話中記事閒談之習矣。惟劉氏雖以博洽見稱，而是書所載轉多誤謬。」（《宋詩話考》第 8 頁，中華書局 1979 年版）

〔六〕【六一詩話】宋歐陽修撰。是書前有自題一行，稱退居汝陰時，集之以資閒談。蓋熙寧四年致仕以後所作，越一歲而修卒，其晚年最後之筆也。陳師道《後山詩話》謂修不喜杜甫詩。葉夢得《石林詩話》謂修力矯西崑體，而此編載《論蔡都尉詩》一條，劉子儀詩一條，殊不盡然。毛晉後跋所辨亦公論也。其中如「風暖鳥聲碎，日高花影重」一聯，今見杜荀鶴《唐風集》，而修乃作周樸詩。魏泰作《臨漢隱居詩話》，詆其謬誤。然考宋吳聿《觀林詩話》曰：「杜荀鶴詩句鄙惡。世所傳《唐風集》首篇『風暖鳥聲碎、日高花影重』者，余甚疑不類荀鶴語。他日觀唐人小說，見此詩乃周樸所作。而歐陽文忠公亦云爾，蓋藉此引編，以行於世矣（云云）。」然則此詩一作周樸，實有根據，修不誤也。（《總目》卷一九五）

郭紹虞先生認為：「詩話之稱，固始於歐陽修，即詩話之體亦可謂創自歐陽氏矣。」（《宋詩話考》第 1 頁）

〔七〕【體兼說部】郭紹虞先生認為：「是書（《六一詩話》）以《雜書》為其前身，故撰述宗旨初非嚴正。《宋四庫闕書目》列入小說一類，蓋非無因。後世詩話之作與說部難以犁別，亦不可謂非是書為之先也。」（《宋詩話考》第 3 頁）

〔八〕【虛憍】同「虛驕」。

44. 詞曲類

　　詞曲二體，在文章、技藝〔一〕之間。厥品頗卑，作者弗貴，特才華之士以綺語〔二〕相高耳。然《三百篇》〔三〕變而古詩，古詩變而近體，近體變而詞，詞變而曲〔四〕，層累而降，莫知其然。究厥淵源，實亦樂府之餘音，風人之末派。其於文苑尚屬附庸，亦未可全斥為俳優也。今酌取往例，附之篇終。

　　詞曲兩家，又略分甲乙。詞為五類：曰別集，曰總集，曰詞話，曰詞譜、詞韻。曲則惟錄品題論斷之詞及《中原音韻》，而曲文則不錄焉。王圻《續文獻通考》以《西廂記》《琵琶記》俱入經籍類中，全失論撰之體裁，不可訓也。

【注釋】

〔一〕【技藝】富於技巧性的武藝、工藝或藝術等。

〔二〕【綺語】華美的語句。

〔三〕【三百篇】即《詩經》。

〔四〕【詞變而曲】沈曾植《海日樓札叢・詞變為曲之關鍵》云：「詞曲相沿，其始固未嘗有鴻溝之畫。愚意『字少聲多難過去』七字，乃當為詞變為曲一大關鍵。南方沿美成（即周邦彥——引者注）一派，字句格律甚嚴。北方於韻，平仄既通，於字少聲多之難過去者，往往加字以濟之。字少之詞，乃遂變為字多之曲。」

二、提要精華

（一）經部

1. 周易注十卷〔一〕

上、下經注及《略例》，魏王弼（226～249）撰；《繫辭傳》《說卦傳》《序卦傳》《雜卦傳》注，晉韓康伯撰。

《隋書·經籍志》以王、韓之書各著錄，故《易注》作六卷，《略例》作一卷，《繫辭注》作三卷。《舊唐書·經籍志》《新唐書·藝文志》皆載弼注七卷，蓋合《略例》計之。今本作十卷，則並韓書計之也。考王儉《七志》已稱弼《易注》十卷，按：《七志》今不傳，此據陸德明《經典釋文》所引。則並王、韓為一書，其來已久矣。

自鄭玄傳費直之學，始析《易傳》以附經，至弼又更定之。說者謂鄭本如今之《乾卦》，其《坤卦》以下又弼所割裂。然《鄭氏易注》至北宋尚存一卷〔三〕，《崇文總目》稱存者為《文言》《說卦》《序卦》《雜卦》四篇，則鄭本尚以《文言》自為一傳，所割以附經者不過《彖傳》《象傳》。今本《乾》《坤》二卦各附《文言》，知全經皆弼所更定，非鄭氏之舊也。每卷所題「乾傳第一」「泰傳第二」「噬嗑傳第三」「咸傳第四」「夬傳第五」「豐傳第六」，各以卷首第一卦為名。據王應麟《玉海》，此目亦弼增標〔二〕。蓋因毛氏《詩傳》之體例，相沿既久，今亦仍舊文錄之。惟《經典釋文》以《泰》傳為《需》傳，以《噬嗑》傳為《隨》傳，與今本不同，證以開成石經〔四〕，一一與陸氏所述合，當由後人以篇頁不均為之移並，以非宏旨之所繫，今亦不復追改焉。〔五〕

其《略例》之注，為唐邢璹撰。璹，里籍無考，其結銜稱四門助教。按《唐書·王鉷傳》稱：「故鴻臚少卿邢璹子綗以謀反誅。」則終於鴻臚少卿也。《太平廣記》載其奉使新羅，賊殺賈客百餘人，掠其珍貨，貢於朝。其人殊不足道，其注則至今附弼書以行。陳振孫《書錄解題》稱蜀本《略例》有璹所注，止有篇首釋略例二字，文與此同，餘皆不然。是宋代尚有一別本，今則惟此本存，所謂蜀本者已久佚矣。

弼之說《易》，源出費直〔六〕。直《易》今不可見，然荀爽《易》即費氏學，李鼎祚書尚頗載其遺說，大抵究爻位之上下，辨卦德之剛柔，已與弼注略近，但弼全廢象數，又變本加厲耳。平心而論，**闡明義理，使《易》不雜於術數者，弼、康伯深為有功；祖尚虛無，使《易》竟入於老、莊者，弼、康伯亦不能無過**。瑕瑜不掩，是其定評。諸儒偏好偏惡，皆門戶之見，不足據也。

〔七〕（《四庫全書總目》卷一）

【注釋】

〔一〕【周易經傳】周文王作卦辭，謂之《周易》；周公作爻辭；孔子為《彖辭》《象辭》《繫辭》《文言》《序卦》《說卦》《雜卦》，謂之「十翼」。班固曰：「孔子晚而好《易》，讀之，韋編三絕，而為之傳，即『十翼』也。」日人山下靜雄撰《周易十翼的成立和展開》（風間書房 1974 年版）。

今按，沈彤《果堂集》卷二《易爻辭辨》云：「《周易》之爻辭，在漢儒或以為文王作，或以為周公作，蓋各有所受之也。及唐孔氏之《正義》、宋胡氏之《啟蒙翼傳》，皆辨為周公而非文王焉。乃近又有據陸氏《釋文》所載梁武解立說者，謂《乾》《坤》文言，文王作之，而孔子傳之，今篇中彖辭、爻辭並具，安見爻辭之不出於文王？且以為作於周公，則《漢志》之於《易》何第云『人更三聖』也？其說亦近是。顧孟子嘗云：『周公思兼三王，其上文並舉禹、湯、文、武，以文、武二人為一代之王也。然則《漢志》或亦以文、周為一家之聖，不足證爻辭之非周公作，況孔、胡二氏之辨為周公作者，其證較多且確耶？』余以為《屯》《蒙》以下之爻辭多作於周公，而《乾》《坤》之爻辭則作於文王，故與其彖辭並稱，文言《乾》《坤》爻辭之稱文言，蓋孔子之前已然也。是全《易》爻辭之繫文王少而周公多，文王開其端，而周公卒其業，必舉而歸諸一人，安能無所牴牾。若以彖爻辭義之悉符為徵，則文、周為一家之聖，道與心自無不同，豈必出一手所成而然哉？」

〔二〕【史源】《玉海》卷三十六「魏王弼注易、大衍論、易略例」條。

〔三〕【鄭氏易注】原為九卷，《唐書·藝文志》作十卷，至北宋尚存一卷。晁、陳兩家皆不著錄。王應麟、姚叔祥、惠棟、丁傑皆有輯佚本。此書有《四部叢刊》影元本，張元濟跋云：「此尚為《玉海》初刻。」（《張元濟古籍書目序跋彙編》第 928 頁）盧文弨引孫詒谷曰：「此三書（指《鄭氏易注》《鄭氏論語注》《詩考》——引者注）非深寧所輯，疑惠定宇託名也。」（《抱經堂文集》卷二，中華書局 1990 年版第 23 頁）

〔四〕【開成石經】石經名，又稱唐石經。唐開成二年（837），共刻石經 114 石，兩面刻文，字體正書，標題隸書，共 228 面。計有《周易》《尚書》《詩經》《周禮》《儀禮》《禮記》《左傳》《公羊傳》《穀梁傳》《孝經》《論語》《爾雅》等十二部經書。另附錄《五經文字》《九經字樣》兩書。今存陝西西安碑林博物館。

〔五〕【版本】羅振玉有《唐寫本周易跋》（《雪堂類稿》乙冊第 277～279 頁，遼寧教育出版社 2003 年版）。《續修四庫全書》影印王弼注《敦煌周易殘卷》（法國國家圖書館藏卷）、《周易正義》十四卷（國家圖書館藏宋刻遞修本）。劉承乾嘉業堂重刻宋單疏本《周易正義》十四卷，附校記二卷。

〔六〕【源流】《易》至漢分為三，有田何之《易》，焦贛之《易》，費直之《易》。今行世者，惟有王弼《易》，其原出費氏。費氏興，而田學遂息，古十二篇之《易》遂亡其本。（《玉海》卷三十五）

〔七〕【史源】陳振孫《直齋書錄解題》卷一：「《周易注》六卷、《略例》一卷、《繫辭注》三卷，魏尚書郎山陽王弼輔嗣注上、下經，撰《略例》。晉太常穎川韓康伯注《繫辭》《說》《序》《雜卦》。自漢以來，言《易》者多溺於象占之學，至弼始一切掃去，暢以義理。於是天下後世宗之，餘家盡廢。然王弼好老氏，魏、晉談玄，自弼輩倡之。《易》有聖人之道四焉，去三存一，於道闕矣。況其所謂辭者又雜以異端之說乎！范甯謂其罪深於桀、紂，誠有以也。弼父業長緒，本王粲族兄凱之子，粲二子坐事誅，文帝以業嗣粲。弼死時年二十餘。」

2. 周易正義十卷

魏王弼〔一〕（226～249）、晉韓康伯注，唐孔穎達〔二〕（574～648）疏。

《易》本卜筮之書，故末派浸流於讖緯，王弼乘其極敝而攻之，遂能排棄漢儒，自標新學。然《隋書·經籍志》載晉揚州刺史顧夷等有《周易難王輔

嗣易》一卷,《冊府元龜》又載顧悅之按:悅之即顧夷之字。《難王弼易義》四十餘條,京口閔康之又申王難顧,是在當日已有異同。王儉、顏延年以後,此揚彼抑,互詰不休。至穎達等奉詔作疏,始專崇王注,而眾說皆廢。故《隋志》「易類」稱:「鄭學浸微,今殆絕矣。」蓋長孫無忌等作《志》之時,在《正義》既行之後也。今觀其書,如《復·彖》「七日來復」,王偶用「六日七分」之說〔三〕,則推明鄭義之善。《乾》九二「利見大人」,王不用「利見九五」之說,則駁詰鄭義之非。於「見龍在田,時舍也」則曰:「經但云時舍。」注曰:「必以時之通舍者。」則輔嗣以「通」解「舍」,舍是通義也,而不疏舍之何以訓通。於「天玄而地黃」則曰:「恐莊氏之言,非王本意,今所不取。」而不言莊說之何以未允,如斯之類,皆顯然偏袒。至《說卦傳》之分陰分陽,韓注一、四為陰,三、五為陽,則曰:「輔嗣以為初上無陰陽定位。」此注用王之說。「帝出乎震」,韓氏無注,則曰《益卦》六二「王用亨於帝吉」,輔嗣注曰:「帝者,生物之主,興益之宗,出震而齊巽者也。」則輔嗣之意,以此帝為天帝也。是雖弼所未注者,亦委曲旁引以就之。然疏家之體,主於詮解注文,不欲有所出入。故皇侃《禮疏》或乖鄭義,穎達至斥為「狐不首邱,葉不歸根」。其墨守專門,固通例然也。至於詮釋文句,多用空言,不能如諸經《正義》,根據典籍,源委粲然,則由王注掃棄舊文,無古義之可引,亦非考證之疏矣。

此書初名《易贊》,後詔改《正義》,然卷端又題曰「兼義」,未喻其故。序稱十四卷,《唐志》作十八卷,《書錄解題》作十三卷〔四〕,此本十卷,乃與王韓注本同,殆後人從注本合併歟?(《四庫全書總目》卷一)

【注釋】

〔一〕【作者研究】王曉毅教授撰《王弼評傳》(南京大學出版社 2002 年版)。

〔二〕【整理與研究】日人內藤虎次郎撰《孔沖遠祭酒年譜》(錢稻孫譯本刊於《國立北平圖書館館刊》1930 年第 4 卷第 4 號),申屠爐明教授撰《孔穎達評傳》(南京大學出版社 2006 年版)。張寶三教授撰《五經正義研究》(臺灣大學博士論文,1992 年),日人野間文史撰《五經正義の研究——その成立と展開》(研文出版 1998 年版)。

〔三〕【六日七分】京房《京氏易傳》主要觀點之一。主用日。《後漢書》李賢注:《易稽覽圖》曰:「甲子卦氣起中孚,六日八十分日之七。」鄭玄《注》云:「六以候也。八十分為一日之七者,一卦六日七分也。」

〔四〕【版本】宋刊本十三卷，是最初的注疏合刻本的一種，今藏日本足利學校，
被定為「日本國寶」。此本原為陸游家藏。據調查，日本現存《周易正義》
古寫本十種。(《日本藏漢籍珍本追蹤紀實》第 213～218 頁)《續修四庫全
書》影印《周易注疏》十三卷(國家圖書館藏宋兩浙東路茶鹽司刻宋元遞
修本)。

3. 周易集解十七卷

唐李鼎祚撰。鼎祚，《唐書》無傳，始末未詳。惟據序〔一〕末結銜，知其
官為秘書省著作郎。據袁桷〔二〕《清容居士集》載，資州(今四川資中)有鼎祚
讀書臺〔三〕，知為資州人耳。朱睦㮮序稱為秘閣學士，不知何據也。其時代亦
不可考。《舊唐書·經籍志》稱錄開元盛時四部諸書，而不載是編，知為天寶
以後人矣。

其書《新唐書·藝文志》作十七卷，晁公武《讀書志》曰：「今所有止十
卷，而始末皆全，無所亡失，豈後人並之耶？」《經義考》引李燾之言則曰：
「鼎祚自序止云十卷，無亡失也。」〔四〕朱睦㮮序作於嘉靖丁巳(1557)，亦云
自序稱十卷，與燾說同。今所行毛晉汲古閣本乃作一十七卷，序中亦稱王氏
《略例》附於卷末，凡成一十八卷，與諸家所說截然不同，殊滋疑竇。今考序
中稱：「至如卦爻象象，理涉重玄，經注文言，書之不盡，別撰《索隱》，錯綜
根萌，音義兩存，詳之明矣(云云)。」則《集解》本十卷，附《略例》一卷為
十一卷，尚別有《索隱》六卷，共成十七卷。《唐志》所載，蓋並《索隱》《略
例》數之，實非舛誤。至宋而《索隱》散佚，刊本又削去《略例》，僅存《集
解》十卷，故與《唐志》不符。至毛氏刊本始析十卷為十七卷，以合唐志之
文，又改序中一十卷為一十八卷，以合附錄略例一卷之數，故又與朱睦㮮序
不符。蓋自宋以來均未究序中「別撰《索隱》」一語，故疑者誤疑，改者誤改，
即辨其本止十卷者，亦不能解《唐志》稱十七卷之故，致愈說愈訛耳。今詳為
考證，以祛將來之疑。至十卷之本，今既未見，則姑仍以毛本著錄〔五〕。蓋篇
帙分合，無關宏旨，固不必一一追改也。

其書仍用王弼本，惟以《序卦傳》散綴六十四卦之首，蓋用《毛詩》分冠
《小序》之例。所採凡子夏〔六〕、孟喜、焦贛、京房、馬融、荀爽、鄭玄、劉
表、何晏、宋衷、虞翻、陸績、干寶、王肅、王弼、姚信、王廙、張璠、向秀、
王凱沖、侯果、蜀才、翟元、韓康伯、劉巘、何妥〔七〕、崔憬、沈驎士、盧氏、

按：盧氏《周易注》《隋志》已佚其名。崔覲、伏曼容、孔穎達、按：以上三十二家，朱睦㮮序所考。姚規、朱仰之、蔡景君按：以上三家，朱彝尊《經義考》所補考。等三十五家之說。自序謂：「刊輔嗣之野文，補康成之逸象。」蓋王學既盛，漢《易》遂亡。千百年後，學者得考見畫卦之本旨者，惟賴此書之存矣，是真可寶之古笈也。〔八〕（《四庫全書總目》卷一）

【注釋】

〔一〕【李鼎祚自序】元氣氤氳，三才成象，神功浹洽，八索成形。在天則日月運行，潤之以風雨。在地則山澤通氣，鼓之以雷霆。至若近取諸身，四支百體，合其度。遠取諸物，森羅萬象，備其工。陰陽不測之謂神，一陰一陽之謂道，範圍天地而不過，曲成萬物而不遺，仁者見之以為仁，知者見之以為知，百姓日用而不知，君子之道鮮矣，斯乃顯諸仁而藏諸用，神無方而《易》無體。巍巍蕩蕩，難可名焉。逮乎天尊地卑，君臣位列，五運相繼，父子道彰，《震》《巽》索而男女分，《咸》《恒》設而夫婦睦，人倫之義既闡，家國之教鬱興。臣少慕玄風，遊心墳籍，歷觀炎漢，迄今鉅唐。採群賢之遺言，議三聖之幽賾，集虞翻、荀爽三十餘家，刊輔嗣之野文，補康成之逸象，各列名義，共契玄宗，先儒有所未詳，然後輒加添削。每至章句，僉例發揮，俾童蒙之流一覽而悟，達觀之士得意忘言，當仁既不讓於師，論道豈慚於前哲。至如卦爻彖象，理涉重玄，經注文言，書之不盡，別撰《索隱》，錯綜根萌，音義兩存，詳之明矣。其王氏《略例》，得失相參，采荇采菲，無以下體，仍附經末，式廣未聞，凡成一十八卷，以貽同好，冀將來君子無所疑焉。

〔二〕【袁桷】（1266～1327），字伯長，慶元（今浙江鄞縣）人。事蹟具《元史》本傳。

〔三〕【史源】《經義考》卷十四：資州有李鼎祚讀書臺，見袁桷《清容居士集》。

〔四〕【史源】《經義考》卷十四。

〔五〕【版本】王欣夫先生云：「汲古本，四庫著錄，世所通行，實未盡善。孫淵如岱南閣本，以李氏《易解》合於王弼注，又採集書傳所載馬融、鄭康成諸人之注，及《周易口訣義》中古注為一帙，非李氏原書。至盧雅雨本，雖曰據宋刻，實經惠定宇校改，然究勝他刻。張海鵬照曠閣刻本脫誤累累。」（《蛾術軒篋存善本書錄》第 699 頁）今按，盧雅雨本刻於乾隆二十四年（1759）。至於雅雨堂本，王欣夫先生《未編年稿》卷三云：「盧雅雨所刊李氏《周易集解》，雖曰據宋慶曆間平陽刻本校正，實經惠松崖校改，其底本我師曹復禮先

生曾親見之。正誤補脫，乙衍改錯，不可勝數。故阮芸臺、臧庸堂、李蒓泚
等皆議其非，而復禮師則謂松崖《易》學湛深，其所校改，大都推究入細，
暗符古賢。是者八九，非者一二。」（同上第1558頁）此書常見版本還有《古
經解匯函》本、《津逮秘書》本、《叢書集成初編》本和《四庫易學叢刊》影
印本（上海古籍出版社1989年）。

〔六〕【子夏】（前507～前400），本名卜商，字子夏，以字行。孔子弟子。

〔七〕【何妥】字棲鳳，隋西城（今陝西安康）人。著有《周易》《孝經》《莊子》
疏，皆佚，今有《周易講疏》輯本。

〔八〕【整理與研究】清孫星衍撰《周易集解》十卷（《叢書集成初編》本），為續李
鼎祚而作。李富孫撰《李氏易解剩義》三卷（《叢書集成初編》本），盧文弨
序之曰：「近元和惠定宇，其講《易》實宗漢學，凡所援引，多取材於是書。
甚矣李氏之大有造於天下後世之學者也。」（《抱經堂文集》卷三，中華書局
1990年版第27頁）清李道平撰《周易集解纂疏》（《湖北叢書》本、《叢書集
成》本），晚近曹元弼撰《周易集解補釋》（未見）。

4. 易數鉤隱圖三卷附遺論九事一卷

宋劉牧撰。牧字長民，其墓誌作字先之，未詳孰是，或有兩字也。彭城
（今江蘇徐州）人。官至太常博士。〔一〕

《宋志》載牧《新注周易》十一卷、《圖》一卷，晁公武《讀書志》則作
《圖》三卷，其注今不傳，惟圖尚在，卷數與晁氏本同。

漢儒言《易》，多主象數。至宋，而象數之中復岐出圖書一派。牧在邵子
之前，其首倡者也。牧之學出於種放，放出於陳摶，其源流與邵子之出於穆、
李者同。而以九為河圖，十為洛書，則與邵異。其學盛行於仁宗時。黃黎獻作
《略例隱訣》，吳秘作《通神》，程大昌作《易原》〔二〕，皆發明牧說。而葉昌
齡則作《圖義》以駁之，宋咸則作《王劉易辨》以攻之，李覯復有《刪定易圖
論》，至蔡元定則以為與孔安國、劉歆所傳不合，而以十為河圖，九為洛書，
朱子從之，著《易學啟蒙》。自是以後，若胡一桂、董楷、吳澄之書皆宗朱、
蔡，牧之圖幾於不傳。

此本為通志堂所刊。何焯以為自《道藏》錄出。今考《道藏》目錄，實在
洞真部靈圖類雲字號中，是即「圖書之學出於道家」之一證〔三〕。錄而存之，
亦足廣異聞也。南宋時劉敏士嘗刻於浙右漕司，前有歐陽修序〔四〕。吳澄曰：

「修不信河圖，而有此序，殆後人所偽為，而牧之後人誤信之者。」〔五〕俞琰亦曰：「序文淺俚，非修作。」〔六〕其言有見，故今據而削之。

其《遺論九事》，一為太皥受龍馬負圖，二為六十四卦推盪訣，三為大衍之數五十，四為八卦變六十四卦，五為辨陰陽卦，六為復見天地之心，七為卦終九事，八為奇偶揲法，九為陰陽律呂圖。以先儒之所未及，故曰「遺論」。本別為一卷，徐氏刻《九經解》附之《鈎隱圖》末，今亦仍之焉。（《四庫全書總目》卷二）

【注釋】

〔一〕【考證】李裕民先生云：「北宋有二劉牧，其一字長民，徐州人。另一劉牧，字先之，衢州西安人。南宋時其姪孫劉敏士誤以本書為先之所撰，特重新刊行此書，其序與黃黎獻之序歧異，致《直齋書錄解題》亦疑二人所稱之劉牧『其果一人耶，抑二人耶』。」（《四庫提要訂誤》第 1～2 頁，中華書局增訂本）

　　按宋熊朋來《經說》卷一：「劉牧字長民，衢州人，其書有《易數鈎隱圖》，頗穿鑿詭秘。有《河圖四象圖》，自以為玄妙，卻是十為河圖矣。牧之說不當自為異同。觀其所作《河圖四象》及《大衍》等圖，則學者宜守朱、蔡，改定十為圖，九為書。證於《大戴禮·明堂篇》，經注龜文方位可無疑矣。今錄劉牧《河圖四象圖》如左方。劉牧此圖，五合一成六而居北，為水；五合三成八而居東，為木；五合二成七而居南，為火；五合四成九而居西，為金，謂之河圖四象，此即河圖矣。不言中宮五與十者，內外周回皆五十也。」

〔二〕【易原】（程）大昌學術湛深，於諸經皆有論說，以《易》義自漢以來糾紛尤甚，因作是書以貫通之，苦思力索，四年而成。陳振孫《書錄解題》稱其「首論五十有五之數，參以圖書、大衍，為《易》之原，而卦變、揲法皆有圖論，往往斷以己見，出先儒之外。」（《四庫全書總目》卷三）

〔三〕【評論】余嘉錫《四庫提要辯證》云：「夫圖書之說，出於道家，原有明證，不必引此為證。」（雲南人民出版社 2004 年版第 15 頁）

〔四〕【歐陽修序疑偽】宋馮椅《厚齋易學》附錄二：「《易數鈎隱圖》一卷，採摭天地奇耦之數，自太極生兩儀而下，至於河圖，凡六十四位點之成圖，於圖之下各釋其義。《讀書志》云：『凡四十八圖，並遺事九。歐陽永叔序，而其文殊不類。』」

〔五〕【史源】王弘撰曰：「歐陽氏不信河圖洛書。」蘇東坡云：「著於《易》，見於《論語》，不可誣也。」曾南豐云：「以非所習見，則果於以為不然，是以天

地萬物之變為可盡於耳目之所及,亦可謂過矣。」則其不信非也。〔胡〕煦按:
河圖洛書,均為則以畫卦之資,此萬萬不可移易者也。若並以圖書為怪妄,
則謬矣。汴水趙氏亦以圖書為後人所作,而特取其數有妙理,其說與歐陽氏
又別。謹按:永叔不信者,非也,即信而不知其為畫卦之資,亦非也。必謂
庖犧氏之王天下也一段,天地鳥獸人物皆舉之矣,而獨不舉及河圖,遂謂圖
書為怪妄。然則「河出圖,洛出書,聖人則之」之說,與《論語》「河不出圖」
之說非孔子之言乎?當知則之為義,是尊敬而規仿之,不敢走作絲毫之意。
(胡煦《周易函書約存》卷一)

〔六〕【辨偽】宋俞琰《讀易舉要》卷四:「太常博士彭城劉牧長民撰《新注周易》
十一卷,《卦德統論》一卷,《易數鉤隱圖》二卷,黃黎獻為之序。又為《略
例圖》一卷,亦黎獻所序。又有三衢劉敏士刻於浙石庾司者,有歐陽公序,
文淺俚,決非歐公作。其書三卷,與前本大同小異。按:敏士序稱,伯祖屯
田郎中臨川先生誌其墓,今觀誌文所述,但言學《春秋》於孫明復而已,牧
當慶曆時,其《易》學盛行,不應略無一語及之,且黎獻之序稱字長民,而
誌稱字先之,其果一人耶?抑二人耶?當考。」

5. 易傳四卷

宋伊川程子〔一〕(1033～1107)撰。

卷首有元符二年(1099)自序〔二〕。考程子以紹聖四年(1097)編管涪州(今
屬重慶),元符三年(1100)遷峽州(今湖北宜昌),則當成於編管涪州之後。王偁
《東都事略》載是書作六卷,《宋史·藝文志》作九卷,《二程全書》通作四
卷。楊時跋語稱:「伊川先生著《易傳》,未及成書,將啟手足,以其書授門人
張繹。未幾,繹卒,故其書散亡,學者所傳無善本。謝顯道得其書於京師,以
示余,錯亂重複,幾不可讀。東歸,待次毘陵,乃始校正,去其重複,逾年而
始完(云云)。」〔三〕則當時本無定本,故所傳各異耳。

其書但解上、下經及《彖》《象》《文言》,用王弼注本。以《序卦》分置
諸卦之首,用李鼎祚《周易集解》例。惟《繫詞傳》《說卦傳》《雜卦傳》無
注,董真卿謂亦從王弼。今考程子《與金堂謝湜書》謂《易》當先讀王弼、胡
瑗、王安石三家〔四〕,謂程子有取於弼,不為無據;謂不注《繫詞》《說卦》
《雜卦》以擬王弼,則似未盡然。當以楊時草具未成之說為是也。

　　程子不信邵子之數，故邵子以數言《易》，而程子此傳則言理〔五〕。一闡天道，一切人事。蓋古人著書，務抒所見而止，不妨各明一義。守門戶之見者，必堅護師說，尺寸不容逾越，亦異乎先儒之本旨矣。（《四庫全書總目》卷二）

【注釋】

〔一〕**【作者研究】**盧連章撰《二程學譜》（中州古籍出版社 1988 年版）、《程顥程頤評傳》（南京大學出版社 2001 年版），《評傳》書後附錄了《二程研究資料索引（1921～1992）》。日人市川安司撰《程伊川哲學的研究》（東京大學出版社 196 年版）。

〔二〕**【伊川自序】**易，變易也，隨時變易以從道也。其為書也，廣大悉備，將以順性命之理，通幽明之故，盡事物之情，而示開物成務之道也。聖人之憂患，後世可謂至矣。去古雖遠，遺經尚存，然而前儒失意以傳言，後學誦言而忘味。自秦而下，蓋無傳矣。予生千載之後，悼斯文之湮晦，將俾後人沿流而求源，此傳所以作也。《易》有聖人之道四焉，以言者尚其辭，以動者尚其變，以製器者尚其象，以卜筮者尚其占。吉凶消長之理、進退存亡之道備於辭。推辭考卦，可以知變，象與占在其中矣。君子居則觀其象而玩其辭，動則觀其變而玩其占。得於辭不達其意者有矣，未有不得於辭而能通其意者也。至微者，理也；至著者，象也。體用一源，顯微無間。觀會通以行其典禮，則辭無所不備。故善學者求言必自近，易於近者，非知言者也。予所傳者，辭也，由辭以得其意，則在乎人焉。

〔三〕**【楊跋】**四庫本無此跋。今按，張元濟《涵芬樓燼餘書錄》著錄元覆宋本：「字體行款，與黎庶昌所刻《古逸叢書》本吻合無異同。」（《張元濟古籍書目序跋彙編》第 385 頁）此書另有《叢書集成》本、《四部備要》本、《古逸叢書》覆元至正刻本六卷本。

〔四〕**【史源】**《經義考》卷三十三：「正公嘗教人讀王弼、胡瑗、王安石《易》，伊川《易傳》出，則已削三家之疵，而極其粹。苟猶泥於三家，而不求之程《傳》者，則不可與讀《易》。」

〔五〕**【史源】**《經義考》卷二百八十三：「二程子問學於濂溪，尹和靖言：『伊川生平用意，惟在《易傳》，然終身不言《太極圖》一字。邵堯夫欲傳以數學，而伊川不屑此，真篤信善道，確乎其不可拔者，是難能也。』」

6. 易學辨惑一卷

宋邵伯溫（1057～1134）撰。伯溫字子文，邵子〔一〕之子也。南渡後官至利路轉運副使。事蹟具《宋史・儒林傳》。

按沈括《夢溪筆談》載：「江南鄭夬字揚庭，曾為一書談《易》，後見兵部員外郎秦玠，論夬所談，玠駭然曰：『何處得此法？嘗遇一異人，授此曆數，推往古興衰運曆，無不皆驗，西都邵雍亦知大略（云云）。』」〔二〕蓋當時以邵子能前知，故引之以重其術。伯溫謂邵子《易》受之李之才，之才受之穆修，修受之陳摶，平時未嘗妄以語人，惟大名王天悅、滎陽張子望嘗從學，又皆蚤死，秦玠、鄭夬嘗欲從學，皆不之許，天悅感疾，且卒，夬略其仆於臥內，竊得之，遂以為學，著《易傳》《易測》《明範五經》《明用數書》，皆破碎妄作，穿鑿不根，因撰此書以辨之〔三〕。《宋史》邵子本傳頗採其說。考《書錄解題》，有鄭夬《易傳》十三卷，《宋史・藝文志》有鄭夬《時用書》二十卷、《明用書》九卷、《易傳詞》三卷、《易傳詞後語》一卷，今並佚。司馬光集有《進鄭夬易測札子》，稱其「不泥陰陽，不涉怪妄，專用人事，指明六爻，求之等倫，誠難多得」〔四〕。與伯溫所辨，褒貶迴殊。光亦知《易》之人，不應背馳如是。以理推之，夬竊邵子之書，而變化其說，以陰求駕乎其上，所撰《易測》必尚隨爻演義，不涉術數，故光有「不泥陰陽，不涉怪妄」之薦。至其《時用書》之類，則純言占卜之法，故伯溫辭而闢之。其兼《易測》言之者，不過憎及儲胥之意耳。

朱彝尊《經義考》載此書，注曰「未見」。此本自《永樂大典》錄出，蓋明初猶存。《宋史・藝文志》但題《辨惑》一卷，無「易學」字。《永樂大典》則有之，與《書錄解題》相合，故今仍以《易學辨惑》著錄焉。（《四庫全書總目》卷二）

【注釋】

〔一〕【邵子】即北宋哲學家邵雍（1011～1077）。事蹟詳見唐明邦先生所撰《邵雍評傳》（南京大學出版社 1998 年版）。

〔二〕【史源】《夢溪筆談》卷七：「江南人鄭夬曾為一書談《易》，其間一說曰：『《乾》《坤》，大父母也；《復》《姤》，小父母也。《乾》一變生《復》，得一陽；《坤》一變生《姤》，得一陰。《乾》再變生《臨》，得二陽；《坤》再變生《遁》，得二陰。《乾》三變生《泰》，得四陽；《坤》三變生《否》，是四陰。《乾》四變生《大壯》，得八陽；《坤》四變生《觀》，得八陰。《乾》五變生《夬》，得十

六陽；《坤》五變生《剝》，得十六陰。《乾》六變生《歸妹》，本得三十二陽；《坤》六變生《漸》，本得三十二陰。《乾》《坤》錯綜，陰陽各三十二，生六十四卦。」夬之為書，皆荒唐之論，獨有此變卦之說，未知其是非。余後因見兵部侍郎幫秦君玠，論夬所談，駭然歎曰：『夬何處得此法？玠曾遇一異人，授此數曆，推往古興衰運曆，無不皆驗，常恨不能盡得其術。西都邵雍亦知大略，已能洞吉凶之變。此人乃形之於書，必有天譴，此非世人得聞也。』余聞其言怪，兼復甚秘，不欲深詰之。今夬與雍、玠皆已死，終不知其何術也。」

〔三〕【史源】《易學辨惑》云：「竊惟我先君《易》學，微妙玄深，不肖所不得而知也。其傳授次第，前後數賢者本末，在昔過庭則嘗聞其略矣，懼世之士大夫但見存中（指沈括——引者注）所記，有所惑也，乃作《辨惑》。」

〔四〕【史源】司馬光《傳家集》卷二十《薦鄭揚庭札子》：「臣竊見近世以來，搢紳之士專尚辭華，不務經術，先聖微言幾成廢墜。臣謂苟有盡心修明六藝，皆宜甄獎，以勵來者。伏見并州盂縣主簿鄭揚庭，自少及長研精《易》道，撰著所得，成《易測》六卷，不泥陰陽，不涉怪妄，專用人事，指明六爻，求之等倫，誠難多得。臣不敢隱蔽，輒取進呈，伏望聖慈略垂省覽，苟有可取，量加旌異，貴使學者有所勸慕取進止。」

7. 周易經傳集解三十六卷

宋林栗撰。栗字黃中，福清（今屬福建福州市）人。紹興十二年（1142）進士。官至兵部侍郎。與朱子論《易》及《西銘》不合，遂上疏論朱子。時太常博士葉適、侍御史胡晉臣皆助朱子劾栗，因罷知泉州，又移明州（今浙江寧波），卒。諡簡肅。事蹟具《宋史》本傳。

是書淳熙十二年（1285）四月嘗進於朝。首列進書表、貼黃、敕諭各一道、栗自序一篇〔一〕。貼黃稱本名《周易爻象序雜指解》，後以未能該舉《彖詞》《繫詞》《文言》《說卦》，乃改今名。王應麟《玉海》稱其書經傳三十二卷，《繫詞》上下二卷，《文言》《說卦》《序》《雜》本文共一卷，《河圖洛書八卦九疇大衍總會圖》《六十四卦立成圖》《大衍揲蓍解》共一卷，與今本合。

當時與朱子所爭者，今不可考〔二〕。《朱子語類》中惟載論《繫辭》一條，謂栗以太極生兩儀、包四象、四象包八卦，與聖人所謂生者意思不同，其餘則無所排斥。朱彝尊《經義考》引董真卿之言，謂其說每卦必兼互體，約象覆

卦，為太泥時。楊敬仲有《易論》，黃中有《易解》，或曰：「黃中文字可毀。」朱子曰：「卻是楊敬仲文字可毀。」〔三〕是朱子並不欲廢其書。考陳振孫《書錄解題》，稱其與朱侍講有違言，以論《易》不合〔四〕。今以事理推之，於時朱子負盛名，駸駸嚮用，而栗之登第在朱子前七年，既以前輩自居。又朱子方除兵部郎中，而栗為兵部侍郎，正其所屬，詞色相軋，兩不肯下，遂互激而成訐奏，蓋其釁始於論《易》，而其故不全由於論《易》，故振孫云然。後人以朱子之故，遂廢栗書，似非朱子意矣。《經義考》又曰：「福清林黃中、金華唐與政皆博通經學，而一糾朱子，一為朱子所糾，其所著經說，學者遂置而不問，與政之書無復存者。黃中雖有《易解》，而流傳未廣，恐後泯沒。然當黃中既沒，勉齋黃氏為文祭之，其略曰：『嗟哉我公，受天勁氣，為時直臣，玩羲經之爻象，究筆削於獲麟。至其立朝正色，苟咈吾意。雖當世大儒，或見排斥，苟異吾趨，雖前賢篤論，亦不樂於因循。』規公之過，而公之近仁者抑可見矣。論者固不以一眚而掩其大醇也。勉齋為文公高弟，而好惡之公，推許之至若是，然則黃中之《易》其可不傳抄乎？」〔五〕持論頗為平允。昔劉安世與伊川程子各為一代偉人，其《元城語錄》《盡言集》亦不以嘗劾程子而廢。耿南仲媚敵誤國，易祓依附權奸，其所撰《易解》今亦並行。栗雖不得比安世，視南仲與祓則有間矣，故仍錄其書，而並存彝尊之論焉。（《四庫全書總目》卷三）

【注釋】

〔一〕【林栗自序】臣聞，《易》之為書，肇自伏羲，演於文王，成於周公，贊於孔子，雖經秦火，無所失亡。極四聖之精思，發三才之妙理，其指若遠而甚近，其辭若奧而甚明，其象與數若恢詭而不可知，而皆顯然著見於生民日用之間，殆不可以須臾離者。然其爻象反覆，上下周流，惟變所適，故謂之《易》，蓋取變易為義也。自漢以來，言《易》之家，千途萬轍，於「易」之一字，已有三說，曰變易也，不易也，簡易也，是豈所謂「至當歸一、精義無二」者乎？昔之製字者，蓋以日月合而成文，亦取晝夜變通之義云爾。《易》之興也，其於中古乎？伏羲尚矣，文王演之，周公成之，故謂之《周易》。猶《書》言《周書》，《禮》云《周禮》而已。孔子讀《易》，至於韋編三絕，且曰：「加我數年，五十以學《易》，可以無大過矣。」其可以易言之哉？近世諸儒，湛思未至，燭理不明，乃欲捨羲、文之畫，捐周、孔之辭，至於《繫辭》《說卦》《序卦》《雜卦》一切不取，而自以其意，言《易》之義，是猶「即鹿而無虞」

也，其能有得乎哉？文王、周公、孔子，三聖人者，於此盡心焉。學者不本乎是而言《易》，妄也。臣故紬繹經傳，述其指解，而為之序。

今按，四庫本卷首全部刪去此類文字。進書表、貼黃、敕論均收入《經義考》卷二十七。又按，貼黃，敕書皆用黃紙，稱黃敕，下兩省議決時，小有更改，亦以黃紙貼之，故謂之貼黃。

〔二〕【考證】《朱子語類》卷六十七：「伊川只將一部《易》來作譬喻說了，恐聖人亦不肯作一部譬喻之書。朱震又多用伏卦、互體說陰陽，說陽便及陰，說陰便及陽，乾可為坤，坤可為乾，太走作。近來林黃中又撰出一般翻筋斗互體，一卦可變作八卦，也是好笑！據某看得來，聖人作《易》，專為卜筮。後來儒者諱道是卜筮之書，全不要惹他卜筮之意，所以費力。今若要說，且可須用添一重卜筮意，自然通透。」

司馬按，《朱子語類》卷八十三、卷八十四、卷一百二十三論及林黃中者甚多，歷歷可考。

〔三〕【史源】《朱子語類》卷一百二十四：「楊敬仲有《易論》，林黃中有《易解》《春秋解》，專主左氏。或曰：『林黃中文字可毀。』先生曰：『卻是楊敬仲文字可毀。』」

〔四〕【林栗】字黃中，福州福清人。事蹟具《宋史》本傳。

〔五〕【史源】《經義考》卷二十七。

8. 原本周易本義十二卷附重刻周易本義四卷

宋朱子（1130～1200）撰。〔一〕

是書以上下經為二卷，《十翼》自為十卷。顧炎武《日知錄》曰：「洪武初，頒《五經》天下儒學，而《易》兼用程、朱二氏，亦各自為書。永樂中，修《大全》，乃取朱子卷次割裂，附程《傳》之後，而朱子所定之古文仍復淆亂。如彖即文王所繫之詞，傳者孔子，所以釋經之詞，後凡言傳仿此，乃彖上傳條下義，今乃削去『彖上傳』三字，而附於『大哉乾元』之下。象者卦之上下兩象，及兩象之六爻，周公所繫之詞也，乃象上傳條下義，今乃削去『象上傳』三字，而附於『天行健』之下。此篇申彖傳、象傳之義，以盡《乾》《坤》二卦之義，而餘卦之說因可例推云，乃文言條下義，今乃削『文言』二字，而附於『元者善之長也』之下。其『彖曰』『象曰』『文言曰』皆朱子本所無，復依程《傳》添入，後來士子厭程《傳》繁多，棄去不讀，專

用《本義》，而《大全》之本乃朝廷所頒，不敢輒改，遂即監板傳義之本刊去程《傳》，而以程之次序為朱之次序。」又曰：「今《四書》坊本每張十八行，每行十七字，而注皆小字。《書》《詩》《禮記》並同。惟《易》每張二十二行，每行二十三字，而《本義》皆作大字，與各經不同。凡《本義》中言程《傳》備矣者，又添一傳曰，而引其文皆今代人所為（云云）。」〔二〕其辨最為明晰。然割裂《本義》以附程《傳》，自宋董楷已然，不始於永樂也（詳董楷《周易傳義附錄》條）。

此本為咸淳乙丑（1265）九江吳革所刊，內府以宋槧摹雕者。前有革序〔三〕，每卷之末題「敷原後學劉容校正文字」行款，及《象傳》《履》《夬》二卦，不載程《傳》，一一與炎武所言合。卷端惟列九圖，卷末繫以《易贊》五首、《筮儀》一篇，與今本升《筮儀》於前而增列卦歌之類者亦迥乎不同。《象上傳》標題之下注「從王肅本」四字，今本刪之。又《雜卦傳》「咸速也，恒久也」下，今本惟注「咸速恒久」四字，讀者恒以為疑〔四〕。考驗此本，乃是「感速，常久」，經後人傳刻而訛，實為善本〔五〕。故我聖祖仁皇帝御纂《周易折衷》，即用此本之次序，復先聖之舊文，破俗儒之陋見，洵讀《易》之家所宜奉為彝訓者矣。〔六〕

至成矩重刻之本，自明代以來，士子童而習之，歷年已久，驟令改易，慮煩擾難行，且其本雖因《永樂大全》，實亦王、韓之舊本，唐用之以作《正義》者。是以國朝試士，惟除其爻象之合題，而命題次序則仍其舊內府所刊，袖珍《五經》亦復因仍。考漢代《論語》凡有三本，梁皇侃《論語義疏序》稱：「《古論》分《堯曰》下章《子張問》更為一篇，合二十一篇，篇次以《鄉黨》為第二篇，《雍也》為第三篇。《齊論》題目，長《問王》《知道》二篇，合二十二篇。《魯論》有二十篇，即今所講是也（云云）。」是自古以來，經師授受，不妨各有異同，即秘府儲藏，亦各兼存眾本，苟其微言大義，本不相乖，則篇章分合，未為大害於宏旨，故今但著其割裂《本義》之失，而仍附於原本之後，以備參考焉。〔七〕（《四庫全書總目》卷三）

【注釋】

〔一〕【作者研究】錢穆撰《朱子新學案》（巴蜀書社 1986 年版），束景南教授撰《朱子年譜長編》（華東師範大學出版社 2001 年版）、《朱子大傳》（商務印書館 2002 年版、復旦大學出版社 2016 年版），林慶彰教授主編《朱子新研究書目（1900～1991）》（文津出版社 1992 年版）。

〔二〕【史源】《日知錄》卷一「朱子周易本義」條。

〔三〕【宋吳革〈原本周易本義序〉】象占，《易》本義也。伏犧畫卦，文王繫彖，周公繫爻，皆以象與占決吉凶悔吝，各指其所之。孔子《十翼》，專注義理，發揮經言，豈有異旨哉？體用一源，顯微無間，互相發而不相悖也。程子以義理為之傳，朱子以象占本其義。革每合而讀之，心融體驗，將終身玩索，庶幾寡過。昨刊程《傳》於章貢郡齋，今敬刊《本義》於朱子故（罜）〔里〕，與同志共之。

〔四〕【咸速恒久】錢大昕《竹汀先生日記鈔》卷一：「又翻刻朱文公《周易本義》十二卷，前有《易圖》，卷末附《筮儀》、五《贊》。咸淳乙丑九江吳革刊本。其《雜卦傳》『遘，遇也』，不作垢，與唐石經、岳倦翁本同，可證文公本猶未誤也。向讀『咸，速也；恒，久也』，注惟『咸速恒久』四字，甚疑之。讀此本，乃是『感速，常久』，乃悟俗本之誤。」今按，錢大昕《潛研堂文集》卷二十七有是書跋，大致相同。館臣曾向錢大昕索取題跋之作，大昕不允，但錢氏的某些觀點還是被館臣剽竊。

〔五〕【感速常久】彭元瑞《知聖道齋讀書跋》卷一「周易本義」條：「曩讀朱子《易本義》，於《雜卦傳》『咸速也，恒久也』之下，注『咸速恒久』，直抄本文，不得所以注之意。及得宋本觀之，乃『感速，常久』，了然明白。乃知傳刻之訛耳。」

〔六〕【考證】《四庫全書》同時收入十二卷本《原本周易本義》和四卷本《重刻周易本義》兩種，且兩書卷首提要大致相同，《總目》合而為一。又按，《書目答問》著錄：「仿宋本《周易本義》十二卷。曹寅揚州詩局刻本，武英殿重刻宋大字本。」范氏《補正》：「巴陵方功惠重刻殿本，貴池劉世珩玉海堂覆宋大字本。」

〔七〕【考證】此自然段不見於庫本卷首提要。

9. 楊氏易傳二十卷

宋楊簡〔一〕(1141～1226)撰。簡字敬仲，慈谿(今屬浙江)人。乾道五年(1169)進士。官至寶謨閣學士、大中大夫。事蹟具《宋史·道學傳》。

是書為明劉日昇、陳道亨所刻。案：朱彝尊《經義考》載《慈湖易解》十卷，又《己易》一卷，書名卷數皆與此本不合，所載自序一篇，與此本卷首題語相同〔二〕，而無其前數行，亦為小異。明人凡刻古書，多以私意竄亂之，萬

曆以後尤甚。此或日昇等所妄改歟？其書前十九卷皆解經文，第二十卷則皆泛論《易》學之語，亦間有與序文相複者。今既不睹簡之原本，亦莫詳其何故也。

簡之學出陸九淵，故其解《易》惟以人心為主〔三〕，而象數事物皆在所略，甚至謂《繫辭》中「近取諸身」一節為不知道者所偽作，非孔子之言。故明楊時喬作《傳易考》，竟斥為異端。而元董真卿論林栗《易解》，亦引《朱子語錄》稱：「楊敬仲文字可毀（云云）。」實簡之務談高遠，有以致之也。

考自漢以來，以老莊說《易》，始魏王弼；以心性說《易》，始王宗傳及簡。宗傳淳熙中進士，簡乾道中進士，皆孝宗時人也。顧宗傳人微言輕，其書僅存，不甚為學者所誦習。簡則為象山弟子之冠，如朱門之有黃榦，又歷官中外，政績可觀，在南宋為名臣，尤足以籠罩一世，故至於明季，其說大行。紫溪蘇濬解《易》，遂以「冥冥篇」為名，而《易》全入禪矣。夫《易》之為書，廣大悉備，聖人之為教，精粗本末兼該，心性之理未嘗不蘊《易》中，特簡等專明此義，遂流於恍惚虛無耳。昔朱子作《儀禮經傳通解》，不刪鄭康成〔四〕所引讖緯之說，謂「存之正所以廢之」，蓋其名既為後世所重，不存其說，人無由知其失也。今錄簡及宗傳之《易》，亦猶是意云。〔五〕（《四庫全書總目》卷三）

【注釋】

〔一〕【作者研究】鄭曉江、李承貴合撰《楊簡研究》（臺灣三民書局 1996 年版），張實龍撰《楊簡研究》（浙江大學出版社 2012 年版）。

〔二〕【卷首題語】今《易經》乃漢費氏所傳古文，而不立於學者。合三《易》而觀之，而後八卦之妙、大《易》之用混然，一貫之道昭昭於天下矣，而諸儒言《易》，率以乾為大，坤次之，震、坎、艮、巽、離、兌又次之。噫嘻未矣！易者，一也；一者，易之一也，其純━者名之曰乾，其純╍者名之曰坤，其━╍雜者名之曰震、坎、艮、巽、離、兌，其實皆《易》之異名，初無本末精粗大小之殊也。故孔子曰：「吾道一以貫之。」子思亦曰：「尺地之道，其為物不二。」八卦者，《易》道之變也；而六十四卦者，又變化中之變化也。物有大小，道無大小。德有優劣，道無優劣。其心通者，洞見天地，人物盡在吾性量之中，而天地人物之變化，皆吾性之變化，尚何本末精粗大小之間，雖《說卦》有父母六子之稱，其道未嘗不一？《大傳》曰：「百姓日用而不知。」君子小人之所日用者，亦一也，惟有知不知之分。

〔三〕李承貴《楊簡釋〈易〉的路徑及其省察》一文認為，楊簡解《易》，以「一」攝「多」，以「己」融「形」，以「心」解「理」，但最終歸結為以「道心」解《易》，將「道心」貫注於《易》卦辭、爻辭及其他經文中，《易》涉及所有事象，其通其阻、其喜其憂、其福其禍、其吉其凶，無不與「道心」關聯，從而對《易》的解釋注入了新的方法和精神，並開啟易學的心學方向。但是，楊簡解《易》實踐中所顯露的主觀化、簡單化、隨意化等傾向，於《易》義理之真實呈現多有遮蔽，而於一般性文本解釋實踐則需三致其意。（《華南師範大學學報》2013 年第 5 期）

〔四〕【鄭玄】（127～200），漢代經學大師。清儒孫星衍、陳鱣、鄭珍等為之撰年譜，今儒王利器先生亦撰《鄭康成年譜》（齊魯書社 1983 年版）。今檢錢大昕《潛研堂文集》卷二十六，有為陳鱣《年譜》所撰序。

〔五〕【整理與研究】林忠軍教授撰《楊氏易傳導讀》（華齡出版社 2019 年版），董平教授主編《楊簡全集》（浙江大學出版社 2016 年版）。

10. 誠齋易傳二十卷

宋楊萬里〔一〕（1127～1206）撰。萬里字廷秀，自號誠齋，吉水（今屬江西）人。官至寶謨閣學士，致仕。韓侂胄召之不起。開禧間，聞北伐啟釁，憂憤不食，卒。後諡文節。事蹟具《宋史・儒林傳》。

是書大旨本程氏，而多引史傳以證之。初名《易外傳》，後乃改定今名。〔二〕宋代書肆曾與程《傳》刊並以行，謂之《程楊易傳》。新安陳櫟極非之，以為足以聳文士之觀瞻，而不足以服窮經士之心〔三〕。吳澄作跋，亦有微詞〔四〕。然聖人作《易》，本以吉凶悔吝示人事之所從，箕子之「貞」，鬼方之「伐」，帝乙之「歸妹」，周公明著其人，則三百八十四爻可以例舉矣。舍人事而談天道，正後儒說《易》之病，未可以引史證經病萬里也。

理宗嘉熙元年（1237）嘗給札寫藏秘閣，其子長孺進狀稱：「自草創至脫稿，閱十有七年而後成。」亦可謂盡平生之精力矣。元胡一桂作《易本義附錄纂疏》，博採諸家，獨不錄萬里一字〔五〕，所見蓋與陳櫟同。然其書究不可磨滅，至今猶在人間也。（《四庫全書總目》卷三）

【注釋】

〔一〕【作者研究】湛之先生撰《楊萬里范成大資料彙編》（中華書局 1964 年版），于北山先生撰《楊萬里年譜》（上海古籍出版社 2006 年版），蕭東海撰《楊萬

里年譜》（上海三聯書店 2007 年版），張瑞君撰《楊萬里評傳》（南京大學出版社 2002 年版），聶冷撰《花紅別樣：楊萬里傳》（作家出版社 2014 年版）。

〔二〕【誠齋易傳自序】《易》者何也？易之為言變也。《易》者，聖人通變之書也。何謂變？蓋陰陽，太極之變也；五行，陰陽之變也；人與萬物，五行之變也；萬事，人與萬物之變也。古初以迄于今，萬事之變未已也。其作也一得一失，而其究也一治一亂。聖人有憂焉，於是幽觀其變，湛思其通，而逆紬其圖，《易》之所以作也，故易之為言變也。《易》者，聖人通變之書也。斯道何道也？中正而已矣。唯中為能中天下之不中，唯正為能正天下之不正，中正立而萬變通，此二帝三王之聖治，孔子、顏、孟之聖學也。後世或以事物之變為不足以攖吾心，舉而捐之於空虛者，是亂天下者也。

〔三〕〔五〕【史源】陳櫟曰：「誠齋本文士，因學文而求道，於經學、性理終非本色。其作《易傳》，用二十年之功力，亦勤矣。文極奇，說極巧，段段節節，用古事引證，使人喜動心目。坊中以是書合程子《易》並行，名曰《程楊二先生易傳》，實不當也。胡雙湖《本義附錄纂注》無半字及之。可見《楊傳》足以聳動文士之觀瞻，而不足以使窮經之士心服。」

楊士奇曰：「吾鄉楊文節公著《易傳》二十卷，宋理宗嘗詔給札其家，錄進，宣付秘閣，當時已板行，而其稿前百餘年尚藏楊氏，元季之亂，所存無幾矣。此《小畜》《同人》《大有》三卦，公族黻所藏，皆公手筆，其中有一二處竄定而重錄者，至今二百餘年，楮墨如新，誠可寶也。公與晦庵先生交遊，有講論之益。先生平居論人物，於公極推重，而未嘗及此書者，蓋書成於先生既沒之後也。此書本程子，其於說理粹然，而多引史傳為證，程子以《易》為人事之書，晦庵先生嘗論之矣。而公自序此書『惟中能中天下之不中，惟正能正天下之不正』，中正立，萬變通，至矣哉其不易之言也！」

〔四〕【吳澄跋】誠齋楊先生《易傳》，板本行天下久矣。王若周得其草稿，有序及《泰》《否》二卦，凡先生親筆改定之處，比初稿為審。獨初名《外傳》，而後去「外」字，余謂當從其初。蓋《易》之道，廣大悉備，無所不包，程子被之於人事，所謂一天下之動者，由王輔嗣、胡翼之、王介甫至此極矣，朱子直謂可與三古聖人並而為四，非過許也。楊先生又因程子而發之，以精微之文，間有與程不同者，亦足以補其不足，然皆推行《易》道之用，而經之本旨未必如是。人以《國語》為《春秋外傳》，非正釋經，而實相發明。今先生於《易》亦然，故名曰「外傳」宜。

11. 周易總義二十卷

宋易祓（1156～1240）〔一〕撰。《南宋館閣續錄》載：「祓字彥章，潭州寧鄉人。淳熙十一年（1184）上舍釋褐出身，慶元六年（1200）八月除著作郎，九月知江州。」周密《齊東野語》則載其諂事蘇師旦，由司業躐擢左司諫，師旦敗後貶死。蓋《館閣續錄》但記其入院出院之事，密所記則其究竟也。

祓人不足重，其書世亦不甚傳，故朱彝尊《經義考》注曰未見。然其說《易》，兼通理數，折衷眾論，每卦先括為總論，復於六爻之下各為詮解，於經義實多所發明，與耿南仲之《新講義》，均未可以人廢言也。前有祓門人陳章序，稱祓侍經筵日嘗以是經進講，又稱祓別有《易學舉隅》四卷，衷象與數為之圖說，與此書可以參考〔二〕。今未見傳本，惟所撰《周禮總義》尚散見《永樂大典》中耳。

樂雷發〔三〕有《謁山齋詩》曰：「淳熙人物到嘉熙，聽說山齋亦白髭。細嚼梅花讀《總義》，只應姬老是相知。」〔四〕蓋指此二書。山齋，祓別號也，則當時亦頗重其書矣。（《四庫全書總目》卷三）

【注釋】

〔一〕【考證】王可喜、王兆鵬《南宋詞人易祓行年考》（《中國韻文學刊》2005 年第 4 期）據同治《續修寧鄉縣志》所載《易祓墓誌》，參諸史乘、金石等載籍，考證其生平仕履，知其淳熙十二年（1185）為釋褐狀元。歷任秘書省著作郎、知江州、中書舍人、禮部尚書兼直學士院。開禧三年（1207），坐阿附蘇師旦，得罪貶融州。嘉定九年（1216），得旨自便還寧鄉。晚年潛心著述，著有《周易總義》《易學舉隅》《周禮總義》《禹貢疆理廣記》等。

〔二〕【陳章序】《易》以「總義」名者，總卦爻之義而為之說也。昔者聖人作《易》，得於仰觀俯察者，八卦之畫而已。後有聖人者作，重之以爻，繫之以辭，貫天理於人事之中，而後知有顯必有微，有體必有用，惟能識義理之總會，然後卦爻之指歸可得而明也。山齋易公先生蚤歲讀《易》，講明是理久矣。嘗舉大綱以示學者，曰：「大《易》者，元氣之管轄也。聖人者，大《易》之權衡也。」先生之學，其梗概見於《乾》《坤》，蓋一陰一陽之謂道，《乾》則自元而至於貞，《坤》則自元而反於元，此天道所以流行而不息。先生於二卦首發是理，然則濂溪周子所謂「元亨，誠之通；利貞，誠之復」者，先生固已默會之矣。元亨利貞，至理无妄，五性於是乎始，萬善於是乎出，天下之事於是乎標準。《易》之六十四卦，皆是物也。先生侍經筵，日嘗以是經進講，燕

居之暇，復取是而研究之，閱二十餘年，優柔厭飫，渙然冰釋，於是略訓詁，明大義，合諸家之異，而歸之於一。每卦各列爻義，總為一說，標於卦首，欲其倫類貫通，而學者有所考明焉。既又為《舉隅》四卷，裒象與數，為之圖說，蓋與此書可以參考云。

〔三〕【樂雷發】字聲遠，號雪磯先生，道州寧遠（今屬湖南永州市）人。寶祐元年（1253），宋理宗賜特科第一，稱「特科狀元」。著有《雪磯叢稿》。

〔四〕【史源】《經義考》卷三十二。

12. 周易會通十四卷

元董真卿撰。真卿字季真，都陽人。

嘗受學於胡一桂。斯編實本一桂之《纂疏》，而廣及諸家。初名曰《周易經傳集程朱解附錄纂注》，蓋其例：編次伏羲、文王、周公之經，而翼以孔子之傳，各為標目，使相統而不相雜。其無經可附之傳，則總附於六十四卦之後，是為「經傳」；又取程子之《傳》、朱子之《本義》，夾註其下，是為「集解」；其程子經說、朱子語錄，各續於傳之後，是為「附錄」；又取一桂《纂疏》，而增以諸說，是為「纂注」。

其後定名「會通」者〔一〕，則以程《傳》用王弼本，《本義》用呂祖謙本，次第既不同，而或主義理，或主象占，本旨復殊，先儒諸說亦復見智見仁，各明一義，斷斷為門戶之爭。真卿以為諸家之《易》，途雖殊而歸則同，故兼搜博採，不主一說，務持象數、義理二家之平〔二〕。即蘇軾、朱震、林栗之書，為朱子所不取者亦並錄焉。視胡一桂之排斥楊萬里《易傳》，不肯錄其一字者，所見之廣狹，謂之青出於藍可也。惟其變易經文，則不免失先儒謹嚴之意，可不必曲為之詞耳。（《四庫全書總目》卷四）

【注釋】

〔一〕【凡例】是編雖以程、朱子二家全書為主，然於理之所聚而不可遺，理之可行而無所礙者，歷代諸家之說，莫不究攬，故總名之曰《周易會通》。朱子又曰：「會便是四邊合聚來處，通便是空處行得去處。會而不通，則窒礙而不可行；通而不會，亦不知許多曲直錯雜處。」又曰：「一卦之中，自有會通，六爻又各自有會通。」愚亦謂一書之中，又自有會通。顧名思義，則於隨時變易以從道者，皆可識矣。

〔二〕【凡例】諸家之解有相發明者，以先師《纂疏》為本，又以平日所聞父師者
增益之，更廣參眾說，悉取其議論之優長，理象之的當，順經文而次第之，
旁及他爻他卦者次之，總論數節數卦者又次之，並無偏黨固執己見，庶幾讀
者各有所得稱「某氏曰」，「某氏曰」以相識別，其或世次有先後，或其說有
多寡，而同姓氏者則不免旁注其名，而非有所輕重也。總謂之「纂注」，在「附
錄」之次，管窺一得之愚，則間綴於其末焉。

13. 周易集注十六卷

明來知德（1525～1604）撰。知德字矣鮮，梁山（今重慶梁平）人。嘉靖壬子
（1552）舉人。萬曆三十年（1602），總督王象乾、巡撫郭子章薦授翰林院待詔。
知德以老疾辭，詔以所授官致仕。事蹟具《明史·儒林傳》。

知德自鄉舉之後，即移居萬縣（今屬重慶市）深山中，精思《易》理，自隆
慶庚午（1570）至萬曆戊戌（1598），閱二十九年而成此書。其立說專取《繫辭》
中「錯綜其數」以論《易》象，而以《雜卦》治之：錯者陰陽對錯，如先天〔一〕
圓圖，乾錯坤，坎錯離，八卦相錯是也；綜者一上一下，如屯、蒙之類，本是
一卦，在下為屯，在上為蒙，載之文王《序卦》是也。其論「錯」有「四正
錯」，有「四隅錯」，論「綜」有「四正綜」，有「四隅綜」，有「以正綜隅」，
有「以隅綜正」。其論象有「卦情之象」，有「卦畫之象」，有「大象之象」，有
「中爻之象」，有「錯卦之象」，有「綜卦之象」，有「爻變之象」，有「占中之
象」。其注皆先釋象義、字義及錯、綜義，然後訓本卦、本爻正意。皆由冥心
力索，得其端倪，因而參互旁通，自成一說，當時推為絕學。然上、下經各十
八卦，本之舊說，而所說中爻之象，亦即漢以來互體之法，特知德縱橫推闡，
專明斯義，較先儒為詳盡耳。

其自序乃高自位置，至謂「孔子沒後而《易》亡，二千年有如長夜」。豈
非伏處村塾，不盡睹遺文秘籍之傳，不盡聞老師宿儒之論，師心自悟，偶有
所得，遽夜郎自大哉！故百餘年來信其說者頗多，攻其說者亦不少。然《易》
道淵深，包羅眾義，隨得一隙而入，皆能宛轉關通，有所闡發，亦不必盡以支
離繁碎斥也。〔二〕（《四庫全書總目》卷五）

【注釋】

〔一〕【先天】指伏羲所作之《易》。宋羅泌《路史·發揮一·論三易》云：「伏羲氏
之先天，神農易之為中天；神農之中天，黃帝易之為後天。豈非《易》道廣

大，變通不窮，有非一法之所能盡？」楊慎《丹鉛續錄‧三易》：「《周禮》：
『太卜掌三《易》之法。』干令升注云：『伏羲之《易》小成，為先天；神農
之《易》中成，為中天；黃帝之《易》大成，為後天。』予按：邵康節之《易》
先天、後天，其源出於此。」尚秉和《周易尚氏學‧總論》：「先天方位，乾
南坤北，離東坎西，一陰一陽，相偶相對，乃天地自然之法象。」

〔二〕【考證】此則提要主要撮錄來氏自序中語。

14. 周易易簡說三卷

明高攀龍（1562～1626）撰。攀龍字雲從，無錫人。萬曆己丑（1589）進士。
官至左都御史，贈太子少保兵部尚書，諡忠憲。事蹟具《明史》本傳。

是書詮解《易》義，每條不過數言。自序云：「其知易知，其能簡能，易
簡而天下之理得。」又曰：「《五經》注於後儒，《易》注於夫子。說《易》者
明夫子之言，而《易》明矣。」是其著書大旨也。〔一〕

攀龍之學，出入朱、陸之間，故以心言《易》。然其說曰：「天下有非《易》
之心，而無非心之《易》，是故貴於學也。學也者，知非《易》則非心，非心
則非《易》，《易》則吉，非《易》則凶悔吝（云云）。」〔二〕則其說主於學《易》
以檢心，非如楊簡、王宗傳等引《易》以歸心學，引心學以歸禪學，務屏棄象
數，離絕事物，遁於恍惚窅冥，以為不傳之秘也。是固不得謂「以心言《易》」
為攀龍之失矣。（《四庫全書總目》卷五）

【注釋】

〔一〕〔二〕【自序】天高地下，萬物散殊，八者流動，充滿於吾前，吾於其中具形
　　　而為一物，天地之八者未嘗不備於吾，吾之八者未嘗不充塞於天地。靜而成
　　　象，動而成占，成象者退藏而為密，成占者神明焉而為德，吉凶悔吝，如日
　　　月之彰彰焉，而冥行者不知也。聖人惻然患之，莫能致力，則以《易》示之。
　　　又詔之曰占，故曰《易》者卜筮之謂也，卜筮者占之謂也。靜而不密則不占，
　　　動而不得則不占。至將有為也，將有行也，問之以蓍，則卜筮之一事云爾。
　　　天下有非易之心，而無非心之易，是故貴於學。學也者，知非易則非心，非
　　　心則非易也，易則吉，非易則凶悔吝。其知易，知其能簡，能易簡而天下之
　　　理得矣。於是作《易簡說》。夫《五經》注於後儒，《易》注於夫子。說《易》
　　　者明夫子之言，而明《易》矣。

　　　司馬按，此則提要主要撮錄自序中語。

15. 易學象數論六卷

國朝黃宗羲〔一〕（1610～1695）撰。宗羲字太沖，號梨洲，餘姚（今屬浙江寧波市）人。前明御史尊素之子。康熙初，薦修《明史》，以老疾未赴。

是書宗羲自序云：「《易》廣大，無所不備，自九流百家借之以行其說，而《易》之本意反晦。世儒過視象數，以為絕學，故為所欺，今一一疏通之。」〔二〕知其於《易》本了無干涉，而後反求程《傳》，亦廓清之一端。又稱王輔嗣注簡當而無浮義，而病朱子添入康節先天之學，為添一障。蓋《易》至京房、焦延壽而流為方術，至陳摶而岐入道家。學者失其初旨，彌推衍而轇輵彌增。宗羲病其末派之支離，先糾其本原之依託。前三卷論河圖、洛書、先天、方位、納甲〔三〕、納音〔四〕、月建〔五〕、卦氣〔六〕、卦變〔七〕、互卦〔八〕、筮法〔九〕、占法〔十〕，而附以所著之《原象》，為內篇，皆象也。後三卷論《太玄》《乾鑿度》《元包》《潛虛》《洞極》《洪範數》《皇極數》以及六壬〔十一〕、太乙〔十二〕、遁甲〔十三〕，為外篇，皆數也。

大旨謂聖人以象示人，有八卦之象，六爻之象，象形之象，爻位之象，反對之象，方位之象，互體之象，七者備而象窮矣。後儒之為偽象者，納甲也，動爻也，卦變也，先天也，四者雜而七者晦矣。故是編崇七象而斥四象，而七者之中又必求其合於古，以辨象學之訛，又遁甲、太乙、六壬三書，世謂之「三式」〔十四〕，皆主九宮〔十五〕，以參詳人事。是編以鄭康成之太乙行九宮法證太乙，以《吳越春秋》之占法、《國語》伶州鳩之對證六壬，而云後世皆失其傳，以訂數學之失，其持論皆有依據。蓋宗羲究心象數，故一一能洞曉其始末，因而盡得其瑕疵，非但據理空談，不中窾要者比也。

惟本宋薛季宣之說，以河圖〔十六〕為即後世圖經，洛書〔十七〕為即後之地志〔十八〕，《顧命》之河圖即今之黃冊〔十九〕，則未免主持太過。至於矯枉過直，轉使傳陳摶之學者得據經典而反唇，是其一失。然其宏綱巨目，辯論精詳，與胡渭《易圖明辨》均可謂有功《易》道者矣。〔二十〕（《四庫全書總目》卷六）

【注釋】

〔一〕【作者研究】謝國楨先生撰《黃梨洲學譜》（商務印書館 1956 年版），清黃炳垕撰《黃宗羲年譜》（中華書局 1983 年版），楊向奎先生《清儒學案新編》第一卷內有黃宗羲《南雷學案》。徐定寶撰《黃宗羲評傳》（南京大學出版社 2002 年版），書後附錄了《黃宗羲研究論著索引摘要（1900～2000）》。

〔二〕【象數論自序】夫《易》者，範圍天地之書也，廣大無所不備，故九流百家之
學俱可竄入焉。自九流百家借之以行其說，而於《易》之本意反晦矣。《漢·
儒林傳》：「孔子六傳至菑川田何，《易》道大興。」吾不知田何之說何如也。
降而焦、京，世應、飛伏、動爻、互體、五行、納甲之變無不具者。吾讀李
鼎祚《易解》，一時諸儒之說，蕪穢康莊，使觀象玩占之理，盡入於淫瞽方技
之流，可不悲夫！有魏王輔嗣出而注《易》，得意忘象，得象忘言，日時歲月，
五氣相推，悉皆擯落，多所不關，庶幾潦水盡而寒潭清矣。顧論者謂其以老、
莊解《易》，試讀其注，簡當而無浮義，何曾籠落玄旨？故能遠歷於唐，發為
《正義》，其廓清之功不可泯也。然而魏伯陽之《參同契》、陳希夷之《圖書》，
遠有端緒。世之好奇者，卑王注之淡薄，未嘗不以別傳私之。逮伊川作《易
傳》，收其崑崙旁薄者，散之於六十四卦中，理到語精，《易》道於是而大定
矣。其時康節上接種放、穆修、李之才之傳，而創為河圖先天之說，是亦不
過一家之學耳。晦庵作《本義》，加之於開卷，讀《易》者從之，後世頒之學
官，初猶兼《易傳》並行，久而止行《本義》，於是經生學士信以為羲、文、
周、孔其道不同，所謂象數者又語焉而不詳，將夫子之韋編三絕者須求之賣
醬籃桶之徒，而《易》學之榛蕪蓋仍如京、焦之時矣。自科舉之學一定，世
不敢覆議，稍有出入其說者，即以穿鑿誣之。夫所謂穿鑿者，必其與聖經不
合者也。摘發傳注之訛，復還經文之舊，不可謂之穿鑿也。河圖洛書，歐陽
子言其怪妄之尤甚者，且與漢儒異趣，不特不見於經，亦是不見於傳。先天
之方位，明與「出震齊巽」之文相背，而晦翁反致疑於經文之卦位，生十六，
生三十二，卦不成卦，爻不成爻，一切非經文所有，顧可謂之不穿鑿乎？晦
翁曰：「談《易》者，譬之燭籠，添得一條骨子，則障了一路光明。若能盡去
其障，使之統體光明，豈不更好？」斯言是也，奈何添入康節之學，使之統
體皆障乎？世儒過視象數，以為絕學，故為所欺。余一一疏通之，知其於《易》
本了無干涉，而後反求之程《傳》，或亦廓清之一端也。

〔三〕【納甲】謂天干分納於八卦。即乾納甲、壬，坤納乙、癸，震納庚，巽納辛，
坎納戊，離納己，艮納丙，兌納丁。相傳出於《京氏易傳》，後代卜筮家以干
支與卦爻、五行、五方相配，本此。沈括《夢溪筆談·象數一》：「《易》有納
甲之法，未知起於何時。予嘗考之，可以推見天地胎育之理。乾納甲、壬，
坤納乙、癸者，上下包之也，震、巽、坎、離、艮、兌納庚、辛、戊、己、
丙、丁者，六子生於乾、坤之包中，如物之處胎甲者。」清惲敬《答姚秋農

書》云：「漢人納甲之說，以月之升降方位配八卦，雖可比附，乃術家之一端，假《易》以傳，不知卦氣之自然。」近人沈曾植《海日樓札叢》云：「靜思女子氣體，與月相應，大是奇事。女性法月，男性其法日乎？道家以十二辟卦、六十四卦運火候，是將以月化日也。納甲之圖，其玄牝之符歟？」

〔四〕【納音】古以五音（宮、商、角、徵、羽）十二律（黃鐘、太簇、姑洗、蕤賓、夷則、無射、大呂、夾鐘、仲呂、林鐘、南呂、應鐘）相合為六十音，與六十甲子相配合，按金、火、木、水、土五行之序旋相為宮，稱為納音。

〔五〕【月建】指舊曆每月所建之辰。古代以北斗七星斗柄的運轉作為定季節的標準，將十二地支和十二個月份相配，用以紀月，以通常冬至所在的十一月（夏曆）配子，稱建子之月，類推，十二月建丑、正月建寅、二月建卯，直到十月建亥，如此周而復始。《淮南子‧天文訓》：「大時者，咸池也；小時者，月建也。」

〔六〕【卦氣】以《易》六十四卦與四時、月令、氣候等相配之法。相傳文王序《易》，以《坎》《離》《震》《兌》為四時卦，其二十四爻分主二十四節氣。以《復》《臨》《泰》《大壯》《夬》《乾》《姤》《遯》《否》《觀》《剝》《坤》配十二地支，為十二月消息卦，其七十二爻分主七十二候。其餘四十八卦，分布十二月，每月加消息卦共五卦，分配君臣等位，其三十爻，以配一月日數。凡此，統稱之為卦氣。其說出自漢孟喜、京房等。

〔七〕【卦變】謂因爻變而引起卦象的變化。占卦者可於互卦之外，兼取變卦內的爻辭。王弼《周易略例‧明象》：「互體不足，遂及卦變，變又不足，推致五行。」

〔八〕【互卦】即「互體」。《易》卦上下兩體相互交錯取象而成之新卦。如《觀》為《坤》下《巽》上，取其二至四爻則為《艮》，三至五爻則為《坤》。宋以後又稱之為「雜卦」。

〔九〕【筮法】指以蓍草進行占卜的方法。與上古植物之靈的崇拜有關。至少在商代就已存在。詳見李零《中國方術考》第64～68頁（東方出版社2000年版）

〔十〕【占法】占卜的方法。

〔十一〕【六壬】動用陰陽五行進行占卜凶吉的方法之一。與遁甲、太乙合稱「三式」。五行（水、火、木、金、土）以水為首；天干（甲、乙、丙、丁、戊、己、庚、辛、壬、癸）中，壬、癸屬水，壬為陽水，癸為陰水，捨陰取陽，故名壬；六十甲子中，壬有六個（壬申、壬午、壬辰、壬寅、壬子、壬戌），故名

六壬。六壬共七百二十課，一般總括為六十四課。其占法，用兩木盤，上有天上十二辰分野，謂之天盤，下有地上十二辰方位，謂之地盤。兩盤相疊，轉動天盤，得出所佔之干支與時辰的部位，以判吉凶。六壬占術由來甚古，始見於《晉書・戴洋傳》。《隋書・經籍志・五行》著錄有《六壬釋兆》《六壬式經雜占》，此後歷代書志，收錄頗多。李零認為，六壬的形式是模仿蓋天說的宇宙結構（詳《中國方術考》第 40 頁）。

〔十二〕【太乙】古代式占之一。以九宮為特點。有太一十六神。詳參李零《中國方術考》第 127 頁。

〔十三〕【遁甲】古代式占之一。今稱「奇門」或「奇門遁甲」，即《易》八卦方位，加以中央，與《易緯乾鑿度》太乙下行九宮之法相合，盛於南北朝。神其說者，以為出自黃帝、風后及九天玄女，皆妄誕。其法以十干的乙、丙、丁為三奇，以戊、己、庚、辛、壬、癸為六儀。三奇六儀，分置九宮，而以甲統之，視其加臨吉凶，以為趨避，故稱「遁甲」。《後漢書・方術傳敘》：「其流又有風角、遁甲、七政、元氣、六日七分、逢占、日者、挺專、須臾、孤虛之術，及望雲省氣、推處祥妖，時亦有以傚於事也。」李賢注：「遁甲，推六甲之陰而隱遁也。今書《七志》有《遁甲經》。沈曾植認為：「范氏此敘，綜方術之源流，婉約而義正，筆力幾不亞班氏，似東漢文，絕出晉、宋流輩矣。東漢五行讖緯入儒家，方術諸人所究心者，固在後十科也。元氣疑是元辰之誤。梁有元辰四家，《隋志》錄元辰，最古者《孝經元辰》，其說列於五行，范氏似不當遺亡。元氣之書無所徵，自章懷不能舉其證，為誤字決也。」（《海日樓札叢》第 32 頁）

〔十四〕【三式】所謂式，即一種模仿宇宙結構的工具。三式指遁甲、太乙、六壬三種式占。

〔十五〕【九宮】術數家所指的九個方位。《易緯》有「九宮八卦」之說，即離、艮、兌、乾、坤、坎、震、巽八卦之宮，加上中央宮。《靈樞經・九宮八風》：「九宮八風。立秋二，玄委，西南方；秋分七，倉果，西方；立冬六，新洛，西北方；夏至九，上天，南方；招搖，中央；冬至一，葉蟄，北方；立夏四，陰洛，東南方；春分三，倉門，東方；立春八，天留，東北方。」李賢注：「《易乾鑿度》曰：『太一取數以行九宮。』鄭玄注：『太一者，北辰神名也。下行八卦之宮，每四乃還於中央。中央者，北辰之所居，故謂之九宮。』」

李約瑟云：「《易緯乾鑿度》記載更為明確，值得摘引如下：『陽動而進，變七之九，象其氣之息也。陰動而退，變八之六，象其氣之消也。故太一取其數，以行九宮，四正四維，皆合於十五。』這裡提到的九宮是幻方的九個格子；後代的中國學者對此沒有疑問。他們認識到洛書事實上是一個幻方，從它的行、列、對角線相加都等於 15。而河圖是這樣排列的，拋開中間的 5 和 10，奇數和偶數相加都等於 20。」（《中華科學文明史》第 2 冊第 23 頁）今按，李約瑟所謂河圖、洛書與下面的說法剛好相反。

〔十六〕【河圖】河圖戴九履一，左三右七，二四為肩，六八為足，縱橫十有五，總四十五。聞一多《書信·給梁實秋先生》云：「河圖則取義於河馬負圖，伏羲得之演為八卦，作為文字，更進而為繪畫等等，所以代表中華文化之所由始也。」

4	9	2
3	5	7
8	1	6

〔十七〕【洛書】洛書一與五合而為六，二與五合而為七，三與五合而為八，四與五合而為九，五與五合而為十。一六為水，二七為火，三八為木，四九為金，五十為土。《易·繫辭上》：「河出圖，洛出書，聖人則之。」夏禹治水時有神龜出於洛水，背上有裂紋，紋如文字，禹取法而作《尚書·洪範》「九疇」。見《尚書·顧命》《洪範》之孔傳、《漢書·五行志上》。

		7		
		2		
8	3	5	4	9
		1		
		6		

〔十八〕【河圖洛書】古代認為出現「河圖洛書」是帝王聖者受命之祥瑞。黃宗羲《萬公擇墓誌銘》云：「河圖洛書，先儒多有辨其非者；余以為即今之圖經、地理志也。」

〔十九〕【黃冊】明、清兩朝為征派賦役編造的戶口冊籍。男女始生為黃；一說戶口冊籍的封面為黃色，故名。

〔二十〕【整理與研究】沈善洪主編《黃宗羲全集》（浙江古籍出版社 2005 年版），全集分十二冊出版：第一冊至第十一冊為黃氏原著，大體按其著作性質分類編入各冊；第十二冊為全集附錄冊，輯錄歷代學者所撰有關黃氏生平、著述的碑銘、年譜、傳記及人名索引。

16. 周易象辭二十一卷附尋門餘論二卷圖書辨惑一卷

國朝黃宗炎（1616～1686）撰。宗炎字晦木，餘姚（今屬浙江）人，宗羲之弟也。

其說力闢陳摶之學。故其解釋爻象，一以義理為主。如釋《坤・彖》曰：「乾既大矣，坤能配乎乾，而與之齊，是乾之大，坤亦至焉，故曰至哉。蓋乾以元施，而坤受之，即為坤之元，非別有元也。」其義為前人所未發，而於承天時行之旨無成有終之道，皆分明融洽。他如解《豫》六二「介於石」，謂「處地之中，得土之堅」，取象極為精確。解《剝》六五「貫魚」，引《儀禮》魚每鼎用十五頭，昏禮用十四頭，其數多，必須貫，亦頗有根據，不為牽合。解《解》卦初六「无咎」云：「難之初解，人人喜補過之有地，此非人力，乃天時也，故直云无咎。」尤能得文外之意。其他詮釋，大都類此，皆可備《易》家之一解。至於「歸妹以須」，須為女之賤者，舊解本無可易，而宗炎謂須附頤以動，則以為鬚髮之須，未免傷於好奇。又於《易》之字義，多引篆文以釋之，亦不免王氏《新義》務用《字說》之弊，當分別觀之可也。

後附錄《尋門餘論》二卷、《圖書辨惑》一卷，宗旨大略相同。〔一〕《尋門餘論》兼排釋氏之說，未免曼衍於《易》外，其詆斥宋儒，詞氣亦傷太激。然其論四聖相傳，不應文王、周公、孔子之外別有伏羲之《易》為不傳之秘，《周易》未經秦火，不應獨禁其圖，至為道家藏匿二千年，至陳摶而始出，則篤論也。《圖書辨惑》謂陳摶之圖書乃道家養生之術，與元陳應潤之說合，見應潤所作《爻變義蘊》。謂周子《太極圖說》圖雜以仙真說，冒以易道，亦與朱彝尊、毛奇齡所考略同。彝尊說見《經義考》二百八十三，奇齡說見所作《太極圖說遺議》。至謂朱子從而字析之，更流於釋，則不免有意深文，存姚江朱陸之門戶矣。二書各有別本單行，然考《周易象詞目錄》，實列此二書，謂之附錄，則非別自為編也。今仍合之，俾相輔而行焉。（《四庫全書總目》卷六）

【注釋】

〔一〕【《周易尋門餘論》卷首識語】每與執父陸文虎共閱郝仲輿先生《九經解》，其融會貫通，一洗前人訓詁之習，然而可指謫之處頗多，遂有白首窮經之約。文虎捐館，麗澤零落，而予更遭風波震盪，患難剔剝，始覺前日之非。夫立身與物老，而衡決其困，而不學之故乎？子曰作《易》有憂患，不占不可為巫醫，學則可無大過。擬以五十之年，息絕世事，屏斥詩文，專功畢力，以補少壯之失。家貧苦饑，奔馳四方，以糊其口，枵腹殫思，往往頭眩僵仆，

或有臆中胸懷，亦若天空海闊，頓忘其困苦，又復廢書長歎，恨不使文虎見之，一暢吾茹噎也。因其未能鱗次，姑隨筆雜述，以備散忘，命之曰《尋門餘論》，見予得門而入之難也。

17. 易圖明辨十卷

國朝胡渭〔一〕（1633～1714）撰。渭原名渭生，字朏明，號東樵，德清（今屬浙江）人。

是書專為辨定圖書而作〔二〕。初，陳摶推闡《易》理，衍為諸圖，其圖本準《易》而生，故以卦爻反覆研求，無不符合，傳者務神其說，遂歸其圖於伏羲，謂《易》反由圖而作。又因《繫辭》「河圖洛書」之文，取大衍算數作五十五點之圖以當河圖，取《乾鑿度》太乙行九宮法造四十五點之圖以當洛書。其陰陽奇偶亦一一與《易》相應。傳者益神其說，又真以為龍馬神龜之所負，謂伏羲由此而有先天之圖。實則唐以前書絕無一字之符驗，而突出於北宋之初。夫測中星〔三〕而造儀器，以驗中星，無不合，然不可謂中星生於儀器也。候交食〔四〕而作算經，以驗交食，無不合，然不可謂交食生於算經也。

由邵子以及朱子，亦但取其數之巧合，而未暇究其太古以來從誰授受，故《易學啟蒙》及《易本義》前九圖，皆沿其說，同時袁樞、薛季宣皆有異論。然考《宋史·儒林傳》，《易學啟蒙》，朱子本屬蔡元定創稿，非所自撰，《晦庵大全集》中載《答劉君房書》曰：「《啟蒙》本欲學者且就《大傳》所言卦畫蓍數推尋，不須過為浮說。」而自今觀之，如河圖洛書，亦不免尚有剩語。至於《本義》卷首九圖，王懋竑《白田雜著》以《文集》《語類》鉤稽參考，多相矛盾，信其為門人所依附，其說尤明。則朱子當日亦未嘗堅主其說也。元陳應潤作《爻變義蘊》，始指先天諸圖為道家假借《易》理以為修煉之術，吳澄、歸有光諸人亦相繼排擊，各有論述，國朝毛奇齡作《圖書原舛編》，黃宗羲作《易學象數論》，黃宗炎作《圖書辨惑》，爭之尤力，然皆各據所見，抵其罅隙，尚未能窮溯本末，一一抉所自來。

渭此書卷一辨河圖洛書，卷二辨五行九宮，卷三辨《周易參同》、先天太極，卷四辨龍圖、《易數鉤隱圖》，卷五辨《啟蒙》圖書，卷六、卷七辨先天古易，卷八辨後天之學，卷九辨卦變，卷十辨象數流弊，皆引據舊文，互相參證，以箝依託者之口，使學者知圖書之說，雖言之有故，執之有理，乃修煉、

術數二家旁分《易》學之支流，而非作《易》之根柢。**視所作《禹貢錐指》，
尤為有功於經學矣**。〔五〕（《四庫全書總目》卷六）

【注釋】

〔一〕【作者研究】夏定域編《德清胡朏明先生年譜》（臺灣商務印書館 1980 年版）。
今按，胡渭墓位於浙江省德清縣乾元鎮大友村。

〔二〕【胡渭《易圖明辨題辭》】古者有書必有圖，圖以佐書之所不能盡也。凡天文、
地理、鳥獸、草木、宮室、車旗、服飾、器用、世系、位著之類，非圖則無
以示隱賾之形，明古今之制。故《詩》《書》《禮》《樂》《春秋》皆不可以無
圖，唯《易》則無所用圖。六十四卦二體六爻之畫，即其圖矣。白黑之點，
九、十之數，方圓之體，《復》《姤》之變，何為哉！其卦之次序、方位，則
「乾坤三索」、「出震齊巽」二章盡之矣。圖，可也，安得有先天、後天之別？
河圖之象，自古無傳，從何擬議？洛書之文，見於《洪範》，奚關卦爻？五行、
九宮，初不為《易》而設，《參同契》、先天、太極特借《易》以明丹道，而
後人或指為河圖，或指為洛書，妄矣。妄之中又有妄焉，則劉牧所宗之龍圖，
蔡元定所宗之《關子明易》是也。此皆偽書，九、十之是非又何足校乎？故
凡為《易圖》以附益經之所無者，皆可廢也。就邵子四圖論之，則橫圖義不
可通，而圓圖別有至理，何則？以其為丹道之所寓也。俞琰曰：「《先天圖》
雖《易》道之緒餘，亦君子養生之切務。」又曰：「丹家之說，雖出於《易》，
不過依仿而託之者，初非《易》之本義，因作《易外別傳》以明之。」故吾
謂先天之圖與聖人之《易》，離之則雙美，合之則兩傷。伊川不列於經首，固
所以尊聖人，亦所以全陳、邵也。觀吾書者，如以為西山之戎首、紫陽之罪
人，則五百年來有先我而當之者矣，吾其可未減也夫！

〔三〕【中星】二十八宿分布四方，按一定軌道運轉，依次每月行至中天南方的星
叫中星。觀察中星可確定四時。

〔四〕【交食】指日月虧蝕。

〔五〕【版本】錢熙祚刻《守山閣叢書》本、奧雅堂本、《續經解》本、《叢書集成初
編》本、上海古籍出版社 1990 年《四庫易學叢刊》影印本。

18. 周易述二十三卷

國朝惠棟〔一〕（1697～1758）撰。棟字定宇，號松崖，元和（今江蘇蘇州）人。

其書主發揮漢儒之學，以荀爽、虞翻為主，而參以鄭玄、宋咸、干寶諸家之說，融會其義，自為注而自疏之。其目錄凡四十卷，自一卷至二十一卷皆訓釋經文，二十二卷、二十三卷為《易微言》，皆雜抄經典論《易》之語，二十四卷至四十卷，凡載《易大義》《易例》《易法》《易正訛》《明堂大道錄》《禘說》六名，皆有錄無書〔二〕，其注疏尚缺下經十四卷，及《序卦》《雜卦》兩傳，蓋未完之書〔三〕。其《易微言》二卷，亦皆雜錄舊說，以備參考，他時葳事，則此為當棄之精粕，非欲別勒一編，附諸注疏之末，故其文皆未詮次。棟歿之後，其門人過尊師說，並未定殘稿而刻之，實非棟本意也。〔四〕

自王弼《易》行，漢學遂絕，宋、元儒者類以意見揣測，去占寖遠，中間言象數者又岐為圖書之說，其書愈衍愈繁，而未必皆四聖之本旨。故說經之家莫多於《易》與《春秋》，而《易》尤叢雜。棟能一一原本漢儒，推闡考證，雖掇拾散佚，未能備睹專門授受之全，要其引據古義，具有根柢，視空談說經者則相去遠矣。〔五〕（《四庫全書總目》卷六）

【注釋】

〔一〕【作者研究】李開教授撰《惠棟評傳》（南京大學出版社 1997 年版）。今按，王欣夫先生曾欲為惠氏編年譜，未見成書。此題可以繼續做。江華撰《清代儒學大師：惠棟與戴震》（中州古籍出版社 2020 年版）。

〔二〕【有錄無書】據《書目答問補正》著錄：《易大義》一卷，海山仙館本。《易例》二卷，周永年、李文藻刻《貸園叢書》本、張海鵬刻《借月山房匯鈔》本、錢熙祚刻指海本、《續經解》本、《叢書集成初編》本、上海古籍出版社 1990 年《四庫易學叢刊》影印本。《明堂大道錄》八卷，《禘說》二卷，後二種均有經訓堂本、《續經解》本。

〔三〕【未完之書】《周易述》卷八、卷二十一全卷闕。今按，《周易述》有盧氏刻本、上海古籍出版社 1990 年《四庫易學叢刊》影印本。

〔四〕【凌廷堪《周易述補序》】惠君生千餘年後，奮然論著，專取荀、虞，旁及鄭氏、干氏九家等義，且據劉向之說以正班固之誤。蓋自東漢至今，未析之大疑，不傳之絕學，一旦皆疏其源而導其流，不可謂非豪傑之士也。（《校禮堂文集》卷二十六）

〔五〕【整理與研究】江藩撰《周易述補》（上海古籍出版社 1990 年影印本），補十五卦，引證精博，羽翼惠氏。鄭朝暉撰《述者微言——惠棟易學研究》（武漢大學 2005 年博士論文）。

今按，楊向奎先生《惠周惕、惠士奇、惠棟三惠學案》云：「士奇卓識謂《周禮》與《管子》相通，而齊法與《周官》合。幾十年來，此說始通行於學者間，謂為卓識，豈知二百年前已有此乎！論清代樸學吳門惠氏實屬大宗，而士奇乃大宗之不祧祖也。」「清代樸學正統，本來是通過古字古音以明古訓，因古訓以明經。此風顧亭林開其端，惠士奇暢其流，至惠棟、戴震、錢大昕而張大其幟，段玉裁、孔廣森、王念孫時遂臻極盛。惠棟曾訂正《易經》七十餘字，以復古字。雖然，惠氏治《易》專宗漢學，而以《虞氏易》為主，但《虞氏易》實多不通，因之惠氏說《易》亦多謬誤。」（《清儒學案新編》第三卷第 106～176 頁）

19. 易漢學八卷

國朝惠棟（1697～1758）撰。

是編乃追考漢儒《易》學，掇拾緒論，以見大凡〔一〕。凡《孟長卿易》二卷，《虞仲翔易》一卷，《京君明易》二卷（《干寶易》附見），《鄭康成易》一卷，《荀慈明易》一卷，其末一卷則棟發明漢《易》之理，以辨正河圖洛書、先天太極之學。其以虞翻次孟喜者，以翻別傳，自稱五世傳《孟氏易》。以鄭玄次京房者，以《後漢書》稱玄通《京氏易》也。荀爽別為一卷，則《費氏易》之流派矣。

考漢《易》自田王孫後始岐為施、孟、梁邱三派。然考《漢書·儒林傳》，稱孟喜得《易》家候陰陽災變書，詐言田生且死時，枕喜膝，獨傳，梁邱賀疏通證明，謂田生絕於施讎手中，時喜歸東海，安得此事？又稱焦延壽嘗從孟喜問《易》，京房以為延壽即孟氏學，而翟牧白生不肯，皆曰非也。劉向〔二〕亦稱諸《易》家說皆祖田何，楊叔、丁將軍大義略同，惟京氏為異黨。則漢學之有孟、京，亦猶宋學之有陳、邵，均所謂《易》外別傳也。費氏學自陳元、鄭眾、馬融、鄭玄以下遞傳以至王弼，是為今本。然《漢書》稱直長於卦筮，無章句，徒以《彖》《象》《繫辭》十篇文言解說上下經。又《隋志》五行家有直《易林》二卷，《易內神筮》二卷，《周易筮占林》五卷，則直《易》亦兼言卜筮，特其爻象承應陰陽變化之說，與孟、京兩家體例較異，合是三派，漢學之古法亦約略盡此矣。夫《易》本為卜筮作，而漢儒多參以占候，未必盡合周、孔之法。然其時去古未遠，要必有所受之。棟採輯遺聞，鉤稽考證，使學者得略見漢儒之門徑，於《易》亦不為無功矣。孟、京兩家之學，當歸術數，

然費氏為象數之正傳，鄭氏之學亦兼用京、費之說，有未可盡目為讖緯者，故仍列之經部焉。〔三〕（《四庫全書總目》卷六）

【注釋】

〔一〕【惠棟自序】「六經」定於孔子，毀於秦，傳於漢，漢學之亡久矣。獨《詩》《禮》二經猶存毛、鄭兩家，《春秋》為杜氏所亂，《尚書》為偽孔氏所亂，《易經》為王氏所亂。杜氏雖有更定，大較同於賈、服，偽孔氏則雜採馬、王之說，漢學雖亡而未盡亡也。惟王輔嗣以假象說《易》，根本黃、老，而漢經師之義蕩然無復有存者矣。故宋人趙紫芝有詩云：「輔嗣《易》行無漢學，玄暉詩變有唐風。」蓋實錄也。棟曾王父樸庵先生嘗閔漢《易》之不存也，取李氏《易解》所載者，參眾說而為之傳。天、崇之際，遭亂散佚，以其說口授王父，王父授之先君，先君於是成《易說》六卷，又嘗欲別撰漢經師說《易》之源流，而未暇也。棟趨庭之際，習聞餘論，左右採獲，成書七卷。自孟長卿以下，五家之《易》，異流同源，其說略備。嗚呼！先君無祿，即世三年矣。以棟之不才，何敢輒議著述？然以四世之學，上承先漢，存什一於千百，庶後之思漢學者猶知取證，且使吾子孫無忘舊業云。

〔二〕【劉向】（前77～前6），字子政。錢穆先生撰《劉向歆父子年譜》，徐興無教授撰《劉向劉歆評傳》（南京大學出版社2005年版）。

〔三〕【版本】《昭代叢書》本、《叢書集成》本。

20. 關氏易傳一卷〔一〕

舊本題北魏關朗撰，唐趙蕤注。朗字子明，河東（今屬山西）人；蕤字大賓，梓州鹽亭（今屬四川）人（詳見子部雜家類《長短經》條下）。

是書《隋志》《唐志》皆不著錄〔二〕。晁公武《讀書志》謂李淑《邯鄲圖書志》始有之〔三〕，《中興書目》亦載其名，云阮逸詮次刊正〔四〕。陳師道《後山談叢》〔五〕、何薳《春渚紀聞》〔六〕及邵博《聞見後錄》〔七〕皆云阮逸嘗以偽撰之稿示蘇洵，則出自逸手，更無疑義。逸與李淑同為神宗時人，故李氏書目始有也。吳萊集有此書後序，乃據《文中子》之說，力辨其真〔八〕。文士好奇，未之深考耳。〔九〕（《四庫全書總目》卷七）

【注釋】

〔一〕【版本】《續修四庫全書》影印上海圖書館藏明范氏天一閣刻本。

〔二〕【史源】《直齋書錄解題》卷一:「《關子明易傳》一卷,隋、唐《志》皆不錄。或云阮逸偽作也。」

〔三〕【史源】《郡齋讀書志》卷一:「《關子明易傳》一卷。右魏關朗撰。子明,朗字也。元魏太和末,王虬言於孝文,孝文召見之,著成《筮論》數十篇。唐趙蕤云:『恨書亡半,隨文詮解,才十一篇而已。』李邯鄲始著之目,云:『王通贊《易》,蓋宗此也。』」

〔四〕【史源】《中興書目》:「《關子明易傳》一卷,唐趙蕤注,阮逸詮次、刊正。」

〔五〕【辨偽】陳師道《後山談叢》卷二:「世傳《王氏元經》《薛氏傳》《關子明易傳》《李衛公對問錄》,皆阮逸所著,逸以草示蘇明允,而子瞻言之。」

〔六〕【辨偽】《春渚紀聞》卷五「古書託名」條:「先君為武學博士日,被旨校正武舉孫、吳等七書。先君言,《六韜》非太公所作,內有考證處,先以稟司業朱服,服言此書行之已久,未易遽廢也。又疑《李衛公對問》亦非是,後為徐州教授,與陳無己為交代。陳云:『嘗見東坡先生言,世傳《王氏元經》《薛氏傳》《關子明易傳》《李衛公對問》皆阮逸著撰,逸嘗以草示奉常公也。』非獨此,世傳《龍城記》載六丁取《易》說事,《樹萱錄》載杜陵老、李太白諸人賦詩事,詩體一律。而《龍城記》乃王銍性之所為,《樹萱錄》劉燾無言自撰也。至於書刻亦然。《小字樂毅論》實王著所書,李太白醉草則葛叔忱戲欺其婦公者,山谷道人嘗言之矣。」

〔七〕【辨偽】《聞見後錄》卷五:「世傳王氏《元經》《薛氏傳》《關子明易》《李衛公問對》,皆阮逸擬作,逸嘗以私稿示蘇明允也。晁以道云:『逸才辨莫敵,其擬《元經》等書,以欺一世之人,不難也。』予謂逸後為讎家告立泰山石枯上林柳之句,編竄抵死,豈亦有陰譴耶?」

〔八〕【證真】元吳萊《淵穎集》卷六《關子明易傳後序》:「予始讀《文中子中說》,頗載關朗子明事。後得天水趙蕤所注《關子易傳》十有一篇,大概《易》上下繫之義疏耳,首述其出處本末,次分卜百年數別為一篇,似皆出之王氏。或曰:王氏《中說》本於阮逸,《關氏易傳》肇於戴師愈。師愈,江東老儒也。觀其傳,統言消息盈虛、爻象策數之類,獨與張彝相問答,彝嘗薦之魏孝文。而王氏之贊《易》,世傳關氏學也,是又豈盡假託而後成書歟?夫《易》之道大矣,世之言《易》者,往往不求其道之一,卒使其學鑿焉而各不同。是故談理致者多溺於空虛,守象數者或流於讖緯,此豈聖人之意哉?蓋天地之初,未始有物也,聖人特因其自然之理,故推而為七八九六之數,非苟畫焉將以

著其未畫之妙而已。後之儒者苟造其理，而過為其畫之求。《太玄》，準《易》者也。《洞極》，則又擬《玄》者也。《玄》之數起於三，而《洞極》之數亦起於三。生以配天，育以配地，資以配人，猶《易》所謂三極之道也。故凡三體九變，三九二十有七，始於萌而實訖於幾，正且通焉。今其書，世見之者亦少，《中說》所載殆未嘗及此，然而王氏每尊其學之所自，且欲自當達者以為聖人復出，王道復行，而洙泗禮樂之教復明於斯世，毋乃徒託於此而侈言之歟？至於考之以典禮，稽之以龜策，即人事以申天命，懸曆數以示將來。關氏之學，蓋深於《易》者也。」

〔九〕【辨偽】朱子曰：「《關子明易》，偽書也。」

項安世曰：「唐李鼎祚集解《易》，盡備前世諸儒之說，獨無所謂關子明者，蓋阮逸偽作也。」

胡應麟曰：「《關朗易傳》一卷，唐趙蕤注。朱紫陽曰：偽書也。按：朗稱魏孝文時人，王仲淹祖同州刺史，彥師事之，嘗為彥筮得《夬》之《革》，遂決百年中當有達人出，修洙泗之教，中歷數周、齊、陳、隋事，無不懸合，而其意實寓河汾，非唐初福時輩拮据陳跡以耀其先，則宋阮逸偽撰，以證佐文中者。書之得失固不足深論也。或以即注者趙蕤。按：蕤有《長短經》十卷。《北夢瑣言》云：『蕤，梓州鹽亭人，博學韜鈐，長於經世，夫婦俱隱，不應徵召，論王霸機權正變，作為此經。』則蕤當是中唐前後人。然新、舊《唐書》並無《關氏易傳》，而僅見於馬、鄭諸家，則此書非蕤可見，而阮逸之偽無疑。按《通考》，逸又有《易筌》六卷，每爻必以古事繫之，陳振孫誚其牽合，蓋逸之作偽，無往不然也。」

21. 周易輯說明解四卷

舊本題宋馮椅撰。椅有《厚齋易學》〔一〕，已著錄。

此其別行之偽本也。案：椅原書，《宋史·藝文志》作五十卷，此本卷數懸殊。其不合者一。

又朱彝尊《經義考》載《中興藝文志》云，馮椅為《輯注輯傳》，外傳以程沙隨朱文公雖本古《易》為注，猶未及盡正孔傳名義，乃改「彖曰」「象曰」為「贊曰」，又改《繫辭》上下為《說卦》上中，以《隋·經籍志》有《說卦》三篇也。〔二〕此本仍作「彖曰」「象曰」，不作「贊曰」，《繫辭傳》亦仍分上下，不作《說卦》上下。其不合者二。

胡一桂《易本義附錄纂疏》曰：「馮厚齋講《明夷》六五『箕子之明夷』云：『箕』字蜀本作『其』字，此繼統而當明揚之時之象，其指大君當明揚之時而傳之子，則其子亦為明夷矣。又謂文王作爻辭，移置君象於上六，以初登於天，後入於地，況明夷之主，六五在下，而承之，明夷之主之子之象也，子繼明夷之治，利在於貞，明不可以復夷也。後世以其為箕，遂傅會於文王與紂事，甚至以爻辭為周公作，而非文王。蓋箕子之囚，在文王羑里之後，方演《易》時，箕子之明未夷也。李隆山深然其說（云云）。」〔三〕此本解《明夷》六五、上六二爻，仍用舊說，未嘗改「箕子」為「其」字。其不合者三。

至其各卦講解，多沿襲《本義》，與《永樂大典》所載椅說全殊，其為偽託，更無疑義。今椅之全書業已重編成帙，此本已可不存，以外間傳寫已久，恐其亂真，故存其目而論之焉。（《四庫全書總目》卷七）

【注釋】

〔一〕【厚齋易學】宋馮椅撰。椅字儀之，一作奇之，號厚齋，南康都昌人。《宋史·馮去非傳》云：「父椅，家居授徒。所著《易》《書》《詩》《語》《孟輯說》等書，共二百餘卷。」（《總目》卷三）

今按，《儀顧堂題跋》卷一《厚齋易學跋》云：「南宋時江西有兩馮椅……」

〔二〕【史源】《經義考》卷三十一「馮氏椅厚齋易學」條。

〔三〕【史源】《經義考》卷三十一「馮氏椅厚齋易學」條。今按，此則提要大致撮錄《經義考》卷三十一「馮氏椅厚齋易學」條中之語。

22. 周易正解二十卷

明郝敬（1558～1639）撰。敬字仲輿，京山（今屬湖北荊門市）人。萬曆己丑（1589）進士。歷官縉雲、永嘉二縣知縣，擢禮科給事中，遷戶科，尋謫宜興縣丞，終於江陰縣知縣。《明史·文苑傳》附見李維楨傳末。〔一〕

所著有《九經解》，此即其一。用王弼注本，凡上下經十七卷，其說較詳，《繫辭》以下僅三卷，則少略焉。大旨以義理為主，而亦兼及於象，其言理多以《十翼》之說印正卦爻，其言象亦頗簡易。

然好恃其聰明，臆為創論。如釋《蠱卦》為武王之事，而以先甲、後甲為取象甲子昧爽。其他亦多實以文武之事，蓋本「作《易》者其有憂患」〔二〕一語，輾轉旁推，遂橫生穿鑿。其所著經解大抵均坐此弊也。（《四庫全書總目》卷八）

【注釋】

〔一〕【作者研究】董玲撰《郝敬思想研究》（中國社會科學出版社 2011 年版）。

〔二〕【史源】《周易·繫辭下》：「《易》之興也其於中古乎？作《易》者其有憂患乎？」

23. 易說存悔二卷

國朝汪憲（1721～1771）撰。憲字千陂，錢塘（今浙江杭州）人。乾隆乙丑（1745）進士。官刑部陝西司員外郎。

是書大旨謂學《易》期於寡過。欲過之寡，惟在知悔。悔存而凶咎漸消，可日趨於吉，故以「存悔」顏其齋，因以名其《易》說。蓋即耿南仲《周易新講義》〔一〕以无咎為主之意，所說唯上、下經，而不及《十翼》。前有《擬議》數條，譏「自漢以來儒者說《易》之病在調停經傳，文王作彖辭，今不求諸彖，而執彖傳以解彖，是有孔子之《易》無文王之《易》矣。周公作爻辭，今不求諸爻，而執爻傳以解爻，是有孔子之《易》無周公之《易》矣。孔子作傳多取言外之意，當別為孔子之《易》，雖述而實作（云云）」。亦朱子「不可便以孔子之《易》為文王之《易》」之舊說也。

夫傳以翼經，必依經以立義，故釋名曰傳。傳也，案：上傳字去聲，下傳字平聲。以傳示後人也。朱子作《詩集傳》，不能不依《詩》立義，即分《大學》為一經十傳，亦不能曰此曾子所傳孔子之大學，此門人所傳曾子之大學也，何至於《易》，乃曰孔子之傳必異於文王之經乎？（《四庫全書總目》卷十）

【注釋】

〔一〕【周易新講義】宋耿南仲撰。前有南仲自序曰：「《易》之道有要，在无咎而已。要在无咎者何？善補過之謂也。」又曰：「拂乎人情是為小過；拂乎天道，是為大過。」南仲是說，蓋推衍尼山「無大過」之旨。然孔子作《文言傳》稱：「知進退存亡，而不失其正。」作《象傳》稱：「雲雷屯，君子以經綸。」行止斷以天理，所以教占者之守道；艱險濟以人事，所以教占者以盡道。其曰「無大過」者，蓋論是非，非論禍福也。如僅以无咎為主，則聖賢何異於黃老？僅曰「無拂天道」，則唐六臣輩亦將謂之知運數哉！南仲畏戰主和，依違遷就，即此「苟求无咎」與「無拂天道」之說有以中之。是則經術之偏，禍延國事者也。（《四庫全書總目》卷二）

24. 古三墳一卷

案：「三墳」之名，見於《左傳》。然周秦以來，經傳子史從無一引其說者，不但漢代至唐咸不著錄也。此本晁公武《讀書志》以為張商英得於北陽民舍〔一〕，陳振孫《書錄解題》以為毛漸得於唐州（今河南沁陽），蓋北宋人所為〔二〕。

其書分山墳、氣墳、形墳，以《連山》為伏羲之《易》，《歸藏》為神農之《易》，《乾坤》為黃帝之《易》，各衍為六十四卦，而繫之以傳，其名皆不可訓詁，又雜以《河圖代姓紀》及《策辭政典》之類，淺陋尤甚。至以燧人氏為有巢氏子，伏羲氏為燧人氏子，古來偽書之拙莫過於是。故宋、元以來，自鄭樵外，無一人信之者。至明何鐘刻入《漢魏叢書》，又題為宋阮咸注，偽中之偽，益不足辨矣。〔三〕

案：《左傳》稱倚相能讀三墳〔四〕、五典〔五〕、八索〔六〕、九邱〔七〕，孔安國《書序》所解，雖出依託，至劉熙《釋名》則確屬古書，據所訓釋三墳，乃書類，非易類也。然偽本既託於三《易》，不可復附書類中。姑從《易緯》之例，附其目於諸家《易》說之末。（《四庫全書總目》卷十）

【注釋】

〔一〕【史源】《郡齋讀書志》卷四：《古三墳書》七卷。右皇朝張商英天覺得之於北陽民家。《墳》皆古文而傳乃隸書。所謂「三墳」者，山、氣、形也。按：《七略》不載《三墳》，《隋志》亦無之，世皆以為天覺偽撰，蓋以比李筌《陰符經》云。

〔二〕【史源】《直齋書錄解題》卷二：《古三墳書》一卷，元豐中，毛漸正仲奉使京西，得之唐州民舍。其辭詭誕不經，蓋偽書也。「三墳」之名，惟見於《左氏》，右尹子革之言，蓋自孔子定書，斷自唐虞以下，前乎唐虞，無徵不信，不復採取於時固已影響不存，去之二千載，而其書忽出，何可信也！況皇謂之墳，帝謂之典，皆古史也，不當如毛所錄，其偽明甚，人之好奇有如此其僻者。晁公武云張商英偽撰，以比李筌《陰符經》。

〔三〕【辨偽】《文獻通考》卷一百七十五：《連山》十卷。《北史‧劉炫傳》：「時牛弘奏購求天下遺逸之書，炫遂偽造書百餘卷，題為《連山易》《魯史記》等錄上送官，取賞而去。後人有訟之，經赦免死，坐除名。」夾漈鄭氏曰：「夏后氏《易》，至唐始出，今亡。」

《歸藏》三卷，《崇文總目》：晉太尉參軍薛正注，隋世有十三篇，今但存《初經》《齊母》《本蓍》三篇。文多闕亂，不可詳解。夾漈鄭氏曰：《連山》亡矣。《歸藏》，唐有司馬膺注十三卷，今亦亡。隋有薛正注十三卷，今所存者《初經》《齊母》《本蓍》三篇而已。言占筮事，其辭質，其義古，後學以其不文，則疑而棄之。往往《連山》所以亡者復過於此矣，獨不知後之人能為此文乎？子曰：「周監於二代，郁郁乎文哉！」以《周易》校商《易》，則周、商之文質可知也；以商《易》校夏《易》，則商、夏之文質又可知也。三《易》皆始乎八，而成六十四。有八卦即有六十四卦，六十四卦非至周而備也。但法之所立，數之所起，皆不相為用。《連山》用三十六策，《歸藏》四十五策，《周易》四十九策，誠以人事代謝，星紀推移，一代一謝，漸繁漸文，又何必近耳目而信諸，遠耳目而疑諸。

《文獻通考》卷一百七十五：《連山》《歸藏》乃夏、商之《易》，本在《周易》之前，然《歸藏》《漢志》無之，《連山》《隋志》無之，蓋二書至晉、隋間始出。而《連山》出於劉炫之偽作，《北史》明言之。度《歸藏》之為書亦此類耳。夾漈好奇，獨尊信此二書與《古三墳書》，且咎世人以其晚出而疑之，然殊不知《毛氏詩》《左氏春秋》《小戴氏禮》與《古文尚書》《周官》六典比之，當時皆晚出者也，然其義理、其文辭一無可疑，非二《易》《三墳》之比，不謂之「六經」，可乎？故今敘二《易》，不敢遽指為夏、商之書，姑隨其所出之時，置之漢之後、唐之前云。

《文獻通考》卷一百七十七：按夫子所定之書，其亡於秦火，而漢世所不復見者，蓋杳不知其為何語矣！況《三墳》已見削於夫子，而謂其書忽出於元豐間，其為謬妄可知。夾漈好奇，而尊信之，過矣。又況詳孔安國《書序》所言則墳典書也，蓋百篇之類也。八索，《易》也，蓋《彖》《象》《文言》之類也。今所謂三墳者，曰山墳、氣墳、形墳，而以為《連山》《歸藏》《坤乾》之所由作，而又各有所謂大象六十四卦，則亦是《易》書，而與百篇之義不類矣，豈得與五典並稱乎？

〔四〕【三墳】傳說中我國最古的書籍。《左傳‧昭公十二年》：「（倚相）是能讀三墳、五典、八索、九邱。」杜預注：「皆古書名。」「三墳」，三皇之書，也有認為係指天、地、人三禮，或天、地、人三氣的，均見孔穎達疏引。今存《三墳書》，分山墳、氣墳、形墳，以《連山》為伏羲作，《歸藏》為神農作，《乾坤》為黃帝作，各衍為六十四卦，繫之以傳，且雜以《河圖》，實係宋人偽造。

〔五〕【五典】傳說中的上古五部典籍。《書序》:「少昊、顓頊、高辛、唐、虞之書,謂之五典。」劉勰《文心雕龍・宗經》:「皇世《三墳》,帝代《五典》。」張衡釋為五帝之常道。

〔六〕【八索】古書名。後代多以指稱古代典籍或八卦。孔穎達疏引孔安國《尚書序》曰:「八卦之說,謂之八索。索,求其義也。」又引賈逵云:「八索,八王之法。」張衡釋為《周禮》八議之刑。

〔七〕【九邱】傳說中我國最古的書名。《書序》:「九州之志,謂之《九邱》。邱,聚也。言九州所有,土地所生,風氣所宜,皆聚此書也。」張衡釋為《周禮》之九刑。

25. 尚書正義二十卷〔一〕

舊本題漢孔安國傳。其書至晉豫章內史梅賾始奏於朝,唐貞觀十六年(642)孔穎達等為之疏,永徽四年(653)長孫無忌等又加刊定。

孔《傳》之依託,自朱子以來遞有論辨,至國朝閻若璩作《尚書古文疏證》,其事愈明。其灼然可據者,梅鷟《尚書考異》攻其注《禹貢》「瀍水出河南北山」一條,積石山在金城(今甘肅蘭州)西南羌中一條,地名皆在安國後;朱彝尊《經義考》攻其注《書序》東海、駒驪、扶餘、馯貊之屬一條〔二〕,謂駒驪王朱蒙至漢元帝建昭二年(前37)始建國,安國武帝時人,亦不及見;若璩則攻其注《泰誓》「雖有周親不如仁人」與所注《論語》相反;又《安國傳》有《湯誓》而注《論語》「予小子履」一節,乃以為《墨子》所引《湯誓》之文,案:安國《論語注》今佚,此條乃何晏《集解》所引。皆證佐分明,更無疑義。至若璩謂定從孔《傳》以孔穎達之故,則不盡然。考《漢書・藝文志》敘《古文尚書》,但稱安國獻之,遭巫蠱事,未立於學官,不云作傳。而《經典釋文敘錄》乃稱《藝文志》云安國獻《尚書傳》,遭巫蠱事,未立於學官,始增入一「傳」字,以證實其事。又稱今以孔氏為正,則定從孔《傳》者乃陸德明,非自穎達。惟德明於《舜典》下注云:「孔氏《傳》亡《舜典》一篇,時以王肅注頗類孔氏,故取王注,從『慎徽五典』以下為《舜典》,以續孔《傳》。」又云:「『曰若稽古帝舜曰重華協於帝』十二字,是姚方興所上,孔氏《傳》本無。阮孝緒《七錄》亦云:方興本或此下更有『濬哲文明溫恭允塞玄德升聞乃命以位』凡二十八字異,聊出之於王注無施也,則開皇中雖增入此文,尚未增入孔《傳》中,故德明云爾。今本二十八字當為穎達增入耳。梅賾之時去古

未遠，其傳實據王肅之注而附益以舊訓，故釋文稱王肅亦注今文，所解大與古文相類，或肅私見孔《傳》而秘之乎？此雖以末為本，未免倒置，亦足見其根據古義，非盡無稽矣。

穎達之疏，晁公武《讀書志》謂因梁費甝疏廣之，然穎達原序稱為正義者蔡大寶、巢猗、費甝、顧彪、劉焯〔三〕、劉炫〔四〕六家，而以劉焯、劉炫最為詳雅，其書實因二劉，非因費氏，公武或以《經典釋文》所列《義疏》僅甝一家，故云然。與《朱子語錄》謂：「《五經疏》《周禮》最好，《詩》《禮記》次之，《易》《書》為下。」其言良允。然名物訓故究賴之以有考，亦何可輕也！〔五〕（《四庫全書總目》卷十一）

【注釋】

〔一〕【版本】此書的宋刊本，國家圖書館僅存十六卷，而日本藏全本二種，分別藏於宮內廳書陵部和足利學校遺跡圖書館。宮內廳本為現存唯一的宋刊單疏本；足利本為《五經注疏》最早的合刻本之一，被確認為「日本國寶」。（《日本藏漢籍珍本追蹤紀實》第218～220頁）此書有《四部叢刊》影宋本。張元濟跋云：「《尚書》單疏，吾國久佚。日本圖書僚藏宋刊本，大阪每日新聞社據以景印。原書完善無缺，半葉十五行，與他經同。」（《張元濟古籍書目序跋彙編》第924～925頁）

今按，元黃鎮成《尚書通考》卷一「尚書名義」條引孔安國曰：「以其上古之書，謂之《尚書》。」

〔二〕【海東諸夷】我國古代東夷的少數民族。《古文尚書·君陳》：「武王既伐東夷，肅慎來賀。」《偽孔傳》：「海東諸夷，駒驪、扶餘、馯貊之屬，武王克商，皆通道焉。」司馬光《瞻彼南山詩》：「倭馯之東，蠻蜑之南，享獻有時，靡敢不詹。」

〔三〕【劉焯】（544～610），字士元。河北信都人。撰《皇極曆》，為解決日、月不均勻運動問題，創立等間距二次差內插法公式。陳金木撰《劉焯劉炫之經學》（臺灣政治大學博士論文，1989年）。

〔四〕【劉炫】字光伯，河間景城人。少與劉焯結友，時稱「二劉」。著述甚多，且偽造《連山易》《魯史記》。孔穎達《五經正義》多採用劉炫的成果。

〔五〕【整理與研究】清代治《古文尚書》者，稱江、王、段、孫四大家。江聲撰《尚書集注音疏》，王鳴盛撰《尚書後案》，段玉裁撰《尚書撰異》，孫星衍撰《尚書今古文注疏》。蔣善國撰《尚書綜述》（上海古籍出版社1988年版）。

周秉鈞先生的《尚書易解》《白話尚書》均是很好的入門書。日人小林信明撰《古文尚書研究》（大修館 1959 年版），池田末利等整理《尚書》（集英社 1976 年版）。

現代《尚書》研究，當以顧頡剛及其疑古學派為重鎮。1965 年，顧頡剛在日記封面頁後面貼有一張用鋼筆寫的整理《尚書》工作的構想，可以說是他整理《尚書》的最後學術遺囑：「尚書工作：1. 高級型——盡集古今各家說，加以批判接受，注重考證工作，供專家之閱讀及普及之根據。2. 中級型——為高級型之簡化，略略疏釋其源委，供大學文史諸系學生（有讀古書的必要的）之閱讀。3. 初級型——更就中級型加以簡化，但舉校勘、解釋之結果而不疏源委，供一般人（沒有讀古書之必要的）之閱讀。高級型——『尚書譯證』，分篇出版。中級型——『尚書譯注』，全書不超過五十萬字，分兩冊出版。初級型——『尚書今譯』，全書不超過二十萬字，合一冊出版。最好先將高級做好而後做中級，中級做好而後做初級。1966 年，劉起釪借調到中國社會科學院歷史所，協助顧頡剛完成《尚書》研究工作。為此他制定了「《尚書》學工作計劃」：1.《尚書今譯》——分三冊：第一冊自《堯典》至《微子》，凡十一篇，即《虞、夏書》與《商書》；第二冊自《牧誓》至《雒誥》，為《周書》前半部，凡九篇；第三冊自《多士》至《秦誓》，為《周書》後半部，凡十篇。此皆取二千餘年來《尚書》各本及各家說，經批判而接受者，為予獨斷之學。每篇分校勘、解釋、標點、翻譯、評論五節。2.《偽古文尚書集辨》——取前代辯論偽《古文尚書》者集為一編，俾讀者曉然於此一問題已成定案，且可移用此方法於其他偽書，為考訂古籍開一大道。3.《尚書餘錄》——凡《尚書》佚文、《泰誓》《書序》《逸周書》中較可信據者若《商誓》《世俘》《祭公》《度邑》《嘗麥》等篇，金文中關涉周代史事若《毛公鼎》《散氏盤》《盂鼎》《忽鼎》等篇，匯為一冊，俾與《尚書》作比較。4.《尚書學書錄》——凡二千餘年《尚書》學著作，不論存佚，悉加著錄，並予批判，使後人便於研究。5.《尚書集解》——綜合前人之說，加以分析，並批判其是非，為二千餘年來《尚書》學之總結。6.《尚書文字合編》——集合漢石經、魏三體石經、唐石經、敦煌唐寫本、日本古本、《書古文訓》本，綜為一編，保存古本真相。7. 校點閻若璩《尚書古文疏證》。8. 校點段玉裁《古文尚書撰異》——此二種為昔人《尚書》學中最精之書，為之校點，不第不沒其苦心精詣，亦示後學者以校勘、考據之門徑。最後他說：「上列八種如皆能成書，

則《尚書》一學蹊徑大闢，化最難讀之書為最易讀。」此外還有《尚書學史》《尚書學論文選》《尚書簡注》《金文選》等有關《尚書》的著述。顧頡剛與顧廷龍合撰《尚書文字合編》。在劉起釪的協助下，顧頡剛完成《〈尚書〉校釋譯論》（中華書局本）一書。在此基礎上，劉起釪又完成了《尚書評述》《尚書源流及版本》《尚書學史》《日本的尚書學》《古史續辨》等著作。

26. 禹貢論五卷後論一卷山川地理圖二卷

宋程大昌〔一〕（1123～1195）撰。大昌有《易原》，已著錄。

《宋史·藝文志》載大昌《禹貢論》五卷，《後論》一卷〔二〕，又《禹貢論圖》五卷。陳振孫《書錄解題》則謂論五十二篇，後論八篇，圖三十一。王應麟《玉海》則謂淳熙四年（1177）七月，大昌上《禹貢論》五十三篇，《後論》八篇，詔付秘閣，不及其圖，蓋偶遺也。今諸論皆存，其圖據歸有光跋〔三〕稱吳純甫家有淳熙辛丑（1181）泉州舊刻，則嘉靖中尚有傳本，今已久佚，故《通志堂經解》惟刻其前後論，而所謂《禹貢山川地理圖》者則僅刻其敘說。今以《永樂大典》所載校之，只缺其《九州山水實證》及《禹河漢河》二圖耳，其餘二十八圖巋然並在，誠世所未覯之本〔四〕。今依通志堂圖敘原目並為二卷，而大昌之書復完。

大昌喜談地理之學，所著《雍錄》及《北邊備對》，皆刻意冥搜，考尋舊跡。是書論辨尤詳。周密《癸辛雜識》載：「大昌以天官兼經筵，進講《禹貢》，闕文疑義，疏說甚詳，且多引外國幽奧地理，皇陵頗厭之，宣諭宰執云：『《六經》斷簡，闕疑可也，何必強為之說？且地理既非親歷，雖聖賢有所不知，朕殊不曉其說，想其治銓曹亦如此。』既而補外（云云）。」〔五〕與自序〔六〕及陳應行後序〔七〕所言殊相乖剌。〔八〕

夫帝王之學與儒者異。大昌講《尚書》於經筵，不舉唐虞三代之法以資啟沃，而徒炫博奧，此誠不解事理。然以詁經而論，則考證不為無功。其前論於江水、河水、淮水、漢水、濟水、弱水、黑水，皆糾舊傳之誤，後論則專論河水、汴水之患。陳振孫譏其身不親歷，烏保其皆無牴牾，亦如孝宗之論。歸有光亦證其以鳥鼠同穴，指為二山之非〔九〕。要其援據釐訂，實為博洽，至今注《禹貢》者，終不能廢其書也。（《四庫全書總目》卷十一）

【注釋】

〔一〕【程大昌】字泰之，安徽休寧人。事蹟具《宋史》本傳。

〔二〕【禹貢後論自序】臣惟禹之水功，被賴萬世，而大河特不輟為治世之患，較其勞費，殆若一敵，然而民又未嘗得寧也。汴渠規模不出於禹，而轉輸之利愈於未有汴時。臣以是知天下事其跡，狀未形乎前，則雖聖人亦無所感發以出其智。故周監二代，而文物鬱鬱，漢創笞杖徒流以代肉刑，而百世遂不可易，蓋見其形而後知所措也。臣本為稽考《禹貢》，而及古今山川曲折，於是念河、汴二水，本朝極嘗關意，而其間應講求以備稽用者，實云有之，輒隨見記錄，以為《禹貢後論》。

〔三〕〔九〕【歸有光《跋禹貢論後》】《禹貢論》五十二篇，得之魏恭簡公，而亡友吳純甫家藏有《禹貢圖》，皆淳熙辛丑泉州舊刻也。泰之此書，世稱其精博。然予以為，山川土地，非身所履，終無以得其真。元世祖至元十七年，使驛治運河，土番朵甘思西鄙星宿海，所謂河源者，始得其真。如泰之所辨鳥鼠同穴，數百言以為二山。而吾郡都太僕常親至其山，見鳥鼠來同穴，乃知宇宙間無所不有，不可以臆斷也。

〔四〕【版本】陸心源《儀顧堂題跋》卷一《影宋本禹貢論禹貢山川地理圖跋》云：「程尚書經進《禹貢論》二卷、《後論》一卷、《禹貢圖》二卷，影宋刊本。乾隆中，館臣始從《永樂大典》輯出二十九圖，以聚珍版印行，尚缺《九州山水實證》及《禹河漢河》二圖。此從淳熙辛丑泉州刊本影寫，三十一圖完具，與《書錄解題》合，誠可寶也。明嘉靖時吳純甫藏有宋本，見歸震川集。道光中歸上海郁氏，近歸豐順丁雨生中丞家。」

〔五〕【史源】周密《齊東野語》卷一。

〔六〕【禹貢山川地理圖自序】臣既不揆淺聞，著論以發明《禹貢》，而自古及今，郡縣山川無不關括，頗浩渺難見，遂事為之圖，各以地理列置，固有出於古來舊說而質之《禹貢》不合者，又有雖並經文而地理位置改易其真者，說既各不相同，若雜為一圖，則恐交錯難曉。臣今稽求先儒舊說，各以其語先為之圖，從而辨正其誤，舊說既竟，乃出臣愚見，為圖以綴其後。又慮臣先所著論，文字稍多，且不與圖本附麗，其於尋求不便，遂摭事實，隨其方所，略標要指，貴於一見可以即解也。歷代山水，名稱改易既眾，又郡縣分合更改，世世不同。今且專以唐世地書為正，一則取其州縣四境悉有方隅底止，可以穿貫遠近，少所差失，一則多用唐制名稱，亦貴會歸於一，異時苟有詳於稽求者，則據唐人所名山川郡縣即其世數，先後稽之典籍，可考而知也。圖以色別，青為水，黃為河，紅為古今州道郡縣疆界，其用雌黃為識者，則

舊說之未安而表出之者也。臣愚短，亦知前世博者不肯犯眾儒之所不言，以招譏議。然臣以為，儒當考古，苟言之未當，而啟他人意見，以歸於是，或可少備國家稽據，亦其志之樂為者也。

〔七〕【陳應行跋】閣學尚書程公，曩在經筵，進黑水之說，上動天聽，因以《禹貢》為論為圖，啟沃帝心。惓惓之忠，盡在於此。嗚呼！大哉言乎！三復其說，見其議論宏博，引證詳明，皆先儒之所未及，乃請於公，願刊之郡庠，以與學者共之。公曰：「是吾志也。」乃出公帑十五餘萬，以佐其費，復請公序以冠其首。斯文一傳，使學者觀帝王之疆理，見宇宙之寥廓，感慨今昔，皆有勒功燕然之心，則閱此書者豈小補哉！

〔八〕【考證】陸心源《儀顧堂題跋》卷一《影宋本禹貢論禹貢山川地理圖跋》云：「〔彭〕椿年序曰：『淳熙四年，程公以侍從講《尚書》，禁中門下省頒行其奏札曰：《禹貢》大川七，而諸儒沿襲乃訛其六，予聞之，有會於心，而疑其是正之難也。已而聞上御講殿問黑水甚詳，知公有見，俾之來上。程公具以其所知，為書以奏，上見之，大加褒勞，詔付秘書省，藏以垂後。』與周密《癸辛雜識》所稱『大昌進講《禹貢》，阜陵厭之，宣諭宰執既而補外』之言相反。果如密言，孝宗方且厭之，椿年敢偽造褒勞之詔刊版傳補乎？必不然矣。且大昌以刑侍兼侍講，非吏部也，而云以天官兼經筵，其為傳聞失實可知。密遊賈似道之門，本非端人，每好誣讒正人。其祖秘在高宗時專以攻擊正人為事，見《繫年要錄》。想其家世本非清流，其言不足信也。」今按，彭椿年序，四庫本《禹貢論・禹貢山川地理圖》未載，但《經義考》全文轉載。

27. 書集傳六卷

宋蔡沈（1167～1230）撰。沈字仲默，號九峰，建陽人，元定之子也。事蹟附載《宋史》元定傳。

慶元己未（1199），朱子屬沈作《書傳》，至嘉定己巳（1209），書成。案：此據自序〔一〕年月。真德秀作沈墓誌，稱「數十年然後克成」，蓋誤衍一「數」字。淳祐中，其子杭奏進於朝，稱《集傳》六卷，《小序》一卷，朱熹《問答》一卷，繕寫成十二冊。其《問答》一卷久佚。董鼎《書傳纂注》稱淳祐經進本錄朱子與蔡仲默帖及語錄數段，今各類入綱領輯錄內，是其文猶散見鼎書中，其條目則不復可考。《小序》一卷，沈亦逐條辨駁，如朱子之攻《詩序》，今其文猶存，而書肆本皆削去不刊。考朱升〔二〕《尚書旁注》稱《古文書序》自為一篇，孔

注移之各冠篇首，蔡氏刪之，而置於後，以存其舊。蓋朱子所授之旨，案：陳振孫《書錄解題》載朱子書古經四卷、序一卷，則此本乃朱子所定，先有成書，升以為所授之旨，蓋偶未考。是元末明初刊本尚連小序，然《宋史・藝文志》所著錄者亦止六卷，則似自宋以來即惟以《集傳》單行矣。元何異孫《十一經問對》稱吉州所刊蔡《傳》仍以《書序》置之各篇，初不害其為蔡《傳》，蓋一家之板本，非通例也。

　　沈序稱二典三謨經朱子點定。然董鼎《纂注》於正月朔旦條下注曰：「朱子親集《書傳》，自孔《序》止此，其他大義悉口授蔡氏，並親稿百餘段，俾足成之，則《大禹謨》猶未全竣。序所云二典三謨，特約舉之詞。」鼎又引陳櫟之言曰：案：櫟此條不載所作《書傳纂疏》中，蓋其《書傳折衷》之文也。「朱子訂《傳》原本有曰：正月，次年正月也。神宗，說者以為舜祖顓頊而宗堯，因以神宗為堯廟，未知是否如帝之初等，蓋未嘗質言為堯廟。」今本云云，其朱子後自改乎？抑蔡氏所改乎？則序所謂朱子點定者，亦不免有所竄易，故宋末黃景昌等各有《正誤》《辨疑》之作，陳櫟、董鼎、金履祥〔三〕皆篤信朱子之學者，而櫟作《書傳折衷》，鼎作《書傳纂注》，履祥作《尚書表注》，皆斷斷有詞。明洪武中，修《書傳會選》，改定至六十六條，國朝《欽定書經傳說匯纂》亦多所考訂釐正，蓋在朱子之說《尚書》，主於通所可通，而闕其所不可通，見於語錄者不啻再三，而沈於殷盤周誥一一必求其解，其不能無憾也固宜。然其疏通證明，較為簡易，且淵源有自，大體終醇。元與古注疏並立學官（見《元史・選舉志》），而人置《注疏》肄此書；明與夏僎《解》並立學官（見楊慎《丹鉛錄》），而人亦置僎《解》肄此書，固有由矣。〔四〕（《四庫全書總目》卷十一）

【注釋】

〔一〕【蔡沈自序】慶元己未冬，先生文公令沈作《書集傳》。明年，先生歿。又十年，始克成編，總若干萬言。嗚呼！《書》豈易言哉！二帝三王治天下之大經大法皆載此書，而淺見薄識豈足以盡發蘊奧？且生於數千載之下，而欲講明於數千載之前，亦已難矣。然二帝三王之治本於道，二帝三王之道本於心，得其心則道與治固可得而言矣。何者？「精一執中」，堯、舜、禹相授之心法也。「建中建極」，商湯、周武相傳之心法也。曰德，曰仁，曰敬，曰誠，言雖殊而理則一，無非所以明此心之妙也。至於言天則嚴其心之所自出，言民則謹其心之所由施。禮樂教化，心之發也。典章文物，心之

著也。家齊、國治而天下平，心之推也。心之德其盛矣乎！二帝三王，存此心者也。夏桀商受，亡此心者也。太甲、成王，困而存此心者也。存則治，亡則亂，治亂之分，顧其心之存不存如何耳。後世人主，有志於二帝三王之治，不可不求其道，有志於二帝三王之道，不可不求其心，求心之要，捨是書何以哉？

〔二〕【朱升】（1299～1370），字允昇，安徽休寧人。明代開國謀臣之一，事蹟詳見劉尚恒所撰《朱升事蹟編年》（《文獻》第十三輯）。

〔三〕【金履祥】（1232～1303），字吉父，號次農，浙江蘭溪人。號稱元代金華朱學干城。學者尊稱為仁山先生。著有《仁山集》。

〔四〕【整理與研究】王春林撰《〈書集傳〉研究與校注》（人民出版社 2012 年版）。

28. 書纂言四卷

元吳澄〔一〕（1249～1333）撰。澄有《易纂言》，已著錄。

是編其書解也。《古文尚書》自貞觀敕作《正義》以後，終唐世無異說，宋吳棫作《書埤傳》，始稍稍掊擊《朱子語錄》，亦疑其偽。然言性、言心、言學之語，宋人據以立教者，其端皆發自古文，故亦無肯輕議者。其考定今文、古文，自陳振孫《尚書說》始；其分編今文、古文，自趙孟頫《書古今文集注》始；其專釋今文，則自澄此書始。自序謂晉世晚出之書別見於後，然此四卷以外，實未釋古文一篇。朱彝尊《經義考》以為權詞〔二〕，其說是也。考漢代治《尚書》者，伏生今文傳為大小夏侯、歐陽三家，孔安國古文別傳都尉朝庸生胡常，自為一派，是今文、古文本各為師說。澄專釋今文，尚為有合於古義，非王柏《詩疑》舉歷代相傳之古經肆意刊削者比。惟其顛倒錯簡，皆以意自為，且不明言所以改竄之故，與所作《易纂言》體例迥殊，是則不可以為訓，讀者取所長而無效所短可矣。〔三〕（《四庫全書總目》卷十二）

【注釋】

〔一〕【作者研究】胡青撰《吳澄教育思想研究》（江西教育出版社 1996 年版），方旭東撰《吳澄哲學思想研究》（北京大學出版社 2001 年版）、《吳澄評傳》（南京大學出版社 2005 年版），《吳澄評傳》書後還附錄了《吳澄傳記資料纂證》《吳澄文集版本源流考》《吳澄傳記敘事學研究》，吳立群撰《吳澄理學思想研究》（上海大學出版社 2011 年版）。

〔二〕【尚書纂言跋】草盧先生《今文尚書纂言》四卷，嘉靖中，長興顧少保應祥
官雲南布政使，鏤板以傳，萬里遺書海鹽鄭端簡公，以草盧序文商榷。端簡
為疏其是非，識之簡端，其來書猶置卷中，未及報也。公以《尚書》義名家，
然夙疑古文非孔壁書，與草盧意合。特伏生所授二十八篇，覈其實二十九篇，
此則公本諸司馬、班氏之說爾。草盧心非古文，所云晉世晚出之書別見於《後
考》，四卷而外，不聞別有所撰，殆出於權辭。其後梅鷟、鄭瑗、郝敬、羅敦
仁諸家紛綸辨駁，學者終莫之信，是則草盧之識高矣。（朱彝尊《曝書亭全
集》卷四十二）

〔三〕【整理與研究】王新春撰《易纂言導讀》（齊魯書社 2006 年版）。《書纂言》
整理本見《儒藏》精華編一三。

29. 尚書集傳纂疏六卷

　　元陳櫟（1252～1334）撰。櫟字壽翁，號定宇，休寧人。宋亡之後，隱居三
十八年，至延祐甲寅（1314），年六十三復出，應試中浙江鄉試，以病不及會試。
越二年，上書干執政，不報，遂終於家，年八十有三。事蹟具《元史·儒學
傳》。董鼎《書傳纂注》所稱新安陳氏即其人也。

　　是編以疏通蔡《傳》之意，故命曰「疏」；以纂輯諸家之說，故命曰「纂」。
又以蔡《傳》本出朱子指授，故第一卷特標朱子訂正之目，每條之下必以朱
子之說冠於諸家之前，間附己意，則題曰「愚謂」以別之。考櫟別有《書說折
衷》，成於此書之前，今已散佚，惟其序尚載《定宇集》中，稱：「朱子說《書》，
通其可通，不強通其所難通。而蔡氏於難通罕闕焉。宗師說者固多，異之者
亦不少。子因訓子，遂掇朱子大旨及諸家之得經本義者，句釋於下，異同之
說，低一字折衷之。」〔一〕則櫟之說書，亦未嘗株守蔡《傳》，而是書之作，
乃於蔡《傳》有所增補，無所駁正，與其舊說迥殊。自序稱：「聖朝科舉興行，
諸經、《四書》一是以朱子為宗，《書》宗蔡《傳》，固亦宜然（云云）。」〔二〕蓋
延祐設科以後功令如此，故不敢有所出入也。（《四庫全書總目》卷十二）

【注釋】

〔一〕【史源】元陳櫟《定宇集》卷一。

〔二〕【陳櫟自序】《書》載帝王之治，而治本於道，道本於心。道安在？曰在中。
　　心安在？曰在敬。揖讓、放伐制度詳略等事雖不同，而同於中。欽恭、寅祇、

慎畏等字雖不同，而同於敬。求道於心之敬，求治於道之中，詳說反約，《書》之大旨不外是矣。況諸經全體上下千數百年之治跡，二帝三王之淵懿，皆在於《書》。稽古者捨是經，奚先哉！孔子所定，半已逸遺，厥今所存，出漢儒口授，孔宅壁藏錯簡斷編，當闕疑者何限。自有注解以來，三四百家，朱子晚年始命門人集傳之，惜所訂正三篇而止……（省略部分見正文——引者注）櫟不揆晚學，三十年前時科舉未興，嘗編《書解折衷》，將以羽翼蔡《傳》，亡友胡庭芳見而許可之，又勉以即蔡《傳》而纂疏之，遂加博採精究，方克成編。

30. 尚書考異五卷

明梅鷟〔一〕撰。鷟有《古易考原》〔二〕，已著錄。

是編辨正《古文尚書》〔三〕。其謂二十五篇為皇甫謐所作，蓋據孔穎達疏引《晉書·皇甫謐傳》案：穎達作《正義》時，今本《晉書》尚未成，此蓋臧榮緒《晉書》之文。稱：「謐姑子外弟梁柳得《古文尚書》，故作《帝王世紀》，往往載孔《傳》五十八篇之書（云云）。」然其文未明，未可據為謐作之證。至謂孔安國序並增多之二十五篇，悉雜取傳記中語以成文，則指謫皆有依據。又如謂灅水出穀城縣，兩《漢志》並同，晉始省穀城入河南，而孔《傳》乃云出河南北山積石山，在西南羌中，漢昭帝始元六年始置金城郡（今甘肅蘭州），而孔《傳》乃云積石山在金城西南，孔安國卒於武帝時，載在《史記》，則猶在司馬遷以前，安得知此地名乎？其為依託，尤左證顯然。陳第作《尚書疏衍》，乃以「讀張為幻」詆之〔四〕，過矣。

《明史·藝文志》不著錄，朱彝尊《經義考》作一卷。此本為范懋柱家天一閣所藏，不題撰人姓名，而書中自稱「鷟按」，則出鷟手無疑。原稿未分卷數，而實不止於一卷，今約略篇頁，釐為五卷。鷟又別有《尚書譜》，大旨略同，而持論多涉武斷，故別存其目，不復錄焉。〔五〕（《四庫全書總目》卷十二）

【注釋】

〔一〕【作者研究】林慶彰《明代考據學研究》第四章對梅鷟有專門研究。

〔二〕【古易考原】是書謂伏羲之《易》已有文字，畫卦在前，《河圖》後出，伏羲但則之以撰蓍。大衍之數當為九十有九，以五十數為體，以四十九為用，無有中五乘十、置一不用之理。論殊創闢，然於古無所授受，皆臆撰也。（《四庫全書總目》卷七）

〔三〕【尚書考異序】《尚書》二十八篇，並序一篇，共二十九篇，秦博士伏生所傳，乃聖經之本真也。因暴秦焚書，藏於壁中，遭亂遺失，所存者止有此耳。伏生即以教於齊魯之間，因為《大傳》三篇。漢文時求治《尚書》者，無過於伏生，使太常掌故晁錯往受傳之，蓋傳其文義講說，以發明正經云耳。景帝時所傳者亦不過如此。至武帝時，孔安國等專治《古文尚書》，滋多於此矣。故孔臧《與孔安國書》曰：「《尚書》二十八篇，儒者以為上應二十八宿。」不知又有《古文尚書》也。可見武帝以前原無《古文尚書》明矣。自安國古文未出之先，《尚書》正經單行於世，如日月之麗於天，無一蔽虧。及安國古文既出之後，分《堯典》「慎徽」以下為《舜典》，分《皋陶謨》「帝曰來禹」以下為《棄稷》，分《盤庚》為三篇，分《顧命》「王若曰」以下為《康王之誥》，凡復出者五篇。又於其間離逖改削，竄易穿穴之變多，而《尚書》無完經矣。至其所治古文一十六篇者多怪異之說，及經書所引皆不在其內，以故當時老師宿儒尊信正經，不肯置對，苟從據理辨難，不肯奏立學官，雖以劉歆移書之勤，猶嘩攻不已。其間或滅或興，信之者或一二，不信者恒千百，其書遂不顯行於世。然其遞遞相承，蓋可考也。此先漢真孔安國之偽書，其顛末大略如此。至東晉時，善為模仿窺竊之士見其以此見疑於世，遂蒐括群書，掇拾嘉言，裝綴編排，日鍛月煉，會稡成書，必求無一字之不本於古語，無一言之不當於人心，無一篇之不可垂訓誡，凡為書者二十五篇，見詁訓之難通，遂改易其字，見意義之丁寧，遂刊落其語，見「棄稷」之不可以名篇，遂更為《益稷》，見《盤庚》之上中下可以便已，《大甲》《說命》《泰誓》之上中下遂仍為三篇，見報告之詞不可以離逖也，遂合王出以下為《康王之誥》，又見「慎徽五典」不可突起為《舜典》也，遂增「曰若」以下二十有八字，則愈巧矣，愈近理矣，無可得而滲漏矣，無可得而掎摭矣。雖英材閒氣亦尊信服膺之不暇矣。然不知自明者視之，則如泥中之鬥獸，蹤跡顯然，卒亦莫之掩也，甚者至於不怡懌哉！採政忽之類直改易之，而無復置疑，曰明都弗肯構，弗肯獲，厥考翼之經，直刊落之，而無復忌憚，顧使聖人之正經，反附麗偽書以行於世。譬如成周東遷之主，氣象銷苶，惟列國是依，以列國為命者也，不亦顛倒舛錯之甚也哉！此東晉假孔安國之偽書，其顛末大略如此。愚每讀書至此，未嘗不歎息痛恨於先儒也。夫所貴乎儒者之釋經，在能除聖經之蔽翳，使秕稗不得以雜嘉穀，魚目不得以混明珠，華丹不得以亂窈窕焉耳。今反崇信偽書，以囚奴正經。予畏聖人之言，故不得不是而正之，特作

《考異》，使學者渙然知蔽塞之由，然後知余之恢復聖經蓋有不得已焉，而非苟為好辨者也。

今按，《北京圖書館古籍珍本叢刊》本據明白鶴山房抄本縮印。

又按，梅鷟《尚書考異》卷二「曰若以下二十有八字」條云：「古文分『慎徽五典』以下為《舜典》，而姚方興者云得此二十八字於大航頭，上之。自今觀之，蓋仿《堯典》首章而為之也。幸其間紕繆顯然，有可得而指言者，何也？堯籲驩兜之薦共工而未去也，其後曰『流共工於幽洲』，所以終此文意；堯咈僉之薦鯀而未去也，其後曰『殛鯀於羽山』，所以終此文意；堯曰『我其試哉』，其後歷試諸難，又所以終此文意。舜大功二十，堯大功一，舜之功皆堯之功也。孟子曰：『堯、舜之知不遍知，仁不遍愛，急先務，急親賢。』可謂深知堯、舜者。此可見虞、夏史臣之善觀堯、舜也。以堯、舜為一體也。離而二之，不見史臣之本意矣。一可疑。又篇首即曰『允恭克讓』，而『克讓』之實，正在『三載汝陟帝位』之言及『受終文祖』之事，離而二之，則『克讓』之言為無徵虛設，『受終』之事為無首突出矣。二可疑。依古文分之，則篇名《堯典》，而訖於戒二女『欽哉』之語，於堯不得考其終。篇名《舜典》，而首『慎徽五典』之語，於舜不得考其始。依伏生書讀之，至『二十有八載放勳乃徂落』，而後堯之終，血脈貫於前，而不可截『欽哉』以上為《堯典》矣。起有『鰥在下曰虞舜』，而後舜之始文理通於後，而不可截『慎徽』以下為《舜典》矣。其文理接續，首尾一事如此，則堯、舜誠為一人，《舜典》不必別出矣。且既曰虞舜，而改曰帝舜，既曰帝舜，而猶未陟帝位，非經文簡質之體。三可疑。其曰濬哲云者玄王相土之德也，是在《商頌·長發》其曰：『文明云者，大人德普之天下也。』是在《乾卦》文言又二字已見篇首，以言堯也曰溫恭云者。古昔先民之傳也，是在《那》之四章曰：『允塞云者，周宣王之猷也。』是在《大雅·常武》曰：『玄德云者，玄王之德也。』亦在《長發》，又見《淮南子鴻烈訓》。舜為大聖人，固無待於叢集古今之美德衣被而說合之也。若果如方興所言，吾將求其備，世未有濬哲而不文明者，亦未有文明而不濬哲者。四字長二字蓋仿篇首『明文思』三字而不覺其重複也，世未有溫恭而非基眾德者，亦未有允塞而非備天道者，四字亦長二字，蓋效篇首欽之一字而不覺其繁蕪也。苟為不然，則商之孝子順孫竊取二字以頌始祖，而默寓其不足於『文明』『溫恭』『允塞』之意以示譏諷。周之忠臣義士竊取二字以美宣王，而默寓其不足於濬哲文明溫恭之意以示譏諷，豈詩人忠厚之

旨哉？《乾》之大人止『文明』而尚欠六德，古之先民止『溫恭』而欠六德，是詩人、孔子吐辭為經者，尚猶有欠缺不完之處，不如方興之善觀聖人善言德行也。四可疑。『乃』者，繼事之辭，《史記・伯夷列傳》『用乃試之於位』，綴於『岳牧咸薦』之下，與經合，今『乃命以位』之『乃』字，實出《伯夷傳》而失其旨，何者？帝曰『俞，予聞』未嘗即命以位，必曰『我其試哉』，必曰『詢事考言，乃言底可績』。今以『乃命以位』綴於『玄德升聞』之下，不見帝堯慎重歷試之意。五可疑。凡其可疑者如此，而彼且晏然居之不自疑者，其心必曰：『吾世高曾，吾地至聖，吾文古，吾勢便，雖略取眾美，以無道行之，其誰敢不畏』故也。吾固以為伏生《書》獨得其本真。或者乃起而歎曰：『子之言，誠與孟軻合。蔡《傳》中覺其位字之失，遂以職位為之分疏。』不知方興之意因下文『汝陟帝位』之『位』而言也。否則，章首既言『帝舜』，而下文方言命以臣位邪？且一篇大事莫過『禪位』一節，豈方興之言及於職位而止邪？蓋蔡沈之意不過區區為方興將順之忠臣，不敢明指其偽，故如此耳，真所謂局促如轅下駒者也，吾無取乎爾！」

〔四〕【史源】陳第《尚書疏衍》卷一：近世旌川梅鷟，拾吳、朱三子之緒餘，而讀張立論，直斷謂古文晉皇甫謐偽作也，集合諸傳記所引而補綴為之，似矣。不知文本於意，意達而文成，若彼此瞻顧，勉強牽合，則詞必有所不暢。今讀二十五篇，抑何其婉妥而條達也。又如《禹謨》「克艱」二語，謂本《論語》之「為君難，為臣不易也」，「不矜不伐」，謂本《老子》之「夫惟不爭，故天下莫能與爭也」，「滿招損，謙受益」，謂本《易》之謙尊而光卑而不可逾也，不知宇宙殊時而一理，聖賢異世而同心，安得以其詞之相近也，而遽謂其相襲乎？又如「人心道心」，則謂本之道經。嘗考《荀子》曰：「舜之治天下，不以事詔而萬物成，故道經曰：『人心之危，道心之微。』」注者曰：「此《虞書》語，而云道經，蓋有道之經也，即《虞書》也。」今鷟指為道經，豈別有所據乎？又如《五子之歌》：「鬱陶乎予心，顏厚有忸怩。」謂「鬱陶」取《孟子》，「顏厚」取諸《詩》。《胤征》之「火炎昆岡，玉石俱焚」取諸《三國志》。仲虺之「慚德」取諸季札曰：「聖人之弘也，而猶有慚德。」「口實」取諸王孫圉曰：「以寡君為口實。」《湯誥》之「降衷」取諸夫差曰：「天降衷於吳。」諸如此類，難以悉數，句疵其攘，字剟其竊，無非欲二十五篇古文盡廢之而後已。語曰：「不有廢也，其何以興？」故廢《禹謨》，而復有《禹謨》者出，廢《五子之歌》與《胤征》，而復有《五子之歌》與《胤征》者出，

廢商周《仲虺》諸篇，而復有《仲虺》諸篇者出，則廢之誠是也。然由君子觀之，不可廢也。何者？二十五篇，其旨奧，其詞文，卑而高，近而遠，幽通鬼神，明合禮樂，故味道之士見則愛，愛則玩，紬繹而浸漬，歎息而詠歌，擬議之以身，化裁之以政，定事功而成亹亹矣，孰是書也而可以偽疑之乎？故疑心生則味道之心必不篤矣。夫干將、鏌鋣沉埋豐獄，人莫之知也，張華、雷煥出之，遂為天下寶。古文之出於東晉，亦猶是也。

〔五〕【整理與研究】馮怡青撰《梅鷟〈尚書考異〉研究》（陝西師範大學 2016 年碩士論文），認為梅鷟於《尚書考異》中用力最勤的，也是占全書篇幅最多的部分，是他對古文二十五篇蹈襲證據的抉發舉證。他的這一辨偽行為建立在他對梅本《尚書》的主觀認知，即他所假設的古文二十五篇一定為偽的前提下，因此在討論這些條目的辨偽效力之前，該文對他在不自覺狀態下形成的辨偽前提首先進行闡述與分析，這些內容來源於他所作《尚書考異序》以及第一卷中他對相關史料的解讀和對前人觀點的評價，他所闡述的漢孔壁古文《尚書》與東晉梅本《尚書》皆為偽作的觀點直接導致後文例證的辨偽效力下降。梅鷟首次使用考據的方式對古文二十五篇進行辨偽，基本上逐字逐句列舉了這些篇章對先秦兩漢著作的蹈襲竄改，通過這些例證可以清晰地看出這種新的辨偽方法在梅本《尚書》考辨活動中的運用成效以及失誤。《考異》中有相當一部分舉證是可信並具備一定說服力的，但不排除亦有因力求證假而過分解讀的部分。今按，梅氏以有罪推定的方式辨偽，殊可取。陳第的批評不無道理。

31. 尚書疏衍四卷

明陳第（1541～1617）撰。第有《伏羲圖贊》，已著錄。

是書前有第自序，稱少受《尚書》，讀經不讀傳注，口誦心維，得其意於深思者頗多，後乃參取古今注疏，而以素得於深思者附著之〔一〕。然第學問淹博，所著《毛詩古音考》《屈宋古音義》諸書，皆援據該洽，具有根柢。其作是書，雖其初不由訓詁入，而實非師心臆斷以空言說經者比。如論《舜典》五瑞、五玉、五器，謂不得以周禮釋《虞書》，斥注疏家牽合之非，其理確不可移。論《武成》無錯簡，《洪範》非龜文，亦足破諸儒穿鑿附會之說。惟篤信梅賾古文，以朱子疑之為非，於梅鷟《尚書考異》《尚書譜》二編排詆尤力，則未能深考源流。經師授受，自漢代已別戶分門，亦聽其各尊所聞可矣。（《四庫全書總目》卷十二）

【注釋】

〔一〕【陳第自序】近因宋元諸儒疑古文偽作，竊著辯論數篇，因復取古今注疏詳
悉讀之，意所是者標之，意未安者微釋之，句讀未是者正之，其素得於深思
者附著之，間又發揮於言外，以俟後世。冀修己治人者寔有取於經，而典謨
訓誥誓命貢徵歌範，皆徵之行事而已矣。錄成，未敢自信，質之弱侯先生，
乃其報書云：「段段愜心，言言破的，真學者之指南，越世之卓見也。」

32. 日講書經解義十三卷

康熙十九年（1680），聖祖仁皇帝御定。

《尚書》一經，漢以來所聚訟者，莫過《洪範》之五行；宋以來所聚訟
者，莫過《禹貢》之山川；明以來所聚訟者，莫過今文、古文之真偽。然伏
生、董仲舒、劉向、劉歆之所推，特術家附會之說。程大昌、傅寅、毛晃之所
辨，歸有光、梅鷟之所爭，特經生考證之資耳。實則尼山〔一〕刪定，本以唐
虞三代之規，傳為帝王之治法，不徒為尋章摘句設也〔二〕。

是編為大學士庫勒納等奉詔，以講筵舊稿編次而成。大旨在敷陳政典，
以昭宰馭之綱維，闡發心源，以端慎修之根本，而名物訓詁不復瑣瑣求詳。
蓋聖人御宇，將上規堯、舜，下掊成、康，所學本與儒生異，故黼扆之所對
揚，玉音之所闡繹，亦維是大者遠者，與儒生音訓迥然有殊，臨御六十一年，
聖德神功，同符於典謨所述，信有由矣。（《四庫全書總目》卷十二）

【注釋】

〔一〕【尼山】指孔子。紀昀《閱微草堂筆記・如是我聞二》：「昔尼山奧旨，傳在經
師。」《四庫全書總目・儒家類序》：「王通教授河汾，始摹擬尼山，遞相標榜，
此亦世變之漸矣。」

〔二〕【宗旨】乾隆大帝重視帝王之學，此乃編纂《四庫全書》及其《總目》之主
旨。《四庫全書》即帝王之書，《四庫提要》亦帝王之學也。明乎此，則思過
半矣！

33. 欽定書經傳說匯纂二十四卷

康熙末，聖祖仁皇帝敕撰。雍正八年（1730）告成，世宗憲皇帝御製序文
刊行。

宋以來說「五經」者，《易》《詩》《春秋》各有門戶，惟「三禮」則名物度數，不可辯論以空言，故無大異同。《書》則帝王之大經大法，共聞共見，故自古文、今文互有疑信外，義理亦無大異同。蔡沈《集傳》始睥睨先儒，多所排擊，然書出未久，而張葆舒、黃景昌、程直方、余芑舒等紛紛然交攻其誤，是必有未愜者在矣。自元延祐中始以蔡《傳》試士，明洪武中雖作《書傳會選》〔一〕以正其訛，而永樂中修《書經大全》〔二〕仍懸為功令，莫敢歧趨。

我國家經術昌明，競研古義。聖祖仁皇帝聰明天縱，今典維勤，於唐虞三代之鴻規尤為加意。既敕編《日講書經解義》，復指授儒臣纂輯是編。雖仍以蔡《傳》居前，眾說列後，而參稽得失，辨別瑕瑜，於其可從者發明證佐，不似袁仁等之有意抨彈，於其不可從者辨訂訛舛，亦不似陳櫟等之違心迴護，其義可兩通者，皆別為附錄，以明不專主一家。蓋即一訓詁之學而聖人執兩用中之道，大公至正之心，悉可以仰窺焉，又不僅為說《書》之準繩已也。

（《四庫全書總目》卷十二）

【注釋】

〔一〕**【書傳會選】**明翰林學士劉三吾等奉敕撰。至明太祖始考驗天象，知與蔡《傳》不合，乃博徵續學，定為此編。凡蔡《傳》之合者存之，不預立意見以曲肆詆排；其不合者則改之，亦不堅持門戶，以巧為迴護，計所糾正凡六十六條。

〔二〕**【書傳大全】**明胡廣等奉敕撰。其專主蔡《傳》定為功令者，則始自廣等。是其書雖不似《詩經大全》之全抄劉瑾《詩傳通釋》，《春秋大全》之全抄汪克寬《胡傳纂疏》，而實非廣等所自纂。

34. 古文尚書疏證八卷〔一〕

國朝閻若璩〔二〕（1636～1704）撰。若璩字百詩，太原人，徙居山陽（今江蘇淮安）。康熙己未（1679）薦舉博學鴻詞。

《古文尚書》較今文多十六篇，晉、魏以來絕無師說，故《左氏》所引，杜預皆注曰逸書。東晉之初，其書始出，乃增多二十五篇，初猶與今文並立，自陸德明據以作《釋文》，孔穎達據以作《正義》，遂與伏生二十九篇混合為一。唐以來雖疑經、惑古如劉知幾之流，亦以《尚書》一家列之《史通》，未言古文之偽。自吳棫始有異議，朱子亦稍稍疑之。吳澄諸人本朱子之說，相繼抉摘，其偽益彰。然亦未能條分縷析，以抉其罅漏。明梅鷟始參考諸書，證其剿剟，而見聞較狹，搜採未周。至若璩乃引經據古，一一陳其矛盾之故，古

文之偽乃大明。所列一百二十八條，毛奇齡作《古文尚書冤詞》，百計相軋，終不能以強詞奪正理，則有據之言，先立於不可敗也。〔三〕

其書初成四卷，餘姚黃宗羲序之〔四〕。其後四卷又所次第續成，若璩沒後，傳寫佚其第三卷，其二卷第二十八條、二十九條、三十條、七卷第一百二條、一百八條、一百九條、一百十條、八卷第一百二十二條至一百二十七條，皆有錄無書，編次先後亦未歸條理，蓋猶草創之本。其中偶而未核者，如據《正義》所載鄭玄《書序》注，謂馬、鄭所傳與孔《傳》篇目不符，其說最確。至謂馬、鄭注本亡於永嘉之亂，則殊不然。考二家之本，《隋志》尚皆著錄，稱所注凡二十九篇，《經典釋文》備引之，亦止二十九篇，蓋去其無師說者十六篇，止得二十九篇，與伏生數合，非別有一本注孔氏書也，若璩誤以鄭逸者，即為所注之逸篇，不免千慮之一失。又《史記》《漢書》但有安國上《古文尚書》之說，並無受詔作傳之事，此偽本鑿空之顯證，亦辨偽本者至要之肯綮，乃置而未言，亦稍疏略。其他諸條之後，往往衍及旁文，動盈卷帙，蓋慮所著《潛邱劄記》或不傳，故附見於此，究為支蔓。又前卷所論，後卷往往自駁，而不肯刪其前說，雖仿鄭玄注《禮》先用《魯詩》，後不追改之意，於體例亦究屬未安。然反覆釐剔，以祛千古之大疑，考證之學則固未之或先矣。〔五〕（《四庫全書總目》卷十二）

【注釋】

〔一〕【書名】庫書題作《尚書古文疏證》。

〔二〕【作者研究】清張穆編《閻潛邱先生年譜》四卷，鄧瑞點校本改題為《閻若璩年譜》（中華書局 1994 年版）。

〔三〕【史源】《經義考》卷七十四：《古文尚書》，晉、唐以來未有疑焉者。疑之自吳才老始，而朱子大疑之。其後，吳幼清、趙子昂、王與耕輩群疑之。至明，而梅氏之《讀書譜》、羅氏之《尚書是正》，則排擊亦多術矣。近山陽閻百詩氏復作《古文尚書疏證》，其吹疵摘謬加密，而蕭山毛大可氏特著《古文尚書冤詞》以雪之。合兩家之說，無異輸攻而墨守也。愚闇之見，是書久頒於學官，其言多綴輯逸書成文，無大悖理，譬諸汾陰漢鼎，雖非黃帝所鑄，或指以為九牧之金，則亦聽之。且如小戴氏禮《王制》《月令》《緇衣》諸篇，明知作者有人參出於漢儒，非禮之舊，顧士子誦習守而不改。至於《易》之《序卦傳》，李清臣、朱翌、王申子皆疑焉，要不得而去也。惟是最誤人者，《伊訓》「惟元祀十有二月乙丑」之文是已，《春秋經》書「春王

正月」，《左氏傳》益以「周」字，改時改月，其義本明，故自漢迄於汴宋，說者初無異議，乃胡安國忽主夏時冠周月之論，於是眾說紛紜，遂同疑獄，然此不待博稽群籍，即以《春秋》說《春秋》，而其妄立見矣。其猶聚訟不已者，皆由《伊訓》十有二月之文亂之，不知《古文尚書》難以過信，斯則學者所當審也。

今按，《潛丘札記》卷五「古文尚書冤詞」條云：「孔穿曰：『謂臧三耳甚難而實非，謂兩耳甚易而實是。人將從難而非者乎？抑將從易而是者乎？』余則反其辭曰：『偽《古文尚書》甚難而實是，不偽《古文尚書》甚易而實非，人將從易而非者乎？抑將從難而是者乎？』此余所以不復與毛氏辨，而但付之閔默爾。」

〔四〕【黃宗羲序】吳草廬以《古文尚書》之偽，其作《纂言》，以伏氏二十八篇為之解釋，以古文二十五篇自為卷帙，其小序分冠於各篇者合為一篇置於後。歸震川以為不刊之典，郝楚望著《尚書辨解》亦依此例。然從來之議古文者，以史傳考之，則多矛盾。惟是秦火以前諸書之可信者，如《左氏內外傳》《孟子》《荀子》《墨子》之類，取以證之，庶乎思過半矣。嘉靖初，旌川梅鷟著《尚書譜》一編，取諸傳記之語，與二十五篇相近者類列之，以證其剽竊，稱引極博，然於史傳之異同終不能合也。當兩漢時，安國之《尚書》雖不立學官，未嘗不私自流通，逮永嘉之亂而亡，梅賾作偽書，冒以安國之名，則是梅賾始偽，顧後人並以疑漢之安國，其可乎？可以解史傳連環之結矣。中間辨析三代以上之時日、禮儀、地理、刑法、官制、名諱、祀事、句讀、字義，因《尚書》以證他經史者，皆足以袪後儒之蔽。

今按，原序詳見上海古籍出版社 1987 年影印本卷首，此處為節引。

〔五〕【評論】翁方綱云：「（閻若璩《尚書古文疏證》）逞其口角，全無儒者慎言氣象。」「愚欲舉所當駁者，一一正之，作《訂閻》一編以示後學。既而又思轉笑此輩無識，今不值得如此作也。」

【整理與研究】日人加藤常賢撰《真古文尚書集釋》（明治書院 1964 年版），戴君仁撰《閻毛古文尚書公案》（中華叢書編審委員會 1979 年版），張岩撰《審核〈古文尚書〉案》（中華書局 2006 年版），吳通福撰《晚出〈古文尚書〉公案與清代學術》（上海古籍出版社 2007 年版），楊善群撰《中國學術史奇觀：〈偽古文尚書〉真相》（上海人民出版社 2019 年版）。

35. 古文尚書冤詞八卷

國朝毛奇齡（1623～1716）撰。奇齡有《仲氏易》，已著錄。〔一〕

其學淹貫群書，而好為駁辨以求勝，凡他人之所已言者，必力反其詞。故《儀禮》十七篇古無異議，惟章如愚《山堂考索》載樂史有「五可疑」之言，後儒亦無信之者〔二〕。奇齡獨拾其緒論，詆為戰國之偽書。

《古文尚書》，自吳棫、朱子以來，皆疑其偽。及閻若璩作《古文尚書疏證》，奇齡又力辨以為真。知《孔安國傳》中有安國以後地名，必不可掩於是，別遁其詞，撼《隋書·經籍志》之文，以為梅賾所上者乃孔《傳》，而非《古文尚書》。其《古文尚書》本傳習人間，而賈、馬諸儒未之見〔三〕。其目：一曰總論，二曰《今文尚書》，三曰《古文尚書》，四曰古文之冤始於朱氏，五曰古文之冤成於吳氏，案：吳棫《書稗傳》在朱子稍前，故《朱子語錄》述棫說，當云始於吳氏，成於朱氏，此二目殊為顛倒，附識於此。六曰《書》篇題之冤，七曰《書》序之冤，八曰《書》小序之冤，九曰《書》詞之冤，十曰《書》字之冤。

考《隋書·經籍志》云：晉世秘府存有《古文尚書》經文，今無有傳者，及永嘉之亂，歐陽、大小夏侯《尚書》並亡。至東晉豫章內史梅賾始得安國之傳奏之，其敘述偶未分明，故為奇齡所假借。然《隋志》作於《尚書正義》之後，其時古文方盛行，而云無有傳者，知東晉古文非指今本，且先云古文不傳，而後云始得安國之傳，知今本古文與安國傳俱出，非即東晉之古文，奇齡安得離析其文以就己說乎？至若璩所引馬融《書序》云逸十六篇，絕無師說，又引鄭玄所注十六篇之名，為《舜典》《汩作》《九共》《大禹謨》《益稷》《五子之歌》《胤征》《湯誥》《咸有一德》《典寶》《伊訓》《肆命》《原命》《武成》《旅獒》《冏命》，明與古文二十五篇截然不同，奇齡不以今本不合馬、鄭為偽作古文之徵，反以馬、鄭不合今本為未見古文之徵，亦頗巧於顛倒。然考《偽孔傳序》未及獻者乃其傳若其經，則史云安國獻之，故《藝文志》著錄，賈逵嘗校理秘書，不應不見。又司馬遷為安國弟子，劉歆嘗校《七略》，班固亦為蘭臺令史，典校藝文，而遷《史記·儒林傳》云：孔氏有《古文尚書》，安國以今文讀之，逸書得多十餘篇。歆《移太常博士書》稱：「魯恭王壞孔子宅，得古文於壞壁之中，逸書十六篇。」班固《漢書·藝文志》亦稱以考二十九篇，得多十六篇，則孔壁古文有十六篇，無二十五篇，鑿鑿顯證，安得以晉人所上之古文合之孔壁歟？且奇齡所藉口者，不過以《隋志》稱馬、鄭

所注二十九篇乃杜林西州古文，非孔壁古文，不知杜林所傳實孔氏之本，故馬、鄭等去其無師說者十六篇，正得二十九篇。《經典釋文》所引，尚可復驗，徒以修《隋志》時梅賾之書已行，故志據後出偽本，謂其不盡孔氏之書，奇齡捨《史記》《漢書》不據，而據唐人之誤說，豈長孫無忌等所見反確於司馬遷、班固、劉歆乎？至杜預、韋昭所引逸書，今見於古文者萬萬無可置辨，則附會《史記》《漢書》之文，謂不立學官者，即謂逸書，不知預注《左傳》皆云文見《尚書》某篇，而逸書則皆無篇名，使預果見古文，何不云逸書某篇耶？且趙岐注《孟子》、郭璞注《爾雅》，亦多稱《尚書》逸篇，其見於古文者，更不得以不立學官假借矣。至孟子欲常常而見之，故源源而來，不及貢以政接於有庳，岐注曰：「此常常以下皆《尚書》逸篇之詞。《爾雅》：「釗，明也。」璞注曰：「《逸書》『釗我周王』。」核之古文，絕無此語，亦將以為不立學官故謂之逸耶？又岐注九男二女稱：逸書有《舜典》之序，亡失其文，孟子諸所言舜事，皆《堯典》及逸書所載，使逸書果指古文，則古文有《舜典》，何以岐稱亡失其文耶？此尤舞文愈工，而罅漏彌甚者矣。梅賾之書行世已久，其文本採掇佚經，排比聯貫，故其旨不悖於聖人，斷無可廢之理，而確非孔氏之原本，則證驗多端，非一手所能終掩。近惠棟、王懋竑等續加考證，其說益明，本不必再煩較論，惟奇齡才辨足以移人，又以衛經為詞，託名甚正，使置而不錄，恐人反疑其說之有憑，故並存之，而撮論其大旨，俾知其說不過如此，庶將來可以互考焉。〔四〕（《四庫全書總目》卷十二）

【注釋】

〔一〕【作者研究】楊向奎《清儒學案新編》第一卷有毛奇齡《西河學案》。胡春麗撰《毛奇齡年譜》，復旦大學出版社 2021 年即出。按，毛奇齡，字大可，號秋晴，學者稱西河先生，浙江蕭山人。西河學風，枝葉扶疏，作風不類漢學。西河於陽明學不能說無心得。

〔二〕丁丙《善本書室藏書志》卷四：「《郝氏九經解》一百六十六卷，明刊本，京山郝敬著。男千秋千石校刊。前有萬曆四十七年自序。敬字仲輿，《明史》附見《文苑·李維楨傳》。一曰《周易正解》二十卷，主義理，亦兼及於象，頗多創論。二曰《尚書辨解》十卷，前八卷解伏書二十八篇，後二卷辨孔書，故稱辨解。三曰《毛詩原解》三十六卷，前有讀法，旨在駁朱《傳》改《序》之非。四曰《周禮完解》十二卷，謂冬官散見於五官，而變其詞，謂陽分六官以成歲序，陰省冬官以法五行。五曰《儀禮節解》十七卷，此編過信樂史

『五可疑』之說，謂《儀禮》不可為經。」今按，郝敬信樂史『五可疑』之說，且遠在毛奇齡之前，此處四庫館臣失考。

王鳴盛《蛾術編》卷六「經記之分」條駁之云：「宋章如愚作《山堂考索》，經史門戴樂史《儀禮》五可疑之說，明永新劉定之復攛入《十科策略》，為場屋發問張本。其說以為，漢儒傳授《曲臺雜記》，後馬融、鄭眾始傳《周官》，而《儀禮》未嘗以教授，班固《七略》、劉歆九種並不著《儀禮》，魏、晉、梁、陳間其書始行。此真不辨菽麥之言。章氏惑其說，謂高堂生所傳士禮十七篇，其篇數偶與《儀禮》同。試思《儀禮》非高堂生所傳，而高堂所傳復是何書，亦妄而可笑矣。朱彝尊以高堂生所傳十七篇及記百三十一篇皆指為禮古經，是不知古文與今文之分，而又以記為經也。以后倉《曲臺記》載入《禮記》，又以《藝文志》《儒林傳》所述五傳弟子皆為《禮記》，是又以經為記也，朱氏本非經師，說經有誤，未足深責。但其所講者，目錄也。村書臚列極博，而經記舛殽如此，則於目錄之學太疏。」

按清朱景英《畬經堂詩文集》文集卷六《書儀禮後》亦云：「《儀禮》自昔鮮款之者。韓子曰：余嘗苦《儀禮》之難讀。又其行於今者蓋寡，然文王、周公之法制粗在於是，昌黎故倔強，即是以觀其服膺《儀禮》深矣。惟宋樂史獨謂《儀禮》有可疑者五，大意以漢儒傳授《曲臺雜記》，後馬融、鄭眾始傳《周官》，而《儀禮》未嘗教授，為一可疑。班固《七略》、劉歆九種並不注《儀禮》，魏、晉、梁、陳之間是書始行，為二可疑。《聘禮》篇所記賓行饗餼之物、禾米芻薪之數、籩豆簠簋之實、銅壺鼎甖之例與《周官》掌客之說不同，為三可疑。《喪服》一篇，蓋講師設問難以相解釋之辭，非周公之書，為四可疑。《周官》所載自王以下至公侯伯子男皆有其禮，而《儀禮》公食大夫及燕禮皆公與卿大夫之事，不及於王，其他篇所言曰主人曰賓而已，似侯國之書，豈周公當時不設天子禮？為五可疑。而章如愚又謂其書猶有可疑者，以為吉、凶、賓、嘉皆有其禮，而軍禮獨闕焉。自天子至士皆有冠禮，而大夫獨無焉。鄉飲酒之禮有黨正以正齒位，而今獨不載焉。賓禮之別有八燕禮之等，有四冠昏之篇，皆冠以士大射之禮，獨名曰儀朝，遇之禮不錄，而獨存覲禮，其他禮食不載，而獨有公食大夫禮，為均可疑也。噫！難詰紛如，敢以為盡當也哉？姑存其說可耳。」

〔三〕【奇齡自述】梅賾所上者，乃孔《傳》，而非《古文尚書》。其《古文尚書》本傳習人間，而賈、馬諸儒未之見。

今按，《西河集》卷十八有《寄閻潛邱古文尚書冤詞書》《復馮山公論太極圖說古文尚書冤詞書》，卷十九有《答柴陞升論子貢弟子書》，卷二十《與閻潛邱論尚書》《與黃黎洲論偽尚書書》，皆討論《古文尚書》之真偽問題。

〔四〕【比較】《皇朝文獻通考》卷二百十三「古文尚書冤詞」條云：「臣等謹按：奇齡才辨而博，懼拾前人緒餘，故反其詞以求勝。《冤詞》之目：一曰總論，二曰《今文尚書》，三曰《古文尚書》，四曰古文之冤始於朱氏，五曰古文之冤成於吳氏，六曰《書》篇題之冤，七曰《書》序之冤，八曰《書》小序之冤，九曰《書》詞之冤，十曰《書》字之冤。託名以衛經為詞，實則虛辭臆斷，罅漏彌甚。又嘗語其門人曰：《尚書》事實乖錯，如武王誥康叔、周公居洛邑、成王寧周公、周公留召公，皆並無此事。乃據《漢志》作《廣聽錄》五卷，堅護孔《傳》，不顧其安。惟名物典故引據精覈，於經義實有所裨。至摭《史記》以補《舜典》之缺，則是以竄亂古經詆朱子，而不知自蹈於竄亂之尤者矣。」

司馬按，此為《皇朝文獻通考》撮錄《總目》一例。

36. 禹貢錐指〔一〕二十卷圖一卷

國朝胡渭（1633～1714）撰。渭有《易圖明辨》，已著錄。

其生平著述甚夥，而是書尤精力所專注。康熙乙酉（1705），恭逢聖祖仁皇帝南巡，曾呈御覽，蒙賜「耆年篤學」扁額，稽古之榮，至今傳述。原本標題二十卷，而首列圖一卷，其中卷十一、卷十四皆分上下卷，十三分上中下，而中卷又自分上下，實共為二十六卷。其圖凡四十有七，如《禹貢》河初徙、再徙及漢、唐、宋、元、明河圖，尤考究精密。

書中體例：亞經文一字為「集解」，又亞一字為「辯證」。歷代義疏及方志輿圖，搜採殆遍。於九州〔二〕分域、山水脈絡古今同異之故，一一討論詳明。宋以來傅寅、程大昌、毛晃而下，注《禹貢》者數十家，精覈典贍，此為冠矣。

至於陵谷遷移，方州分合，數十年內往往不同。渭欲於數千載後，皆折衷以定一是。如郭璞注《山海經》，臨渝驪成以兩存碣石之說，渭必謂文穎所指，臨渝為是。《漢·地理志》所指驪成為非，終無確驗。又九江一條，堅守洞庭之說，不思九江果在洞庭南，則經當曰「九江孔殷，江漢朝宗于海」矣。徐文靖之所駁，恐渭亦不能再詰也。千慮一失，殆不屑闕疑之過乎？他若河水，不知有重源，則由其時西域未平，無由徵驗。又所引酈道元諸說，經注往

往混淆，則由傳刻舛訛，未睹善本，勢之所限，固不能執為渭咎矣。〔三〕（《四庫全書總目》卷十二）

【注釋】

〔一〕【書名】《禹貢錐指略例》云：名曰《禹貢錐指》。案：《莊子·秋水》云：「用管窺天，用錐指地。」言所見者小也。禹身歷九州，目營四海，地平天成，府修事和之烈，具載於此篇。彼方跐黃泉，而登太皇，始於玄冥，反於大通，而吾乃規規然求之以察，索之以辯，是亦井蛙之見也。夫其不曰「管窺」，而曰「錐指」者，《禹貢》為地理之書，其義較切故也。

〔二〕【九州】相傳大禹平洪水，分天下為九州，即冀州、兗州、青州、徐州、揚州、荊州、豫州、梁州、雍州。後又從冀州分出幽州、并州，從青州分出營州，成為十二州。

〔三〕【評論】顧頡剛先生《中國古代地理名著選讀》云：「其中以胡渭用力最深，他的《禹貢錐指》可以說是一部具有總結性的書。」《尚書學史》云：「我們今日要瞭解《禹貢》，特別是要知道有關它的歷代材料和各地方志材料，就全靠利用這部書。同時歷史上爭論不清的許多癥結問題，他細心梳理，所有不同材料都能採集並提出自己的研究結論，對我們瞭解各項爭執問題非常有助。」（第389頁）

【整理與研究】清陳澧撰《胡氏禹貢圖考正》一卷（《續經解》本），清丁晏撰《錐指正誤》一卷（《續經解》本）。

37. 洪範正論五卷

國朝胡渭（1633～1714）撰。

大指以禹之治水本於九疇，故首言鯀堙洪水，繼言禹乃嗣興，終言天乃錫禹，則《洪範》為體，而《禹貢》為用，互相推闡，其義乃彰。然主於發明奉若天道之理，非鄭樵《禹貢》《洪範》相為表裏之說，惟以九州次序分配五行者比也。

其辯證前人之說，如謂漢人專取災祥，推衍五行，穿鑿附會，事同讖緯，其病一。洛書本文，即「五行」、「五事」至「五福」、「六極」二十字，惟「敬用」「農用」等十八字，乃為禹所加，與「危微精一」之心法同旨。「初一」、「次二」至「次九」不過是次第名目，亦非龜文所有。龜之有文，如木石之文理，有可推辨，又如魯夫人、公子友有文在手之類。宋儒創為黑白之點、方員

之體、九十之位，變書而為圖，以至九數、十數，劉牧、蔡季通紛紜更定，其病二。又《洪範》原無錯簡，而王柏、胡一中等任意改竄，其病三。〔一〕皆切中舊說之失。蓋渭經術湛深，學有根柢，故所論一軌於理，漢儒附會之談，宋儒變亂之論，能一掃而廓除焉。（《總目》卷十二）

【注釋】

〔一〕【胡渭自序】《洪範》一書，如日月之麗天，有目者所共睹，而間有晦肓否塞者，則先儒之曲說為之害也。五事本於五行，庶徵本於五事，不過以雨暘燠寒風之時不時驗貌言視聽思之敬不敬，而漢儒《五行傳》專主災異，其所言貌之不恭、厥極惡等事固已乖矣，而又推廣言之曰妖，曰孽，曰禍，曰痾，曰眚，曰沴，復援《春秋》及漢事以實之，以瞽史矯誣之說，亂彝倫攸敘之經。害一也。洛書之本文具在《洪範》，劉歆之言非妄，而宋儒乃創為白黑之點、方圖之體、九十之位，則書也而變為圖矣。且謂《範》之理可通於《易》，故劉牧《易數鈎隱》以九位為河圖、十位為洛書，而蔡元定兩易其名。害二也。《洪範》元無錯簡，而宋儒任意改竄，移「庶徵王省惟歲」以下為五紀之傳，移「皇極斂時五福」至其「作汝用咎」，及「三德惟辟作福」以下並為五福六極之傳。害三矣。愚為是解，非敢撥棄舊詁，而逞吾臆見也。去其不正者，以就其正者，而聖人之意得矣。自甲申迄己丑，芟繁補闕，辨誤析疑，纂成五卷，名之曰《洪範正論》。

司馬按，此則提要主要撮錄自序中語。《四庫全書簡明目錄》卷二云：「其辨正先儒三病，一曰附會讖緯，一曰偽造洛書，一曰妄移錯簡，尤切中其失。」概括較《總目》與原序更為簡明。

38. 尚書大傳四卷〔一〕補遺一卷

舊本題漢伏勝（前260~?）撰。勝，濟南人。考《史記》《漢書》但稱伏生，不云名勝，故說者疑其名為後人所妄加。然《晉書‧伏滔傳》稱遠祖勝，則相傳有自矣。〔二〕

《漢志》書類載經二十九卷、傳四十一篇，無伏勝字。《隋志》載：「《尚書》三卷，鄭玄注。」亦無伏勝字。陸德明《經典釋文》稱：「《尚書大傳》三卷，伏生作。」《晉書‧五行志》稱：「漢文帝時伏生創紀大傳。」《玉海》載《中興館閣書目》引鄭康成《尚書大傳序》曰：「蓋自伏生也。伏生為秦博士，至孝文時年且百歲，張生、歐陽生從其學而受之，音聲猶有訛誤，先後猶有

舛差，重以篆、隸之殊，不能無失。生終，後數子各論所聞，以己意彌縫其缺，別作《章句》，又特撰《大義》，因經屬指名之曰傳。劉向校書得而上之，凡四十一篇，詮次為八十一篇（云云）。」然則此傳乃張生、歐陽生所述，特源出於勝爾，非勝自撰也。〔三〕

《唐志》亦作三卷，《書錄解題》則作四卷。今所傳者凡二本：一為杭州三卷之本，與《隋志》合，然實雜採類書所引，裒輯成編，漫無端緒；一為揚州四卷之本，與《書錄解題》合，兼有鄭康成注，校以宋仁宗《洪範政鑒》所引鄭《注》，一一符合，知非依託。案：《洪範政鑒》世無傳本，惟《永樂大典》載其全書。二本各附補遺一卷，揚州本所補較備，然如《郊特牲》注引《大傳》云「宗室有事，族人皆侍，終日大宗已侍於賓奠，然後燕私。燕私者何也？已而言族人飲也」一條，猶未採入，信乎著書之難矣！

其文或說《尚書》，或不說《尚書》，大抵如《詩外傳》《春秋繁露》，與經義在離合之間，而古訓舊典往往而在，所謂六藝之支流也〔四〕。其第三卷為《洪範五行傳》，首尾完具，漢代緯候〔五〕之說實由是起。然《月令》先有是義，今列為經，不必以董仲舒、劉向、京房推說事應，穿鑿支離，歸咎於勝之創始。第四卷題曰「略說」，王應麟《玉海》別為一書。然如《周禮》大行人疏引「益侯」一條、《玉藻》疏引「祀上帝於南郊」一條，今皆在卷中，是「大傳」為大名，「略說」為小目，應麟析而二之，非也。惟所傳二十八篇無《泰誓》，而此有《泰誓傳》，又《九共》《帝告》《歸禾》《掩誥》皆逸書，而此書亦皆有傳，蓋伏生畢世業書，不容二十八篇之外全不記憶，特舉其有完篇者傳於世，其零章斷句，則偶然附記於傳中，亦事理所有，固不足以為異矣。〔六〕

案：《尚書大傳》於經文之外掇拾遺文，推衍旁義，蓋即古之緯書，諸史著錄於《尚書》家，究與訓詁諸書不從其類，今亦從《易緯》之例，附諸「經解」之末。（《總目》卷十二）

【注釋】

〔一〕【考證】《尚書大傳》庫本實為三卷，卷首提要與此亦大不相同：《尚書大傳》三卷《補遺》一卷，國朝孫之騄輯。之騄字晴川，錢塘人。按《漢書·藝文志》，伏生所傳經二十九卷，傳四十一篇。《隋志》作《尚書大傳》三卷，鄭康成序謂《章句》之外別撰《大義》。劉子政校書，得而上之，其篇次與《藝文志》合。《舊唐書志》云：「伏勝注《大傳》三卷、《暢訓》三卷。」《新唐書志》則作伏勝注《大傳》三卷，又《暢訓》一卷，已闕二卷。至《宋史·

藝文志》，《暢訓》遂不著錄，蓋已散佚，故自明代以來僅留《大傳》殘本，脫略漫漶，殆不可讀。之騄詮次其文，又博採諸書所引，補其佚闕，以成此本。凡卷中不注出處者，皆殘本之原文，其注某書某書者，皆之騄所蒐輯也。刻成之後，續有所得，不及逐條附入，因又別為補遺一卷，綴之卷末。近揚州別有刻本，相較頗有異同，蓋亦雜採補綴，今與此本並著於錄，以存古書之梗概。總之，皆非伏生之舊矣。其注乃鄭康成作，今殘本尚題其名。新、舊《唐書》並作伏生注《大傳》，蓋史文之誤也。

〔二〕【伏勝】字子賤，世稱伏生。事蹟具《史記》卷一百二十一、《漢書》卷八十八。

〔三〕【辨偽】劉咸炘云：「是書本歐陽生、張生所述，不皆伏生本語，即伏生本語，亦未可全信，周、漢間古籍皆然也。」（《劉咸炘學術論集・子學編》第 346 ～347 頁）

〔四〕【評論】劉咸炘云：「此書純者八九，多能明精意，是七十子所傳，如《洪範》《康誥》諸文是也。」（《劉咸炘學術論集・子學編》第 347 頁）

〔五〕【緯候】緯，七經緯也。候，《尚書中候》也。

〔六〕【整理與研究】《書目答問補正》：「陳壽祺校注（廣州原刻本，《古經解匯函》重刻陳本，雅雨堂本三卷）。《四部叢刊》影印原刻本六卷。雅雨堂本盧見曾輯，書實四卷，附《補遺》一卷、《考異》一卷、《續補遺》一卷。《補遺》盧見曾撰，《考異》《續補遺》則盧文弨就孫之騄所輯本校其異同而錄之者。光緒間儀徵張丙炎刻盧輯本作三卷，附《補遺》一卷、《續補遺》一卷，在《榕園叢書》中。孔叢伯亦有輯本。諸家所輯，陳氏最善。善化皮錫瑞《尚書大傳疏證》七卷，所輯又略增於陳氏，疏釋亦有家法，光緒間長沙思賢書局刻本。湘潭王闓運《尚書大傳補注》七卷，自刻《湘綺樓全書》本，元和江標《靈鶼閣叢書》本。」劉咸炘云：「陳壽祺校本博引群書而不刪複重，王闓運全依舊本而附錄群書所引，較有條理……當以陳本詳校王本，補其漏略，為一整本。」（《劉咸炘學術論集・子學編》第 346 頁）陳壽祺、嚴傑撰《尚書大傳輯校》，王闓運撰《尚書大傳補注》，皮錫瑞撰《尚書大傳疏證》。

39. 書古文訓十六卷

宋薛季宣（1134～1173）撰。季宣字士龍，號艮齋，永嘉（今浙江溫州）人，起居舍人徽言之子。紹興二十九年（1159），年甫十七，即從荊南帥辟，寫機宜文字，調鄂州武昌令。以王炎〔一〕薦，改知常熟縣，入為大理寺主簿，進大

理寺正，知湖州。乾道元年（1165），遷知常州，未上，卒。然宋人多稱為薛常州，未之詳也。事蹟具《宋史·儒林傳》。

是編所載經文，皆以古文奇字書之。案：孔壁蝌蚪古文，漢時已佚，無人見其書跡。《後漢書·杜林傳》稱：「林於西州得漆書《古文尚書》，嘗寶愛之，雖遭艱困，握持不離身，出以示衛宏（云云）。」此言漆書古文之始。又《儒林傳》曰：「扶風杜林傳《古文尚書》，同郡賈逵為之作訓，馬融作傳，鄭玄作解（云云）。」今賈、馬、鄭之注俱不傳。然考陸德明《經典釋文敘錄》稱馬、鄭所注並伏生所誦，非古文也。《隋書·經籍志》亦稱：「杜氏所傳與賈、馬、鄭三家書所注惟二十九篇，又雜以今文，非孔舊本。然則當時所謂古文，已非今本五十八篇之全矣。郭忠恕作《汗簡》，所引有《古尚書》，《玉海》載後周顯德六年郭忠恕定《古文尚書》刻版，沈括《夢溪筆談》稱宋太宗得古本《尚書》，改『雲夢土作乂』為『雲土夢作乂』，均不言所自。晁公武《讀書志》稱：「《古文尚書》，呂大防得本於宋次道、王仲至家，以核陸氏《釋文》，雖有小異同，而大體相類。觀其作字奇古，非字書傅會穿鑿者所能到，學者考之，可以見製字之本（云云）。」亦不言宋、王之本何來。考顏師古《匡謬正俗》引《古文尚書》「戮」作「翏」，「誓」作「𣂪」，則唐初即有此書。又《冊府元龜》載天寶三載詔曰：「先王令範，莫越於唐、虞。上古遺書，實稱於訓、誥。雖百篇奧義，前代或亡；而六體奇文，舊規猶在。但以古先所製，有異於當今，傳寫浸訛，有疑於後學。永言刊革，必在從宜。《尚書》應是古體文字，並依今字繕寫施行，其舊本仍藏之書府（云云）。」是宋、王二氏所傳，宋太宗所得，即郭忠恕所見本。忠恕所見即唐內府本也。然《隋志》稱「晉世秘書所存，有《古文尚書》經文，今無有傳者」。是唐初古《尚書》已亡，玄宗時何以仍在秘府？惟魏江式《論書表》中稱所撰古今文字四十篇，採孔氏《尚書》《五經音注》《籀篇》《爾雅》等書。似其時河北尚有傳本。然《經典釋文·敘錄》稱：「《尚書》之字，本為隸古。既是隸寫古文，則不全為古字，今宋、齊舊本及徐、李等音所有古字，蓋亦無幾。穿鑿之徒，務欲立異，依傍字部，改變經文，疑惑後生，不可承用。」是式所據者即出此。玄宗秘府所藏正是本耳。陸德明已先辨之，何宋人又紛紛崇尚乎？〔二〕季宣此本，又以古文筆劃改為今體〔三〕，奇形怪態，不可辨識，較篆書之本尤為駭俗，其訓義亦無甚發明〔四〕。《朱子語錄》謂其惟於地名上用功〔五〕，頗中其病。故雖宋人舊帙〔六〕，今亦無取焉。〔七〕（《四庫全書總目》卷十三）

【注釋】

〔一〕【王炎】（1137～1218），字晦叔，號雙溪，江西婺源人。著有《雙溪類稿》。
《四庫全書》收入《雙溪集》二十七卷。

〔二〕【考證】段玉裁《古文尚書撰異序》：「自唐至今，有集古篆繕寫之《尚書》，
號壁中本。《經典釋文·敘錄》稱：『《尚書》之字，本為隸古。既是隸寫古文，
則不全為古字，今宋、齊舊本及徐、李等音所有古字，蓋亦無幾。穿鑿之徒
務欲立異，依傍字部，改變經文，疑惑後生，不可承用。』按此則自唐以前，
久有此偽書，蓋集《說文》《字林》《魏古經》及一切離奇字為之傳。至郭忠
恕作《古文尚書·釋文》，徐楚金、賈昌朝、夏竦、丁度、宋次道、王仲至、
晁公武、宋公序、朱元晦、蔡仲默、王伯厚皆見之。公武刻石於蜀，薛季宣
取為《書古文訓》，此書偽中之偽，不足深辨。今或以為此即偽孔《序》所謂
隸古者亦非也。」孫詒讓云：「艮齋《書古文訓》所載經文，出於東晉偽古文
既行以後，《四庫提要》及段氏《尚書撰異》、阮氏《尚書校勘記》論之詳矣。
然此本雖晚出，尚在天寶以前，未經衛包刊改，故書正字轉藉此存其一二。」
（《溫州經籍志》第 51～52 頁，社會社會科學出版社 2005 年版）

〔三〕【考證】孫詒讓云：「東晉《古文尚書》，孔安國《序》自稱隸古定，陸德明釋
為隸寫古文。唐、宋時所傳古文，雖又非偽孔本，然顏師古諸人所引古文並
為隸體，足證其非篆書。艮齋此本一沿舊本，別無更定，此謂其改古文為今
體，非也。」（《溫州經籍志》第 49～50 頁）

〔四〕【考證】羅振玉云：「薛季宣又為《書古文訓》。王伯厚《困學紀聞》引《宋景
文筆記》云：『楊備得《古文尚書釋文》，讀之大喜……』予曩一披覽，滿紙
異字，與陸氏《釋文》條例所謂古文無幾之說頗戾，疑為偽託，段茂堂先生
亦斥為不可信。顧無確證以折之。段氏並斥宋代流傳之本，以為穿鑿之徒，
古今一也，而不能得作偽者之主名。薛氏書又不言其本之所從出，其與《宋
志》所載、呂晁所傳同出一源與否，初亦不可曉……今以《汗簡》所引《古
文尚書》校薛氏《書古文訓》，合者十九。然則今傳世之薛本確出郭氏所定，
全是摭拾字書以成之，宋世所傳皆承其繆，而《宋志》所載之二卷本，亦決
非唐代書府之舊……吾鄉李慶百先生（遇孫）篤信薛書，以為唐、宋以來賴
此存古文於一線，為作《釋文》八卷。恨不得起先生於九原，而以此卷視之
也。」（《隸古定尚書跋》，《雪堂類稿》乙冊第 280～281 頁）。

〔五〕【史源】《朱子語類》卷七十八：「薛士龍《書解》，其學問多於地名上有工夫。」

今按，孫詒讓云：「《書訓》隱括舊詁，推闡大義，不屑屑於章句。至偶涉考證，則援據至為該博……至於艮齋生平精究輿地之學，所著《地理叢考》《九州圖志》今並不傳。其訓《尚書》，凡涉地學，無不剖析該核，《禹貢》山川尤所致意……搜摭既多，舛駁不免，然大都精審。厥後蔡仲默作《書集傳》，所釋地理大半沿襲薛訓，罕有刊易。朱子雖譏其多於地名上著工夫，而所作《學校貢舉私議》，臚列諸儒經說，其書十家，薛劇其一，則未嘗不心折是書矣。」（《溫州經籍志》第53頁）

〔六〕【版本】潘景鄭《先師太炎先生手校書古文訓》云：「右先師太炎先生手校《書古文訓》四冊，都三十六條，條舉《經典釋文》，間取正始《三體石經》及足利古文本，以正薛書之訛。自《三體石經》出，而《尚書》古文燦然可舉，自敦煌《釋文》殘卷出，而《釋文》原本斐然可觀。」（《著硯樓讀書記》第5頁）今按，何焯云：「焦氏家藏宋本，今歸東海。」孫詒讓云：「此書通志堂所刊本，何氏焯謂出於宋本。其第一卷失第四葉，素缺經文二十三字，遂不可考。其他字形舛誤，往往彼此互異，良由隸寫古文，筆劃奇詭，既非寫官所能摹，復非淺儒所能校，非以《說文》《古籀》及群書援引壁經逸字互相讎核，不能復隸古之舊也。」（《溫州經籍志》第50，52～53頁）

〔七〕【整理與研究】陳良中《薛季宣〈書古文訓〉研究》一文認為，薛季宣《書古文訓》保留了大量隸古定文字，考查這些隸古定文字，實皆有來源，絕非杜撰，實為《尚書》文字研究重要數據。薛氏解《書》重人事，重事功，重經世致用精神的發掘，解經中天理人慾之辨心性思想的滲入，成為理學建構的重要環節。（《歷史文獻研究》2015年第1期）

40. 書疑九卷

宋王柏〔一〕（1197～1274）撰。顧炎武《日知錄》稱為「元儒王柏」。考柏以度宗咸淳十年（1274）卒，未嘗入元，炎武偶誤也。柏字會之，號魯齋，金華人。受業於何基之門。基，黃榦弟子，榦又朱子婿也，故托克托等修《宋史》，以朱子之故，列柏於《道學傳》中。然柏之學，名出朱子，實則師心，與朱子之謹嚴絕異。

此其辯論《尚書》之文也〔二〕。《尚書》一經，疑古文者自吳棫、朱子始（見《朱子語錄》），並今文而疑之者自趙汝談始（見陳振孫《書錄解題》），改定《洪範》自龔鼎臣始（見所作《東原錄》），改定《武成》自劉敞始（見《七經小傳》），其

並全經而移易補綴之者，則自柏始。考《漢書》載：「劉向以中古文校歐陽、大、小夏侯三家經文，《酒誥》脫簡一，《召誥》脫簡二，率簡二十五字者，脫亦二十五字，簡二十二字者，脫亦二十二字。文字異者七百有餘，脫字數十（云云）。」此言脫簡之始也。然向既校知脫簡，自必一一改正，必不聽其仍前錯亂。又惟言《酒誥》脫簡一，《召誥》脫簡二，則其餘並無脫簡可知，亦非篇篇悉有顛倒。且一簡或二十五字，或二十二字，具有明文，則必無全脫一章一段之事。而此二十餘字之中，亦必無簡首恰得句首，簡尾恰得句尾，無一句割裂不完之事也。柏作是書，乃動以脫簡為辭，臆為移補。其並《舜典》與《堯典》，刪除姚方興所撰二十八字；合《益稷》於《皋陶謨》，此有孔穎達《正義》可據者也；以《大禹謨》《皋陶謨》為夏書，此有《左傳》可據者也；以《論語》「諮爾舜」二十二字補「舜讓於德弗嗣」之下，其為《堯典》本文，抑或為他書所載，如《鬻子》述帝王遺語之類，已不可知。案：《鬻子》所述帝王遺語，今本不載，見賈誼《新書》所引。以《孟子》「勞之來之」二十二字補「敬敷五教在寬」之下，則《孟子》明作堯言，柏乃以為舜語，已相矛盾，然亦尚有《論語》《孟子》可據也。至於《堯典》《皋陶謨》《說命》《武成》《洪範》《多士》《多方》《立政》八篇，則純以意為易置，一概託之於錯簡，有割一兩節者，有割一兩句者，何脫簡若是之多？而所脫之簡，又若是之零星破碎、長短參差，其簡之長短廣狹，字之行款疏密茫無一定也？其為師心杜撰，竄亂聖經，已不辨而可知矣。其所辨說，如謂《盤庚》之言所欠者理明辭達，又信《泰誓序》十有一年之說，謂「武王承祖父之餘慶，藉友邦之歸心，氣焰既張，體貌且盛，改元紀年，視紂猶諸侯，後世曲為覆護，反生荊棘」。又謂《大誥》「寧王貽我大寶龜」，西土「有大艱」，「人亦不靖」之語，無異唐德宗奉天之難〔三〕，諉之於定數。是排斥漢儒不已，並集矢於經文矣，豈濂、洛、關、閩諸儒立言垂教之本旨哉？托克托等修《宋史》，乃與其《詩疑》之說並特錄於本傳，以為美談，何其寡識之甚乎！（《四庫全書總目》卷十三）

【注釋】

〔一〕【作者研究】程元敏撰《王柏之生平與學術》（華東師範大學出版社 2011 年版）。按，元吳師道《何文定公實錄》云：「北山先生何基字子恭，魯齋先生王柏字會之，同金華人。魯齋師北山者也。二先生之學，上接紫陽之傳，以明道為己任。當宋之季，北山屢召不赴，魯齋亦不肯任之。片言垂訓，明正精密，而標點諸書尤極開示之切。」（載何基《何北山先生遺集》卷四）盧標

《何文定弟子》云：「王柏，字會之，金華人。少負志節，慕諸葛武侯之為人，自號長嘯。思以奇策取關中。年逾三十，始知家學源緒。一日，與友汪元思讀《四書》至『居處恭，執事敬』，惕然曰：『長嘯非聖門持敬之道。』亟更以魯。每從楊船山、劉撝堂問業，船山曰：『北山何子恭實從黃勉齋得考亭的傳。』即往受業。北山見柏，喜曰：『會之真吾友也。』授以立志居敬之旨，為作《魯齋箴》，勉以質實堅苦之學。柏自此益奮，有疑必從北山就正，每見北山歸，充然自得，北山恒稱之曰：『會之二十年工夫勝他人四十年矣。』」（何基《何北山先生遺集》卷四引《婺志粹》）

〔二〕【王柏《書疑序》】聖人之經，最古者莫如《書》，而最難讀者亦莫如《書》。以二帝三王治天下之大經大法，孰有加於《書》者？奈何伏生之口授，蝌蚪之變更，孰能保其無誤？此書之所以難讀也。朱子於諸經莫不探其淵源，發其簡奧，疏淪其湮塞而貫通之，縷析其錯揉而紬繹之，無復遺恨，獨於《春秋》不敢著一字，《書》止解典謨三篇而已。後又有《金縢》《召誥》《洛誥說》及《考定武成》凡四篇。予嘗多幸，得觀典謨手筆，密行細字，東圈西補，蓋非一日之所更定，其用力精勤如此。學者猶恨不及見其全書，孰知書之果不可得而全解也。朱子嘗謂：「眉山蘇氏《書說》善得其文勢，或謂失之簡，曰如是亦可矣。」謂金陵王氏獨不解《洛誥》，猶能於此而不穿鑿，亦稱之也。又嘗問東萊先生於《書》有不可解者否？曰：「亦無可闕。」後二年復見，乃曰：「誠如所喻，是亦難說者。」至於朱子教門人則俾之先讀其易曉，而姑後其贅訛，此固不得已之詞。甚矣《書》之難讀也！諸儒之所能解，予固幸因得而通之。予之所不能通，雖諸儒極融化之妙，支綴傳會，屈曲將迎，然亦終未能盡明也。在昔先儒，篤厚信古，以為觀書不可以脫簡疑經，如此則經盡可疑，先王之經無復存者。後生為學所當確守先儒之訓，何敢疑先王經也？不幸秦火既焰，後世不得見先王之全經也。惟其不全，固不可得而不疑。所疑者，非疑先王之經也，疑伏生口傳之經也。讀《書》者往往困於訓詁，而不暇思經文之大體，間有疑者又深避改經之嫌，寧曲說以求通，而不敢輕議以求是。夫聖人之書，萬世之大訓也，與日月並明，與天地始終，不惟不當疑，亦本無可疑，後學非喪心，孰敢號於眾曰：「吾欲改聖人之經。」然伏生女子之口傳，孰不知其訛舛？聖人之經不可改，伏氏之言豈亦不可正乎？糾其謬而刊其贅，訂其雜而合其離，或庶幾乎得復聖人之舊，此有識者之不容自已。漢、唐諸儒智不足而守有餘，泥古護短，堅不可開。逮至本朝，二三

大儒方敢折衷以理，間有刪改，譏議喧豗，猶數十年而後定。今訓注多已詳明，而猶可略也，惟錯簡繁多，極問玩索，若稍加轉移，以復大體，不動斤斧，以鑿元氣，不可強通者仍缺之，是亦先儒凡例之所詳也。元體苟正，則訓詁不待費詞，可以益簡而益明矣。愚不自揆，因成《書疑》九卷，凡五十篇，正文考異八篇，藏之家塾，以備探討。嗚呼！歐陽公曰：「經非一世之書也，傳之謬非一日之失也，刊正補輯，非一人之能也，使學者各極其所見，而明者擇焉，以俟聖人之復生也。」予深有感於斯言云。（王柏《魯齋集》卷五）

〔三〕【唐德宗】（742～805），即李适。公元 779～805 年在位。建中四年（783），涇原兵變，倉皇逃往奉天（今陝西乾縣）。

41. 尚書譜五卷

明梅鷟撰。鷟有《古易考原》，已著錄。

鷟因宋吳棫、朱子及元吳澄之說，作《尚書考異》及此書。《考異》引據頗精覈，此則徒以空言詆斥〔一〕，無所依據。如謂孔壁之十六篇出於孔安國所為，實以臆斷之，別無確證。又謂東晉之二十五篇出於皇甫謐所為，則但據孔穎達引《晉書·謐傳》「從其姑子外弟梁柳得古文」一語，其說亦在影響之間。且辭氣叫囂，動輒醜詈〔二〕，亦非著書之體。故錄其《考異》，而是書僅存目焉。〔三〕（《四庫全書總目》卷十三）

【注釋】

〔一〕【空言詆斥】《古文尚書疏證》卷八第一百十九：「余讀《焦氏筆乘》，稱家有梅鷟《尚書譜》五卷，專攻古文書之偽，將版行之不果。即其兄求其譜，凡十載，得於友人黃虞稷家，急繕寫以來，讀之，殊武斷也。然當創闢弋獲時，亦足驚作偽者之魄，採其若干條，散各卷中。」

〔二〕【動輒醜詈】陳第《尚書疏衍》卷一：「宋人之疑，尚在兩可之間。至鷟作《尚書譜》，醜乎罵矣，是非君子之言，達人所屏棄也。」

〔三〕【評論】彭元瑞《知聖道齋讀書跋》卷一「尚書譜」：「是書專攻古文，當時陳第極駁之。其所列古文中一二句法、字面與它經略同者，即以為規仿，不無過當。然議論卻有依據。」今按，姜廣輝《梅鷟《尚書譜》的「武斷」與創獲》一文認為，《尚書譜》武斷之處主要表現在，斷定孔壁《古文尚書》十六篇為孔安國偽造，斷定東晉《古文尚書》二十五篇為皇甫謐偽造，否定《百

篇之目》，斷定《尚書》全經七十七篇，臆造劉向《別錄》之《古文尚書》五十八篇篇目；其創獲主要表現在，考辨《尚書序》（大序）之偽，考證鄭沖未見《古文尚書》，考辨晉人《武成》篇之偽。（《湖南大學學報》2009 年第 3 期）

42. 古書世學六卷

明豐坊（1494～1569）〔一〕撰。坊有《古易世學》〔二〕，已著錄。

是篇以今文、古文石經列於前，而後以楷書釋之，且採朝鮮、倭國二本以合於古本故曰「古書」。又以豐氏自宋迄明《世學古書》：稷為《正音》，慶為《續音》，熙為《集說》，道生為《考補》，故曰「世學」。其序曰：「正統六年（1441），慶官京師，朝鮮使臣鵷文卿、日本使臣徐睿入貢。二人皆讀書，能文辭，議論《六經》，出入意表。因以《尚書》質之，文卿曰：『吾先王箕子所傳，起神農《政典》，至《洪範》而止。』睿曰：『吾先王徐市所傳，起虞書《帝典》，至《秦誓》而止。』又笑『官本錯誤甚多，孔安國《偽序》皆古經之舊。如虞書《帝告》紀堯舜禪授之事，《汩作》紀四凶之過，《九共》紀四嶽、九官、十二牧考績之事，《稿飫》紀后稷種植之法，《序》皆不知。吾國之法，有傳古經一字入中國者，夷九族〔三〕。』使臣將行，搜檢再三，遣兵衛之出境，則六一翁謂『令嚴不許傳中國』者，不信然歟？固請訂其錯誤，僅錄《一典》《二謨》《禹貢》《盤庚》《泰誓》《武成》《康誥》《酒誥》《洛誥》《顧命》見示，僅錄附先清敏公《正音》之下，俾讀是經者尚有考於麟角鳳毛之遺雋云。」又曰：「梁姚方興妄分《堯典》《舜典》為二篇，伏生今文、孔安國古文、鴻都石經、魏三體石經合為一篇，止名《堯典》，箕子朝鮮本、徐市倭國本總作《帝典》，與子思《大學》合。王魯齋、王深寧皆以為最是，今從之。」《考補》云：「姚方興本齊篡主蕭道成之臣，偽增『曰若稽古，帝舜曰』七字於『重華』之上，變亂其文，分為二《典》，於建武二年上之。後事篡主蕭衍，以罪見誅。箕子封於朝鮮，傳《書》古文自《帝典》至《微子》而止，後附《洪範》一篇。徐市為秦博士，因李斯坑殺儒生，託言入海求仙，盡載古書至島上，立倭國，即今日本是也。二國所釋《書經》，先曾祖通奉府君與楊文懿公皆嘗錄得，以藏於家。」

顧炎武《日知錄》曰：「案宋歐陽永叔《日本刀歌》：『徐福行時書未焚，《逸書》百篇今尚存。』蓋昔已有是說。夫詩人寄興之辭，豈必真有其事哉！

日本之職貢於唐久矣，自唐及宋，歷代求書之詔不能得，而二千載之後，慶乃得之。其得之又不以獻之朝廷，而藏之家，何也？至曰箕子傳《書》古文，自《帝典》至《微子》則不應別無一篇逸書，而一一盡同於伏生、孔安國之所傳。其曰後附《洪範》一篇者，蓋徒見《左氏傳》三引《洪範》，皆謂之商書，而不知『王』者周人之稱，『十有三祀』者周史之記，不得謂商人之書也。《禹貢》以導山導水移於九州之前，此不知古人先經後緯之義也。《五子之歌》『為人上者，奈何不敬』，以其不迭而改之曰『可不敬乎』，謂本之鴻都石經，據《正義》言，蔡邕所書石經，《尚書》止今文三十四篇，無《五子之歌》，熙又何以不考而妄言之也？」〔四〕其辨可謂明矣。

今考《明英宗實錄》，正統六年（1441）無此二國使臣之名，則其為子虛烏有，已可不辨。又朝鮮今為外藩，其書不異於中國，絕無「箕子本」之說。日本所刻《七經孟子考文》，其書為中國所佚者，惟孔安國《孝經傳》、皇侃《論語義疏》。而《孝經傳》山井鼎等又自言其偽，至其《尚書》則一一與中國注疏本同，不過字句偶異耳。然則朝鮮本、倭國本者何自來哉？是又不待證以篇章字句而後知其妄也。〔五〕（《四庫全書總目》卷十三）

【注釋】

〔一〕【豐坊】字存禮，浙江鄞縣人。嘉靖癸未（1523）進士。除禮部主事，免官。家居，坐法，竄吳中，改名道生。事蹟附見《明史·豐熙傳》。錢謙益《列朝詩集小傳》云：「存禮高才博學，下筆數千言立就，於《十三經》皆別為訓詁，鉤新索異，每託名古本或外國本，今所傳《石經大學》《子貢詩傳》，皆其偽撰也。」朱彝尊《靜志居詩話》：「豐坊，字存禮，鄞縣人。嘉靖癸未進士，除禮部主事，以吏議免官家居，坐法竄吳中，改名道生，字人翁。有南禺集。南禺釋褐後，從其父學士熙諫大禮，受杖闕下，人方謂學士有子矣。逮父卒戍所，乃言非父本意，忽走京師，上書請追崇興獻王宜稱宗，入太廟。永陵用其言而不錄其人也。歸益狂誕，恃才傲物，作偽欺人。撰《子貢詩傳》《申培詩說》《魯詩世學》《古書世學》《石經大學》，竄易經文，別裁異議。一時若泰和郭氏、京山李氏、澄海唐氏多惑之，而不知本邪說也。芝園一序可當聲罪檄，而憐才美意實寓其中。此等人第作犬豕相遇可耳，詩不必存錄而論列之，期以祛後人之惑也。」附錄張惟靜云：「存禮質稟靈奇，才彰卓詭，論事則談鋒橫出，摘詞則藻撰立成，士林擬之鳳毛，藝苑方之逸驥。然而性不諧俗，行或螫中，詞組合意，輒出肺肝相啖，睚皆蒙嗔，即援戈矛相刺。亦

或譽嫫母為嬋娟，斥蘭荃為薋菉，旁若無人，罕所顧忌。知者以為激詭，不
知者以為窮奇也。由是雌黃間作，轉相詆諆，出有爭席之夫，居無式閭之敬。
鶉衣襤褸，濕突不炊，僮奴絕粒而逋亡，賓客過門而不入，顧頷窮獨，以終
其身，不亦悲夫！」按，其生卒年參考李忠偉《豐坊生卒年新考》（《赤峰學
院學報》2015 年第 12 期）

〔二〕【古易世學】明豐坊撰。坊平生喜作偽書，於諸經皆竄亂篇第，別為訓詁，
詭言「古本」以欺世，此其一也。書中《正音略說傳義》，託之於遠祖稷、曾
祖慶、父熙，而已自為考補，其實皆坊一手所作，當代已灼知其妄。惟《石
經大學》《子貢詩傳》《申培詩說》三書，以篆籀寫之，一時頗為所惑，久之
乃能辨定。（《四庫全書總目》卷七）

〔三〕【九族】指高祖、曾祖、祖、父、自己、子、孫、曾孫、玄孫。夷九族，即誅
九族。

〔四〕【史源】《日知錄》卷二「豐熙偽《尚書》」條。按戴震《經考附錄》卷二「贗
朝鮮日本尚書」條云：「顧炎武曰：五經得於秦火之餘，其中固不能無錯誤。
學者不幸而生乎二千餘載之後，信古而闕疑，乃其分也。近世之說經者莫病
乎好異，以其說之異於人，而不足以取信，於是舍本經之訓詁，而求之諸子
百家之書，猶未足也，則捨近代之文而求之遠古，又不足，則捨中國之文而
求之四海之外。如豐熙之《古書世學》尤可怪焉。鄞人言出其子坊撰。又有
《子貢詩傳》，後儒往往惑之，曰箕子朝鮮本者，箕子封於朝鮮，傳《書》古
文，自《帝典》至《微子》止，後附《洪範》一篇，曰徐市倭國本者。徐市
為秦博士，因李斯坑殺儒生，託言入海求仙，盡載古書至島上，立倭國，即
今日本是也。二國所譯書，其曾大父河南布政使慶錄得之以藏於家。按宋歐
陽永叔《日本刀歌》『徐福行時書未焚，逸書百篇今尚存』，蓋昔時已有是說，
而葉少蘊固已疑之。夫詩人寄興之辭豈必真有其事哉？日本之職貢於唐久
矣，自唐及宋，歷代求書之詔不能得，而二千載之後，慶乃得之，其得之又
不以獻之朝廷而藏之家，何也（宋咸平中日本僧然以鄭康成注《孝經》來獻，
不言有《尚書》）？至曰箕子傳《書》古文，自《帝典》至《微子》，則不應
別無一篇逸書，而一一盡同於伏生、孔安國之所傳，其曰後附《洪範》一篇
者，蓋徒見《左氏傳》三引《洪範》皆謂之商書，而不知王者周人之稱。十
有三者，周史之記不得為商人之書也。《禹貢》以道山道水移於九州之前，此
不知古人先經後緯之義也。《史記‧夏本紀》亦先九州而後道山道水。《五子

之歌》為人上者奈何不敬，以其不迭而改之曰可不敬乎？謂本之鴻都石經，據正義言蔡邕所書石經《尚書》止今文三十四篇，無《五子之歌》，熙又何以不考而妄言之也。」

〔五〕【辨偽】陸元輔曰：古書云者，以今文古文石經列於前，而後以楷書釋之，且採朝鮮、倭國二本，以合於古本，故曰古書也。世學云者，豐氏自宋迄明，四世學古書，稷為《正音》，慶為《續音》，熙為《集說》，道生為《考補》，故曰《世學》也。《續音》中多異聞新說。其序云：正統六年，慶官京師，朝鮮使臣偽文卿、日本使臣徐睿入貢，因召與語。二人皆讀書能文辭，議論「六經」，亹亹出人意表。因以《尚書》質之，文卿曰：「吾先王箕子所傳，起《神農政典》，至《洪範》而止。」睿曰：「吾先王徐市所傳，起《虞書‧帝典》，至《秦誓》而止。」又笑官本錯誤甚多。孔安國偽《序》皆非古經之舊。如《虞書‧帝告》紀堯舜禪授之事，《汨作》紀四凶之過，《九共》紀四嶽、九官、十二牧考績之事，《稿飫》紀后稷種植之法，序皆不知吾國之法。有傳古經一字入中國者，夷九族，使臣將行搜檢再三，遣兵衛之出境，則六一翁「令嚴不許傳中國」者，不信然歟？固請訂其錯誤，僅錄《一典》《二謨》《禹貢》《盤庚》《泰誓》《武成》《康誥》《酒誥》《洛誥》《顧命》見示，謹錄附先清敏公正音之下，俾讀是經者，尚有考於麟角鳳毛之遺雋云。又曰：梁姚方興妄分《堯典》《舜典》為二篇，伏生今文，孔安國古文，鴻都古經，魏三體石經合為一篇，止名《堯典》。箕子朝鮮本、徐市倭國本，總作《帝典》，與子思《大學》合。王魯齋、王深寧皆以為最是，今從之。《考補》云：姚方興本齊簒主蕭（道成）之臣，偽增「曰若稽古帝舜曰」七字於重華之上，變亂其文，分為二典，於建武二年上之。後事簒主蕭衍，以罪見誅。箕子封於朝鮮，傳《書》古文自《政典》至《微子》而止，後附《洪範》一篇。徐市為秦博士，因李斯坑殺儒生，託言入海求仙，盡載古書至島上，立倭國，即今日本是也。二國所繹書經，先曾祖通奉府君與楊文懿公皆嘗錄得，以藏於家。觀其序說，依託之跡顯然。鄞人萬斯大曰：「此吾鄉豐禮部廢棄於家，窮愁著書，而偽託者名為《世學》，其實一手所為。《五經》皆有偽撰，不獨古書也。」吁！可怪哉！（《經義考》卷八十九）

　　毛奇齡《經問》卷十八：「或言甬東袁六符好攻《古文》，故見予《冤詞》，頗自沮，然時時來杭，道其鄉人通洋者每得海外書，有日本《孝經》，是『仲尼閒居曾子侍坐』，有千文互異八字。有《尚書》即豐氏《世學》本。惟新羅

《尚書》無《大禹謨》《五子之歌》《旅獒》《君陳》四篇，而多《舜典》半篇，在「慎徽五典」之前。其餘句字多不同。吉安曾弘副使在康熙甲辰年得其書，未經入獻，而即死，遂藏於家。今將詣吉安，求之其人，曾介沈生士安謁予，不值而去。予急遣沈生，告其所知，幸勿為偽，自為偽以偽聖經，罪當加等，上有皇天，下有厚土，勿謂此中可欺也。君鄉人豐氏，世為偽書，在明嘉靖間曾造海外書二本，名為《古書世學》，其一稱『朝鮮本』者，云箕子封於朝鮮，傳《書》古文，自《帝典》至《微子》止，而附《洪範》一篇於其末；其一稱『徐市倭國本』者，云市為秦博士因李斯坑儒，託言入海，盡載古書至島上，立為倭國，即今日本是也。二國所譯書，其曾王父河南布政司使豐慶錄得之，以藏於家，而豐熙述之，實則豐坊偽為也。幸其書不攻古文，故不為大害，然而作偽之惡，漸不可長，已為世唾詬擯斥久矣。若曾弘副使，則本鄉人所不齒即其人，亦不知何等而可與之語此等事乎？況海外無《尚書》，在列朝記載甚明，周顯德中新羅獻《孝經》，宋咸平中日本獻《鄭注孝經》，並言無《尚書》本。即元祐中求高麗百篇《尚書》，亦並言無有，甚至外國史官載中國歷求《尚書》不得，是海外《尚書》絕無影響。後有出者，皆屬贗作。行偽之徒其亦可以廢然矣。士君子生抱才質，苟知力學，亦何事不可為，而必出於此？夫必欲出，此吾亦無如何，然何苦乃爾。」

胡渭《禹貢錐指》卷一：「明豐坊偽撰《古書世學》，言其曾大父慶得箕子朝鮮本，自《神農政典》，至《微子》止，後附《洪範》一篇，坊據《左氏》三引以《洪範》，終《商書》，非即判《禹貢》為《夏書》之故智乎？」

胡渭《洪範正論》卷一：「明嘉靖中，有豐熙者撰《古書世學》（靳人云：「豐坊偽撰，託名父熙。」），言其曾大父河南布政使慶得箕子朝鮮本以藏於家。其書自《神農政典》，至《微子》止，後附《洪範》一篇，此附會《左傳》而為說耳。歷代求書之詔，所不能得，而慶乃得之，不以獻諸朝廷，而藏之家，何邪？至其所謂《神農政典》者尤為誕妄。按《繫辭傳》：『上古結繩而治，後世聖人易之以書契。』上古謂包犧、神農，後世聖人則黃帝也。許氏《說文序》亦云：『黃帝之史倉頡始造書契。』然則神農時尚未有書，安得有《政典》邪？是又因近世之《偽三墳》而附會其說也。」

陸隴其《松陽抄存》卷上云：「自古本之外，復有《石經大學》出自近世，編次又與古本異。鄭端簡極信其書。陳幾亭曰：『是豐坊偽作。蓋以坊言得之某冢中也。此書誤人尤不淺，學者只斷以朱子所考訂者為正，而凡移經

作傳及不分經傳者皆不可從。』呂氏謂:『《大學》經程朱考定,如地平天成,即與鴻荒時境界有不盡合,分外分明停當,萬世永賴,後來紛紛,動援古本石經,狡焉思逞,都是無知妄作。』可謂確論。」

王赫《偽書的誕生:明中葉文化學術氛圍與豐坊的作偽》一文認為,豐坊是明代造作偽書的代表人物,其遍偽群經的行為受到明中葉文化和學術氛圍的直接影響:豐坊在「大禮議」後欲通過作偽重振四明豐氏的聲望,故他在虛構偽經的接受情況時有家族、地域和政治的考量;豐坊的偽經吸收和落實了明中葉經學家的疑經、改經觀點;《魯詩世學》的成書過程體現了明中葉作偽與辨偽的互動;豐坊造作的偽「古文」字形等,迎合了明中葉文化界由好古到作古的風氣。從疑經、改經到豐坊的偽經,體現了宋以後中國經學史和書籍史中一種獨特的「改寫」傳統,這一傳統在豐坊處走向了極端和異端。(《文獻》2020 年第 4 期)今按,此文將豐坊的作偽放在晚明大的文化學術氛圍中加以考察,薄有新意。

43. 古文尚書考一卷

國朝陸隴其(1630~1693)撰。隴其字稼書,平湖(今屬浙江)人。康熙庚戌(1670)進士。官嘉定、靈壽二縣知縣,行取御史。雍正二年(1724),從祀孔子廟庭。乾隆二年(1737),賜諡清獻。〔一〕

是書原載隴其《三魚堂集》中〔二〕,曹溶《學海類編》始摘錄別行。大旨惟據朱子告輔廣之言,以申《古文尚書》非偽。然《朱子語錄》曰:「《書序》恐不是孔安國所作,只(是)〔似〕魏晉時文字。」又曰:「孔氏《書傳》某疑決非安國所注,恐是魏晉間人託安國為名,與毛公《詩傳》大段不同。」又曰:「『傳之子孫,以貽後代』,漢時無這般文章。嘗疑安國書是假書,漢儒訓釋文字,有疑則闕,此卻盡釋之,豈有千百年前人說底話,收拾於灰燼屋壁之中,與口傳之餘更無一字訛舛?況孔書至東晉方出,前此諸儒皆不曾見,可疑之甚。」〔三〕然則朱子辨古文非真,不一而足。未可據輔廣所記一條,遂謂他弟子所記皆非朱子語也。(《四庫全書總目》卷十四)

【注釋】

〔一〕【作者研究】吳光酉等編《陸隴其年譜》(中華書局 1993 年版)。楊向奎《清儒學案新編》第一卷列《陸隴其三魚學案》。余龍生撰《陸隴其與清初朱子學》(吉林人民出版社 2010 年版),葛秋棟撰《清廉知縣陸隴其》(上海文藝

出版社 2016 年版）。王群栗點校《陸隴其集》（浙江古籍出版社 2018 年版）。
今按，陸隴其卒年或作 1692 年，今從來新夏先生說。

〔二〕【史源】《三魚堂文集》卷一。

〔三〕【史源】《朱子語類》卷七十八。

44. 舜典補亡一卷

國朝毛奇齡（1623～1713）撰。奇齡有《仲氏易》，已著錄。

《舜典》舊無篇首二十八字，至梁姚方興始得別本於大航頭以補之〔一〕。
其事本屬可疑，然相沿已久，無可刊削之理，所謂有其舉之，莫敢廢也。奇齡
堅信古文，而獨不信二《典》之分篇，遂以為自「月正元日」以下乃為《舜典》，
而闕其前半篇，遂摭《史記》以補之。夫司馬遷書豈可以補經？即用遷書為補，
亦何可前半遷書，後半忽接以古經，混合為一？奇齡以「竄亂古經」詆朱子，
而所為又加甚焉。雖善辨者，殆亦難為之辭矣。〔二〕（《四庫全書總目》卷十四）

【注釋】

〔一〕楊武泉云：「姚方興得別本時，蕭衍尚是齊朝博士，梁朝尚未建，怎能稱『梁
姚方興』？『梁』為『齊』之誤。」（《四庫全書總目辨誤》第 21 頁）

〔二〕《四庫全書存目叢書》據康熙刻西河合集本影印，詳見經部第 57 冊第 156～
162 頁。

45. 今文尚書說三卷

國朝陸奎勳〔一〕（1665～1740）撰。奎勳有《陸堂易學》〔二〕，已著錄。

是編皆訂補蔡沈《書傳》之闕失〔三〕。大抵推求於字句之間，離合參半，
所解惟伏生二十八篇，而古文則置之不言，蓋用吳澄《書纂言》之例，未為無
見。而所附《古文尚書辨》二篇，不引梅鷟、閻若璩的然有證之言，而又變為
《古文尚書》半真半偽之說。自稱：「年將及艾，於《詩》《禮》《春秋》（揆）
〔撰〕成《經說》三十八卷，夢見孔子，心似別開一竅者，凡於《書》之真
贋，一覽自明（云云）。」其亦近於語怪矣。（《四庫全書總目》卷十四）

【注釋】

〔一〕【陸奎勳】字坡星，平湖（今屬浙江）人。康熙辛丑（1721）進士。官翰林院
檢討。

〔二〕【陸堂易學】是編講《易》宗朱子者十之六，宗諸儒者十之四。（《四庫全書總目》卷九）

〔三〕【陸奎勳自序】《今文尚書》有二體：其體正而辭顯者，如《堯典》《皋陶謨》《禹貢》《洪範》之類；其體變而辭晦者，如《盤庚》《大誥》《多士》《多方》之類。《古文尚書》增多二十五篇，文從字順，時代之近，不辨自明。朱子於《易》有《本義》，《毛詩》有《集傳》，而《尚書》獨無定本。蔡氏承本師之命，撰成《書傳》六卷。惟是《禹貢》「黑水」「三危」之屬，生長南疆，末由考訂，《洪範》中以五事配五行，意在破劉氏曲說，專主相生之序，不兼相剋之序，未免後人滋議。昔鄱陽董氏鼎、廬山陳氏師凱皆於蔡《傳》之外別有發明，勳博採先儒，間附己意，非故與蔡氏立異，亦欲使蔡氏之書成為盡美盡善爾。至《古文尚書》真偽錯出，本朱子之意，作辨二篇，附諸卷末。

46. 尚書質疑二卷

國朝顧棟高（1679～1759）撰。棟高字震滄，晚年好治《春秋》，又自號左畬，無錫人。康熙辛丑（1721）進士。乾隆辛未（1751）薦舉經學，賜國子監司業。丁丑（1757）又賜國子監祭酒銜。〔一〕

所著《春秋大事表》最為精密，其注《詩》亦有可觀，惟此一編較他書為次乘。其例不載經文，亦不訓釋經義，惟標舉疑義，每條撰論一篇，為數凡四十有一，大抵多據理臆斷，不甚考證本末。如謂帝王巡狩，必不能一歲而至四嶽，因疑惟泰山為天子親至，餘皆不至其地，引泰山獨有明堂為證。且稱華山、恒山、衡山久在晉楚境內，若有明堂而為晉楚所毀，列國宜何如問罪？《春秋》宜何如大書特書？夫《春秋》明例，承告乃書，二百四十年中，未有以毀某來告者也，安得以《春秋》不書毀為本無明堂之證？晉不奉正朔，《春秋》凡載晉事，傳與經皆差兩月，杜預以為晉用夏正。楚僭稱王號，孰問其罪？又安得以《春秋》無書毀明堂者為本無明堂之證乎？《古文尚書》晉時乃出，棟高既確信「危微精一」數語，斷其必真，案：「危微精一」數語，實《荀子》所載，云出《道經》。乃獨以兩階干羽一事為劉歆竄入，主名確鑿，此出何典記也？《山海經》本不足信，蔡《傳》引其怪說以注《禹貢》，自是一失，棟高駁之是也。至謂為劉歆所偽作，則《禹本記》《山海經》之名先見於《史記·大宛傳贊》，亦歆所竄入歟？周代諸侯所以能知其名者，賴《春秋》傳耳。夏、商年遠文略，靡

得而徵，乃謂夏、商不封建同姓，考《史記・夏本紀》曰：「禹為姒姓，其後分封，用國為姓，故有夏后氏、有扈氏、有男氏、斟尋氏、彤城氏、褒氏、費氏、杞氏、繒氏、辛氏、冥氏、斟戈氏（云云）。」則夏代分封，史有明證，烏得遽斷其無？如以不見於《書》而斷之，則今文惟有齊呂伋、魯伯禽、晉文侯、秦穆公，古文惟有蔡仲耳。周公封魯、召公封燕，書且無明文矣。他如論堯、舜、禹非同姓，論商、周改時改月，論「亂臣十人」中有膠鬲，論《洪範》不本河圖、洛書，論微子面縛而又左牽羊右把茅，論周公未曾居攝，亦皆前人之舊論，不足以言心得。

　　大抵棟高窮經之功，《春秋》為最，而《書》則用力差少。人各有所短長，不必曲為之諱也。〔二〕（《四庫全書總目》卷十四）

【注釋】

〔一〕【作者研究】楊向奎有《顧棟高〈震滄學案〉》，載《清儒學案新編》第三卷（齊魯書社 1994 年版）。

〔二〕【與顧震滄司業書】末學小生跧伏海隅，欽慕道範久矣，末由摳衣講席，一聆高論。比來京師，味經先生以賤名達之左右，先生答書，恨不得面晤。以當代大儒通懷樂善如是，且感且愧。伏讀尊著《尚書質疑》，議論新特，多發前人所未發，第其中考據有未的者，尚宜酌定，謹攄一得奉聞，或即鳴盛之所以報知己也。《有苗論》謂禹無徂徵之事，其文蓋出於劉歆。按，禹之征苗詳載《汲郡古文》及《墨子・兼愛》篇，舞干羽事則《韓非子》《淮南子》及皇甫士安《帝王世紀》皆有之。又案，孔安國古文五十八篇、三十四篇與伏生同，內《盤庚》三篇同卷，《太誓》三篇同卷，《顧命》《康王之誥》二篇同卷，實二十九篇，二十四篇增多者，伏生所無，內《九共》九篇同卷，實十六篇，增多之篇自武帝時已入中秘，劉向校古文著於《別錄》。歆領校秘書，卒父前業。及平帝時，遂立古文於學官。建武之際，亡《武成》一篇，故班《志》載五十七篇。永嘉亂後，增多者又覆亡失，梅賾乃奏上二十五篇，孔穎達遂誣二十四篇為張霸偽造。今《大禹謨》乃賾所上，而以為作於歆，歆乃親見古文者，恐無偽作之事，其宜酌定一也。九江不從胡周父洞庭之說，可云卓識，第以烏白江等為即湖漢九水入彭蠡者，似不能無誤。案《禹貢》九江凡四見，「九江孔殷」「九江納錫」「大龜過九江」「至於東陵」，此皆江北之九江，在尋陽者也。「過九江，至於敷淺原」，此江南之九江，在豫章者也。陸氏《釋文》並列二條，致後人無由分析……以

上諸事固皆無關大義，然要不可不正，納細流於滄海，集飛塵於華嶽，竊不勝拳拳之誠，惟先生垂察焉。（王鳴盛《西莊始存稿》卷二十九）

47. 詩序二卷

案：《詩序》之說，紛如聚訟。以為《大序》子夏作，《小序》子夏、毛公合作者，鄭玄《詩譜》也；以為子夏所序《詩》即今《毛詩》序者，王肅《家語注》也；以為衛宏受學謝曼卿、作《詩序》者，《後漢書·儒林傳》也；以為子夏所創、毛公及衛宏又加潤益者，《隋書·經籍志》也；以為子夏不序《詩》者，韓愈也；以為子夏惟裁初句、以下出於毛公者，成伯璵也；以為詩人所自製者，王安石也；以《小序》為國史之舊文、以《大序》為孔子作者，明道程子也；以首句即為孔子所題者，王得臣也；以為《毛傳》初行尚未有序，其後門人互相傳授，各記其師說者，曹粹中也；以為村野妄人所作，昌言排擊而不顧者，則倡之者鄭樵、王質〔一〕，和之者朱子也。〔二〕

然樵所作《詩辨妄》一出，周孚〔三〕即作《非鄭樵詩辨妄》一卷，摘其四十二事攻之，質所作《詩總聞》亦不甚行於世。朱子同時如呂祖謙、陳傳良、葉適皆以同志之交，各持異議。黃震篤信朱學，而所作《日抄》亦申《序》說。馬端臨作《經籍考》，於他書無所考辨，惟《詩序》一事反覆攻詰，至數千言。自元、明以至今日，越數百年，儒者尚各分左右袒也，豈非說經之家第一爭詬之端乎？

考鄭玄之釋《南陔》曰：「子夏序《詩》，篇義各編，遭戰國至秦，而《南陔》六詩亡。毛公作傳，各引其序，冠之篇首，故《詩》雖亡而義猶在也。」程大昌《考古編》亦曰：「今六序兩語之下明言有義無辭，知其為秦火之後見序而不見詩者所為。」朱鶴齡《毛詩通義序》又舉《宛嶽》篇序首句與《毛傳》異辭，其說皆足為《小序》首句原在毛前之明證。邱光庭《兼明書》〔四〕舉《鄭風·出其東門》篇，謂《毛傳》與序不符。曹粹中《放齋詩說》亦舉《召南·羔羊》《曹風·鳲鳩》《衛風·君子偕老》三篇，謂傳意、序意不相應，序若出於毛，安得自相違戾？其說尤足為續申之語出於毛後之明證。觀蔡邕本治《魯詩》，而所作《獨斷》，載《周頌》三十一篇之序，皆只有首二句，與毛序文有詳略，而大旨略同。蓋子夏五傳至孫卿，孫卿授毛亨，毛亨授毛萇，是《毛詩》距孫卿再傳。申培師浮邱伯，浮邱伯師孫卿，是《魯詩》距孫卿亦再傳。故二家之序大同小異，其為孫卿以來遞相授受者可知。其所授受只首二

句，而以下出於各家之演說，亦可知也。且《唐書·藝文志》稱《韓詩》卜商序，韓嬰注，二十二卷，是《韓詩》亦有序，其序亦稱出子夏矣。而《韓詩遺說》之傳於今者，往往與毛迥異，豈非傳其學者遞有增改之故哉？

今參考諸說，定序首二句為毛萇以前經師所傳；以下續申之詞，為毛萇以下弟子所附。仍錄冠詩部之首，明淵源之有自。〔五〕並錄朱子之《辨說》，著門戶所由分。蓋數百年朋黨之爭，茲其發端矣。

《隋志》有顧歡《毛詩集解敘義》一卷，雷次宗《毛詩序義》二卷，劉炫《毛詩集小序》一卷，劉瓛《毛詩序義疏》一卷。案：序、敘二字互見，蓋史之駁文，今仍其舊。《唐志》則作卜商《詩序》二卷，今以朱子所辨，其文較繁，仍析為二卷。若其得失，則諸家之論詳矣，各具本書，茲不復贅焉。（《總目》卷十五）

【注釋】

〔一〕**【王質】**（1127～1189），字景文，號雪山。其先鄆州（今山東汶上）人，後徙興國（今湖北陽新）。著有《詩總聞》《雪山集》。

〔二〕**【朱子論《詩序》】**《詩序》之作，說者不同，或以為孔子，或以為子夏，或以為國史，皆無明文可考。唯《後漢書·儒林傳》以為衛宏作，《毛詩序》今傳於世，則序乃宏作明矣。然鄭氏又以為諸序本自合為一編，毛公始分以置諸篇之首，則是毛公之前，其傳已久，宏特增廣而潤色之耳。故近世諸儒多以序之首句為毛公所分，而其下推說云云者為後人所益，理或有之。但今考其首句，則已有不得詩人之本意，而肆為妄說者矣，況沿襲云云之誤哉？然計其初，猶必自謂出於臆度之私，非經本文，故且自為一編，別附經後，又以尚有齊、魯、韓氏之說並傳於世，故讀者亦有以知其出於後人之手，不盡信也。及至毛公引以入經，乃不綴篇後，而超冠篇端，不為注文，而直作經字，不為疑辭，而遂為決辭。其後三家之傳又絕，而毛說孤行，則其牴牾之跡無復可見，故此序者遂若詩人先所命題，而詩文反為因序以作，於是讀者轉相尊信，無敢擬議。至於有所不通，則必為之委曲遷就，穿鑿而附合之，寧使經之本文繚戾破碎，不成文理，而終不忍明以《小序》為出於漢儒也。愚之病此久矣，然猶以其所從來也遠，其間容或直有傳授證驗而不可廢者，故既頗採以附傳中，而復並為一編，以還其舊，因以論其得失云。（《詩序》卷上）

〔三〕**【周孚】**（1135～1177），字信道，號蠹齋。山東長清人。有《蠹齋鉛刀編》。

〔四〕**【兼明書】**五卷，五代邱光庭撰。有《叢書集成》本。

〔五〕【史源】《居易錄》卷三十：「同年秦宮諭留仙松齡寄所輯著《毛詩日箋》，屬
予序。書云：『《詩》之必用古序，先儒言之詳矣。然首句確有承授，不可移
易。後序未免雜以講師之說，或非《詩》之本意。潁濱《詩傳》止取首句，
不為無見。注疏之外，則歐陽氏、蘇氏、呂氏、嚴氏、李氏、黃氏多所發明。
朱子斥棄舊說，遂使美刺之意盡亡，然其中有不悖古序，文從字順，亦有勝
諸家者，未可廢也。明儒則郝楚望、何玄子二家最善。松齡誦習之餘，間仿
《黃氏日抄》之例，於諸家之說稍為折衷，而偶有鄙見，亦附著焉云云。』
此書所論，與予夙昔之見頗同，其所採取亦甚簡當，當為序而傳之。」

48. 毛詩正義四十卷〔一〕

漢毛亨傳，鄭玄（127～200）箋，唐孔穎達（574～653）疏。

案《漢書‧藝文志》，《毛詩》二十九卷，《毛詩故訓傳》三十卷，然但稱
毛公，不著其名。《後漢書‧儒林傳》始云趙人毛長傳《詩》，是為《毛詩》，
其長字不從草。隋、書《經籍志》載《毛詩》二十卷，漢河間太守毛萇傳，鄭
氏箋，於是《詩傳》始稱毛萇。然鄭玄《詩譜》曰：魯人大毛公為《訓詁傳》
於其家，河間獻王得而獻之，以小毛公為博士。陸璣《毛詩草木蟲魚疏》〔二〕
亦云：「孔子刪詩授卜商，商為之序以授魯人曾申，申授魏人李克，克授魯人
孟仲子，仲子授根牟子，根牟子授趙人荀卿，荀卿授魯國毛亨，毛亨作《訓詁
傳》以授趙國毛萇。時人謂亨為大毛公，萇為小毛公。」據是二書，則作傳者
乃毛亨，非毛萇。故孔氏《正義》亦云大毛公為其傳，由小毛公而題毛也。
《隋志》所云，殊為舛誤，而流俗沿襲，莫之能更。朱彝尊《經義考》乃以
《毛詩》二十九卷，題毛亨撰，注曰佚；《毛詩訓故傳》三十卷，題毛萇撰，
注曰存。意主調停，尤為於古無據。今參稽眾說，定作傳者為毛亨。以鄭氏後
漢人，陸氏三國吳人，並傳授《毛詩》，淵源有自，所言必不誣也。

鄭氏發明毛義，自命曰「箋」。《博物志》曰：「毛公嘗為北海郡守，康成
是此郡人，故以為敬。」推張華所言，蓋以為公府用記，郡將用箋之意。然康
成生於漢末，乃修敬於四百年前之太守，殊無所取。案《說文》曰：「箋，表
識書也。」鄭氏《六藝論》云：「注《詩》宗毛為主。毛義若隱略，則更表明；
如有不同，即下己意，使可識別。」案：此論今佚，此據《正義》所引。然則康成
特因毛《傳》而表識其傍，如今人之簽記，積而成帙，故謂之「箋」，無庸別
曲說也。自鄭《箋》既行，齊、魯、韓三家遂廢。案：此陸德明《經典釋文》之說。

然《箋》與《傳》義亦時有異同。魏王肅作《毛詩注》《毛詩義駁》《毛詩奏事》《毛詩問難》諸書，以申毛難鄭。歐陽修引其釋《衛風・擊鼓》五章，謂鄭不如王（見《詩本義》）。王基又作《毛詩駁》以申鄭難王，王應麟引其駁《芣苢》一條，謂王不及鄭（見《困學紀聞》，亦載《經典釋文》）。晉孫毓作《毛詩異同評》，復申王說。陳統作《難孫氏毛詩評》，又明鄭義（並見《經典釋文》）。祖分左右，垂數百年。

至唐貞觀十六年（642），命孔穎達等因鄭《箋》為《正義》，乃論歸一定，無復岐途。毛《傳》二十九卷，《隋志》附以鄭《箋》，作二十卷，疑為康成所併。穎達等以疏文繁重，又析為四十卷。其書以劉焯《毛詩義疏》、劉炫《毛詩述義》為稿本，故能融貫群言，包羅古義，終唐之世，人無異詞。〔三〕惟王讜《唐語林》記劉禹錫聽施士丐講《毛詩》，所說「維鵜在梁」、「陟彼岵兮」、「勿翦勿拜」、「維北有斗」四義，稱毛未注〔四〕，然未嘗有所詆排也。

至宋鄭樵（1104～1162），恃其才辨，無故而發難端，南渡諸儒，始以掊擊毛、鄭為能事〔五〕。元延祐科舉條制，《詩》雖兼用古注疏，其時門戶已成，講學者迄不遵用。沿及明代，胡廣等竊劉瑾之書，作《詩經大全》，著為令典。於是專宗《朱傳》，漢學遂亡。然朱子從鄭樵之說，不過攻《小序》耳。至於《詩》中訓詁，用毛、鄭者居多。後儒不考古書，不知《小序》自《小序》，傳箋自傳箋，哄然佐鬥，遂並毛、鄭而棄之。是非惟不知毛、鄭為何語，殆並朱子之傳亦不辨為何語矣。

我國家經學昌明，一洗前明之固陋，乾隆八年（1743），皇上特命校刊《十三經注疏》，頒布學宮。鼓篋之儒，皆駸駸乎研求古學。今待錄其書，與《小序》同冠「詩類」之首，以昭六義淵源，其來有自。孔門師授，端緒炳然，終不能以他說掩也。〔六〕（《四庫全書總目》卷十五）

【注釋】

〔一〕【版本】日本杏雨書屋藏宋刊《毛詩正義》單疏本，係天下孤本。（《日本藏漢籍珍本追蹤紀實》第 220 頁）

〔二〕【毛詩草木蟲魚疏】吳陸璣撰。明北監本《詩正義》全部所引，皆作陸機。考《隋書・經籍志》，《毛詩草木蟲魚疏》二卷，注云烏程令吳郡陸璣撰。陸德明《經典釋文・序錄》陸璣《毛詩草木鳥獸蟲魚疏》二卷，注云字元恪，吳郡人，吳太子中庶子，烏程令。《資暇集》亦辯璣字從玉，則監本為誤，又毛晉《津逮秘書》所刻，授陳振孫之言，謂其書引《爾雅》郭璞注，當在郭後，

未必吳人，因而題曰唐陸璣。夫唐代之書，《隋志》烏能著錄？且書中所引《爾雅注》，僅及漢犍為文學樊光，實無一字涉郭璞，不知陳氏何以云然。（《四庫全書總目》卷十五）

今按，吳承仕、王欣夫對此均有考辨，詳見《蛾術軒篋存善本書錄》第1114～1115頁。

〔三〕【毛詩正義序】夫《詩》者，論功頌德之歌，止僻防邪之訓，雖無為而自發，乃有益於生靈，六情靜於中，百物蕩於外，情緣物動，物感情遷。若政遇醇和，則歡娛被於朝野。時當慘黷，亦怨刺形於詠歌。作之者所以暢懷舒憤，聞之者足以塞違從正。發諸情性，諧於律呂，故曰感天地，動鬼神，莫近於《詩》。此乃《詩》之為用，其利大矣！卜商闡其業，雅頌與金石同和。秦正燎其書，簡牘與煙塵共盡。漢氏之初，《詩》分為四，申公騰芳於鄢郢，毛氏光價於河間，貫長卿傳之於前，鄭康成箋之於後。晉宋二蕭之世，其道大行。齊魏兩河之間，茲風不墜。其近代為義疏者，有全緩、何胤、舒瑗、劉軌思、劉丑、劉焯、劉炫等，然焯、炫並聰穎特達，文而又儒，擢秀幹於一時，騁絕轡於千里，固諸儒之所揖讓，日下之無雙，於其所作疏內特為殊絕。今奉敕刪定，故據以為本，然焯、炫等負恃才氣，輕鄙先達，同其所異，異其所同，或應略而反詳，或宜詳而更略，準其繩墨，差忒未免，勘其會同，時有顛躓，今則削其所煩，增其所簡，唯意存於曲直，非有心於愛憎。

〔四〕【史源】《唐語林》卷二。

〔五〕【評論】惠棟云：「宋儒棄之，別為異說，所謂小人破碎大道。故吾曰：『宋儒之禍，甚於秦灰。』」今按，惠氏之說乃誅心之論。

〔六〕【整理與研究】陳子展撰《詩經直解》（復旦大學出版社 1983 年版），陳戌國撰《詩經芻議》（嶽麓書社 1997 年版）。其他不足道也。

49. 毛詩本義十六卷

宋歐陽修〔一〕（1007～1072）撰。

是書凡為說一百十有四篇，《（統解）〔解統〕》十篇〔二〕，《時世》《本末》二論，《豳》《魯》《序》三問，而《補亡鄭譜》及《詩圖總序》附於卷末。修文章名一世，而經術亦復湛深。王弘撰《山志》記嘉靖時欲以修從祀孔子廟，眾論靡定。世宗諭大學士楊一清曰：「朕閱《書·武成》篇有引用歐陽修語，豈得

謂修於《六經》無羽翼，於聖門無功乎？」一清對以：「修之論說見於《武成》，蓋僅有者耳。其從祀一節，未敢輕議（云云）。」蓋均不知修有此書也。〔三〕

自唐以來，說《詩》者莫敢議毛、鄭，雖老師宿儒，亦謹守《小序》，至宋而新義日增，舊說俱廢。推原所始，實發於修。然修之言曰：「後之學者，因跡先世之所傳而較得失，或有之矣。使徒抱焚餘殘脫之經，佷佷於聖人千百年後，不見先儒中間之說，而欲特立一家之學者，果有能哉？吾未之信也。」〔四〕又曰：「先儒於經不能無失，而所得固已多矣。盡其說而理有不通，然後以論正之。」〔五〕是修作是書，本出於和氣平心，以意逆志。故其立論未嘗輕議二家，而亦不曲徇家。其所訓釋，往往得詩人之本志。後之學者或務立新奇，自矜神解。至於王柏之流，乃並疑及聖經，使《周南》《召南》俱遭刪竄，則變本加厲之過，固不得以濫觴之始歸咎於修矣。林光朝〔六〕《艾軒集》有《與趙子直書》，曰：「《詩本義》初得之如洗腸，讀之三歲，覺有未穩處。大率歐陽、二蘇及劉貢父談經多如此。」又一書駁《本義》《關雎》《樛木》《兔罝》《麟趾》諸解，辨難甚力。〔七〕

蓋文士之說《詩》，多求其意；講學者之說《詩》，則務繩以理。互相掊擊，其勢則然，然不必盡為定論也。（《四庫全書總目》卷十五）

【注釋】

〔一〕【作者研究】洪本健撰《歐陽修資料彙編》（中華書局 1995 年版），林逸撰《宋歐陽文忠公修年譜》（臺灣商務印書館 1980 年版），嚴傑撰《歐陽修年譜》（南京出版社 1993 年版），劉德清撰《歐陽修傳》（哈爾濱出版社 1995 年版），盧家明撰《歐陽修傳》（吉林文史出版社 1998 年版），陳銘撰《歐陽修傳》（廣東高等教育出版社 1998 年版），黃進德撰《歐陽修評傳》（南京大學出版社 1998 年版），朱安群、徐奔合撰《歐陽修大傳》（中國文史出版社 2013 年版），杜馨撰《歐陽修詞傳》（時事出版社 2015 年版），李桂銀撰《一代巨人傳·歐陽修》（遼海出版社 2016 年版），劉文傳撰《歐陽修情傳》（現代出版社 2017 年版），王水照、崔銘合撰《歐陽修傳》（天津人民出版社 2008 年版，人民文學出版社 2019 年版），章敬平撰《歐陽修傳》（浙江文藝出版社 2019 年版）。

〔二〕【詩解統序】「五經」之書，世人號為難通者，《易》與《春秋》，夫豈然乎？經皆聖人之言，固無難易，係人之所得有深淺。今考於《詩》，其難亦不讓二經。然世人反不難而易之用，是通者亦罕使其存心，一則人人皆能明，而經

無不通矣。大抵謂《詩》為不足通者有三：曰章句之書也，曰淫褻之辭也，曰猥細之記也。若然，孔子為泛儒矣。非唯今人易而不習之，考於先儒，亦無幾人，是果不足通與？唐韓文公最為知道之篤者，然亦不過議其序之是否，豈足明聖人本意乎？《易》《書》《禮》《樂》《春秋》，道所存也，《詩》關此五者，而明聖人之用焉，跡其道，不知其用之與奪，猶不辨其物之曲直，而欲制其方圓，是果成乎？故二南牽於聖賢，國風惑於先後，幽居變風之末，惑者溺於私見，而謂之兼上下。二雅混於小大而不明，三頌昧於商、魯而無辨，此一經大概之體，皆所未正者。先儒既無所取捨，後人因不得其詳，由是難易之說興焉。（歐陽修《詩本義》卷十五）

〔三〕【版本】此書有《四部叢刊》影宋本，張元濟跋云：「此為宋刻本，抄配六卷。其原刻各卷……當刊於南孝宗之世。通志堂刊本即從此出，然校勘未精，字句不免訛誤，篇次亦偶見顛倒。」（《張元濟古籍書目序跋彙編》第 929 頁）

〔四〕【詩譜補亡後序】歐陽子曰：「昔者聖人已沒，『六經』之道，幾熄於戰國，而焚於秦。自漢以來，收拾亡逸，發明遺義，而正其訛謬，得以粗備，傳於今者豈止一人之力哉！後之學者因跡前世之所傳，而較其得失，或有之矣。若使徒抱焚餘殘脫之經，倀倀於去聖人千百年後，不見先儒中間之說，而欲特立一家之學者，果有能哉？吾未之信也。先儒之論，苟非詳其終始而牴牾，質諸聖人而悖理，害經之甚，有不得已而後改易者，何以徒為異論以相訾也？毛、鄭於《詩》，其學亦已博矣。予嘗依其箋傳，考之於經，而證以序譜，惜其不合者頗多。予疑毛、鄭之失既多，然不敢輕為改易之，意其為說不止於箋傳而已，恨不得盡見二家之書，不能遍通其旨。夫不盡見其書，而欲折其是非，猶不盡人之辨，而欲斷其訟之曲直，其能果於自決乎？其能使之自服乎？世言鄭氏《詩譜》最詳，求之久矣，不可得，雖《崇文總目》秘書所藏亦無之。慶曆四年，奉使河東，至於絳州，偶得焉。其文有注，而不見名氏，然首尾殘缺，自周公致太平已上皆亡之，其國譜旁行，尤易為訛舛，悉皆顛倒錯亂，不可復序。今因取以補《鄭譜》之亡者，足以見二家所說世次先後甚備，因據而求其得失較然矣，而仍存其圖，庶幾一見予於鄭氏之學盡心焉爾。」

〔五〕【史源】宋朱子纂集《宋名臣言行錄後集》卷二：「公於經術，務究大本，所發明簡易明白，論《詩》曰：『察其美刺，知其善惡，以為勸誡。所謂聖人之志者，本也。因其失傳，妄自為之說者，經師之末也。今學者得其本而通其

末，斯善矣。得其本不通其末，闕其所疑可也。」不求異於諸儒，嘗曰：『先
儒於經不能無失，而所得者固多矣，盡其說而理有不通，然後得以論正，予
非好為異論也。』其於《詩》《易》多所發明，為《詩本義》，所改百餘篇，
其餘則曰毛、鄭之說是矣，復何云乎？」（見《文忠集》附錄卷二）

〔六〕【林光朝】（1114～1178），字謙之，號艾軒。福建莆田人。著有《艾軒集》。

〔七〕【史源】王士禎《池北偶談》卷十六「林艾軒駁《詩本義》」條：「宋林艾軒光
朝，與朱子同時同里，說《詩》最不喜歐陽《本義》。與趙子直書云：『《詩本
義》初得之，如洗腸胃；讀之三歲，覺得有未穩處。大率歐陽、二蘇及劉貢
父談經多如此。』又一書駁《本義》《關雎》《樛木》《兔罝》《麟趾》等解甚
悉。大抵歐陽《本義》雖未必盡合，然較考亭盡去《小序》而以臆斷，不啻
勝之，未可厚非。」

50. 詩集傳八卷

宋朱子（1130～1200）撰。

《宋志》作二十卷，今本八卷，蓋坊刻所併〔一〕。朱子注《易》，凡兩易
稿。其初著之《易傳》，《宋志》著錄，今已散佚，不知其說之同異。注《詩》
亦兩易稿。凡呂祖謙《讀詩記》所稱「朱氏曰」者，皆其初稿，其說全宗《小
序》。後乃改從鄭樵之說，案：朱子攻《序》用鄭樵說，見於《語錄》。朱昇以為用歐陽
修之說，殆誤也。是為今本。卷首自序〔二〕，作於淳熙四年（1177），中無一語斥
《小序》，蓋猶初稿。序末稱時方輯《詩傳》，是其證也。其注《孟子》，以《柏
舟》為仁人不遇。作《白鹿洞賦》，以《子衿》為刺學校之廢。《周頌·豐年》
篇，《小序辨說》極言其誤，而《集傳》乃仍用《小序》說，前後不符，亦舊
稿之刪改未盡者也。楊慎《丹鉛錄》謂：「文公因呂成公太尊《小序》，遂盡變
其說。」〔三〕雖意度之詞，或亦不無所因歟？自是以後，說《詩》者遂分攻《序》、
宗《序》兩家，角立相爭，而終不能以偏廢。《欽定詩經匯纂》雖以《集傳》
居先，而序說則亦皆附錄，允為持千古之平矣。

舊本附《詩序辨說》於後，近時刊本皆刪去。鄭玄稱毛公以《序》分冠
諸篇，則毛公以前《序》本自為一卷，《隋志》《唐志》亦與《毛詩》各見，
今已與《辨說》別著於錄，茲不重載。其間經文訛異，馮嗣京所校正者，如
《鄘風》「終然允臧」〔四〕，「然」誤「焉」；《王風》「牛羊下括」，「括」誤「栝」；
《齊風》「不能辰夜」，「辰」誤「晨」；《小雅》「求爾新特」，「爾」誤「我」；

「朔月辛卯」,「月」誤「日」;「胡然厲矣」,「然」誤「為」;「家伯家宰」,
「家」誤「冢」;「如彼泉流」,「泉流」誤「流泉」;「爰其適歸」,「爰」誤「奚」;
《大雅》「天降滔德」,「滔」誤「慆」;「如彼泉流」,亦誤「流泉」;《商頌》
「降予卿士」,「予」誤「於」。凡十二條。陳啟源所校正者,《召南》「無使
尨也吠」,「尨」誤「厖」;「何彼襛矣」,「襛」誤「穠」;《衛風》「遠兄弟父
每」誤「遠父母兄弟」;《小雅》「言歸斯復」,「斯」誤「思」;「昊天大憮」,
「大」誤「泰」;《楚茨》「以享以祀」,「享」誤「饗」;「福祿脧之」,「脧」誤
「媲」,「畏不能趨」,「趨」誤「趍」;「不皇朝矣」,「皇」誤「遑」(下二章同);
《大雅》「淠彼涇舟」,「淠」誤「淎」;「以篤于周祜」,脫「於」字;《周頌》
「既右饗之」,「饗」誤「享」;《魯頌》「其旂茷茷」誤「茷茷」;《商頌》「來
格祁祁」誤「祈祈」。凡十四條。又傳文訛異,陳啟源所校正者,《召南·騶
虞》篇「豝,牝豕也」,「牝」誤「牡」;《終南》篇「黻之狀亞,象兩弓相背」,
「亞」誤「亞」,「弓」誤「己」;《南有嘉魚》篇「鯉質鱒鱗」,「鱗」誤「鯽」,
又衍「肌」字;《甫田》篇「或耘或耔」,引《漢書》「苗生葉以上」,脫「生」
字;「隤其上」誤「墥其上」;《頍弁》篇「賦而比也」,誤增「興又」二字;
案:經輔廣《詩童子問》所增。《小宛》篇「俗呼青雀」,「雀」誤「觜」;《文王有
聲》篇「減成溝也」,「成」訛「城」;《召旻》篇「池之竭矣」章「比也」誤
作「賦」;《閔予小子》篇引《大招》「三公穆穆」,誤「三公揖讓」;《賚》篇
「此頌文王之功」,「王」誤「武」;《駉》篇「此言魯侯牧馬之盛」,「魯侯」
誤「僖公」。凡十一條。史榮所校正者,《衛風·伯兮》篇傳曰「女為悅己者
容」,「己」下脫「者」字;《王風·采葛》篇「蕭,萩也」,「萩」誤「荻」,
《唐風·葛生》篇「域,營域也」,「營」誤「塋」;《秦風·蒹葭》篇「小渚
曰沚」,「小」誤「水」;《小雅·四牡》篇「今鵻鳩也」,「鵻」誤「鵜」;《蓼
蕭》篇「在衡曰鸞」,「衡」誤「鑣」;《采苣》篇「即今苦蕒菜」,「蕒」誤「蕒」;
《正月》篇「申包胥曰人定則勝天」,「定」誤「眾」;《小弁》篇「江東呼為
鸒鳥」,「鸒」誤「鴨」;《巧言》篇「君子不能聖讒」,「聖」誤「塈」。凡十
條。蓋「五經」之中,惟《詩》易讀,習者十恒七八。故書坊刊版亦最夥,
其輾轉傳訛亦為最甚。今悉釐正,俾不失真。至其音叶,朱子初用吳棫《詩
補音》,案:棫《詩補音》與所作《韻補》為兩書,《書錄解題》所載其明,《經義考》合為
一書,誤也。其孫鑒又意為增損,頗多舛迕。史榮作《風雅遺音》,已詳辯之,
茲不具論焉。(《總目》卷十五)

【注釋】

〔一〕【版本】羅振玉《黑口本詩集傳音釋跋》云：「此本上下有大黑口，乃明中葉以前所刊，仍二十卷之舊。」（《雪堂類稿》乙冊第 438 頁）今按，常見版本有《四部叢刊》影印本、中華書局 1959 年排印本、上海古籍出版社 1980 年本。

〔二〕【朱熹自序】或有問於余曰：「《詩》何為而作也？」余應之曰：「人生而靜，天之性也。感於物而動，性之欲也。夫既有欲矣，則不能無思。既有思矣，則不能無言。既有言矣，則言之所不能盡，而發於諮嗟詠歎之餘者，必有自然之音響節奏而不能已焉。此《詩》之所以作也。」曰：「然則其所以教者何也？」曰：「詩者，人心之感物而形於言之餘也。心之所感有邪正，故言之所形有是非。惟聖人在上，則其所感者無不正，而其言皆足以為教。本之二南以求其端，參之列國以盡其變，正之於雅以大其規，和之於頌以要其止，此學《詩》之大旨也。於是乎章句以綱之，訓詁以紀之，諷詠以昌之，涵濡以體之，察之情性隱微之間，審之言行樞機之始，則修身齊家平均天下之道，其亦不待他求而得之於此矣。」（《經義考》卷一百八）

〔三〕【史源】《經義考》卷九十九：楊慎曰：「去《序》言《詩》，自朱文公始。文公因呂成公太尊《小序》，遂盡變其說，蓋矯枉過正，非平心折衷之論也。」李舜臣曰：「《詩序》其始一言而已，餘蓋後人所述，不應作者自為釋也。」《丹鉛餘錄》卷九：程伊川云：「《詩小序》是當時國史作，如不作，則孔子亦不能知。如《大序》則非聖人不能作。」此言可謂公矣。朱晦庵起千載之下，一以意見，必欲力戰《小序》而勝之，亦可謂崛強者哉！《丹鉛總錄》卷十八「詩小序」：朱子作《詩傳》，盡去《小序》，蓋矯呂東萊之弊，一時氣信之偏，非公心也。馬端臨及姚牧庵諸家辯之悉矣。

〔四〕【史源】宋段昌武《毛詩集解》卷四：「終然允臧者，喜其果遂於志願也。」
【整理與研究】孫銀周撰《朱熹〈詩集傳〉思想研究》（河南大學 2011 年碩士學位論文）。

51. 詩童子問十卷

　　宋輔廣撰。廣字漢卿，號潛齋。其父本河朔（泛指黃河以北）人，南渡居秀州（今浙江嘉興）之崇德縣。初從呂祖謙遊，後復從朱子講學，即世所稱慶源輔氏也。

　　是編大旨主於羽翼《詩集傳》。以述平日聞於朱子之說，故曰「童子問」。
卷首載《大序》《小序》，採錄《尚書》《周禮》《論語》說《詩》之言，各為注
釋，又備錄諸儒辨說，以明讀《詩》之法。書中不載經文，惟錄其篇目，分章
訓詁。末一卷則惟論叶韻。朱彝尊《經義考》載是書二十卷，有胡一中序〔一〕。
言閱建陽書市，購得而鋟諸梓，且載文公《傳》於上，《童子問》於下。此本
僅十卷，不載朱子《集傳》，亦無一中序。蓋一中與《集傳》合編，故卷帙加
倍，此則汲古閣所刊廣原本，故卷數減半，非有所闕佚也。

　　其說多掊擊《詩序》，頗為過當。張端義《貴耳集》載陳善送廣往考亭詩
曰：「見說平生輔漢卿，武彝山下吃殘羹。」〔二〕似頗病其曖曖姝姝奉一先生。
然各尊其所聞，各行其所知，謹守師傳，公門別戶，南宋以後亦不僅廣一人，
不足深異。陳啟源《毛詩稽古編》糾其注《周頌・潛》篇不知季春「薦鮪」為
《月令》之文，誤以為序說而辨之，則誠為疏舛。**蓋義理之學與考證之學分
途久矣。**廣作是書，意自有在，固不以引經據古為長也。〔三〕（《四庫全書總目》
卷十五）

【注釋】

〔一〕【胡一中序】《詩童子問》者，潛庵輔傳貽先生所著，羽翼朱子之《集傳》者
　　　也。自三百五篇穿鑿於《小序》，傅會於諸儒，六義之不明久矣。至朱子一正
　　　聖人之經，微詞奧旨，昭若日星。先生親炙朱子之門，深造自得，於問答之
　　　際，尊其師說，退然弗敢自專，故謙之曰「童子問」。既具載師友粹言於前，
　　　復備論《詩序辨說》於後，俾讀《詩》者優柔聖經賢傳之趣，而鼓舞鳶飛魚
　　　躍之天，豈不大有功於彝倫也哉！曩於檇李聞士夫藏是書如至寶，傳是書如
　　　秘術，殊有負傳述之本意。

〔二〕【史源】《貴耳集》卷上：「秋塘陳敬甫善有《雪篷夜話》三卷。《送輔漢卿過
　　　考亭詩》云：『聞說平生輔漢卿，武夷山下啜殘羹。』」今按，《四庫全書總目》
　　　引詩與原書文字稍有出入。

〔三〕【整理與研究】程濬撰《〈詩童子問〉研究》（浙江大學 2011 年碩士論文），
　　　趙法坤撰《輔廣〈詩童子問〉及其詩經觀研究》（廣西大學 2014 年碩士論文）。

52. 詩傳遺說六卷

宋朱鑒〔一〕編。鑒有《朱文公易說》〔二〕，已著錄。

是編乃理宗端平乙未（1235），鑒以承議郎權知興國軍事時所成。蓋因重槧

朱子《集傳》，而取《文集》《語錄》所載論《詩》之語足與《集遺》相發明者，匯而編之，故曰《遺說》。其書首綱領，次序辨，次六義，繼之以風、雅、頌之論斷，終之以逸詩、詩譜、叶韻之義。以朱子之說，明朱子未竟之義，猶所編《易傳》例也。

鑑自序有曰：「先文公《詩集傳》，豫章、長沙、後山皆有本，而後山校讎最精。第初脫稿時，音訓間有未備，刻版已竟，不容增益，欲著補脫，終弗克就。仍用舊版，葺為全書，補綴趲那，久將漫漶。竭來富川，郡事餘暇，輒取家本，新加是正，刻置學宮（云云）。」〔三〕國朝寧波史榮撰《風雅遺音》，據鑑此序，謂今本《集傳》音叶，多鑑補苴，非朱子所手定，其說似非無因。然則以音叶之誤議朱子，與以朱子之故而委曲迴護吳棫書者，殆均失之矣。〔四〕（《四庫全書總目》卷十五）

【注釋】

〔一〕【朱鑑】字子明，以蔭補迪功郎，官至湖廣總領。朱子嫡長孫。

〔二〕【史源】《四庫全書總目》卷三著錄。

〔三〕【詩傳遺說序】刻置學宮，以傳永久。抑鑑昔在侍旁，每見學者相與講論是書，凡一字之疑，一義之隱，反覆問答，切磋研究，必令心通意解而後已。今《文集》《書問》《語錄》所記載，無慮數十百條，匯次成編，題曰《遺說》。後之讀《詩》者，能兼考乎此而盡心焉，則無異於親承誨誘，可以得其意，而無疑於其言矣。

〔四〕【詩傳遺說提要】右宋朱鑑裒次其先祖文公之遺說也。文公之為《集傳》也，屢易其說而後成，凡一字之疑、一義之隱，必反覆商榷，折衷於至當而後已，故其緒言餘論往往散見於他書，雜載於門弟子之所記授，類足以發明《集傳》之義，使不匯而存之，奚以備學士之參核。鑑於是檢《文集》《書問》《語錄》各種，都為一集，題曰《詩傳遺說》，首綱領，次序辨，次六義，明讀《詩》之要旨，辨往說之是非，著《小序》之失，發無邪之旨，繼之以風、雅、頌之論斷，終之以逸詩、詩譜、叶韻之義，凡六卷。單辭隻義，甄錄無遺，學者讀《集傳》而兼改乎是，將所謂溫柔敦厚之意、興觀群怨之旨不益犁然會於心歟？鑑字子明，文公宗子塾之子也，仕至吏部郎中、湖廣總領。又有《易說》若干卷，其大略相類。是編其為承議郎權知興國軍時所輯，蓋宋理宗端平乙未歲也。鑑與文公皆生於庚戌，文公初得孫，喜甚，以書抵龍川陳亮曰：「小孫資稟壯實，他日可望告廟。則曰『嗣子既亡，次當承緒』。異時朝廷察

其遺忠，或有恩意，亦令首及鍾愛異於諸孫如此。」見劉後邨所著墓銘。鑒淵源家學，無忝先人，復有志於揚前哲之清芬，以開示乎來學，亦可志也。（余集《秋室學古錄》卷二）

53. 詩考一卷

宋王應麟〔一〕（1223～1296）撰。應麟有《周易鄭康成注》，已著錄。

此編則考三家之《詩》說者也。《隋書・經籍志》云：「《齊詩》魏代已亡，《魯詩》亡於西晉，《韓詩》雖存，無傳之者。今三家《詩》惟《韓詩外傳》僅存，所謂《韓故》《韓內傳》《韓說》者，亦並佚矣。」應麟檢諸書所引，集以成帙，以存三家逸文，又旁搜廣討，曰「詩異字異義」，曰「逸詩」，以附綴其後，每條各著其所出。所引《韓詩》較夥，齊、魯二家僅寥寥數條，蓋《韓詩》最後亡，唐以來注書之家引其說者多也。卷末別為補遺，以掇拾所闕，其搜輯頗為勤摯。明董斯張嘗摘其遺漏十九條，其中《子華子》「清風婉兮」一條〔二〕，本北宋偽書，不得謂之疏略。

近時會稽范家相，因應麟之書撰《三家詩拾遺》十卷，其所條錄又多斯張之所未搜。並摘應麟所錄逸詩，如《楚辭》之駕辨、夏侯元辨，《樂論》之網罟豐年，《穆天子傳》之黃竹，《呂氏春秋》之燕燕破斧、葛天八闋，《尚書大傳》之晳陽、南陽、初慮、朱於、苓落、歸來、縵縵，皆子書雜說，且不當錄及殷以前，所言亦不為無理。然古書散佚，搜採為難。後人躧事增修，較創始易於為力，筆路襤褸，終當以應麟為首庸也。（《總目》卷十五）

【注釋】

〔一〕【作者研究】莊謙一撰《王厚齋學術及著述考略》（文史哲出版社 1978 年版）。鄭傳傑撰《宋儒王應麟》（寧波出版社 2007 年版），錢茂偉撰《王應麟學術評傳》（中華書局 2011 年版）。按，王應麟，字伯厚，號深寧居士，一號厚齋，慶元府鄞縣（今浙江寧波）人。

〔二〕【史源】《子華子》卷上「孔子贈」條：子華子反自郊，遭孔子於途，傾蓋而顧，相語終日，甚相親也。孔子命子路曰：「取束帛以贈先生。」子路屑然而對曰：「由聞之：士不中間，見女嫁無媒，君子不以交，禮也。」有間，又顧謂子路，子路又對如初。孔子曰：「固哉由也！《詩》不云乎：『有美一人，清風婉兮。邂逅相遇，適我願兮。』今程子，天下之賢士也，於斯不贈，則終身弗能見也，小子行之。」

54. 詩傳通釋二十卷

元劉瑾撰。瑾字公瑾，安福人〔一〕。

其學問淵源出於朱子，故是書大旨在於發明《集傳》，與輔廣《詩童子問》相同〔二〕。陳啟源作《毛詩稽古編》，於二家多所駁詰。然廣書皆循文演義，故所駁惟訓解之辭；瑾書兼辨訂故實，故所駁多考證之語。如注《何彼襛矣》，以齊桓公為襄公之子；注《魏風》以魏為七國之魏；注《陟岵》，謂毛《傳》先出，《爾雅》後出。注《綢繆》，謂心宿之象，三星鼎立；注《鹿鳴之什》，謂上下通用，止《小雅》《二南》，其《大雅》獨為天子之樂；注《節南山》，以家父即《春秋》之家父，師尹即《春秋》之尹氏。案：此項安世之說，見朱善《詩解頤》，瑾襲之而隱其名也。注《楚茨》，誤讀鄭康成《玉藻注》，以楚茨為即採齊；注《甫田》，誤讀毛《傳》車梁，以為即《小戎》之梁輈；注《殷武》，杜撰殷廟之昭穆，及祧廟世次。皆一經指謫，無可置辭。故啟源譏胡廣修《詩經大全》收瑾說太濫。案：《大全》即用瑾此書為藍本，故全用其說。啟源未以二書相較，故有此語，謹附訂於此。〔三〕然徵實之學不足，而研究義理，究有淵源，議論亦頗篤實，於詩人美刺之旨尚有所發明，未可徑廢。

至《周頌‧豐年》篇，朱子《詩辨說》既駁其誤，而《集傳》乃用《序》說，自相矛盾。又三夏見於《周禮》，呂叔玉注以《時邁》《執競》《思文》當之。朱子既用其說，乃又謂成、康是二王諡，《執競》是昭王後詩，則不應篇名先見《周禮》，瑾一迴護，亦為啟源所糾。然漢儒務守師傳，唐疏皆遵注義，此書既專為朱《傳》而作，其委曲遷就，固勢所必然，亦無庸過為責備也。

〔四〕（《總目》卷十六）

【注釋】

〔一〕【劉瑾】安福人。肆力治《詩》，其說宗朱子，而間出其所自得，又考正諸國世次、作者時世，察其源流，辨其音韻，審詩樂之合，窮刪定之由，為《詩傳通釋》一書，能闡發朱子之蘊。（《吉安府志》）

〔二〕【評論】楊士奇曰：「《詩傳通釋》，元安成劉瑾輯，凡二十卷，余家所有四冊，其採錄各經傳及諸儒所發要義，又考求世次源流，至明且備，蓋會通之書也。」

〔三〕【辨偽】《經義考》卷一百十一：劉氏《通釋》，永樂中胡廣等攘其成書為《大全》，惟於原書「愚按」二字更作「安成劉氏」而已。

〔四〕【版本】潘景鄭《殘元本詩傳通釋》云：「其書專宗《集傳》，輯錄諸說，互相援引，內所據李寶之、劉辰翁兩家，為諸家所未及。全書二十卷，張氏《愛

日精廬藏書志》著錄元至正刊本（第十六卷抄補），後歸瞿氏鐵琴銅劍樓。陸氏《皕宋樓藏書志》亦有一本，與此相同，今歸日本靜嘉堂。」（《著硯樓讀書記》第6頁）

【整理與研究】趙沛霖《劉瑾〈詩傳通釋〉淺說》一文認為，劉瑾《詩傳通釋》是元代詩經學中一部有代表性的著作，是一部以輔翼朱《傳》為己任的著作，在思想上追隨朱熹，以理學的觀點解詩，帶有強烈的理學色彩和鮮明的時代思想烙印。（《貴州文史叢刊》2002年第4期）。

55. 詩纘緒十八卷〔一〕

元劉玉汝撰。玉汝，始末未詳。推以周霆震《石初集》〔二〕考之，知其為廬陵（今江西吉安）人，字成之，嘗舉鄉貢進士。所作《石初集序》末題洪武癸丑（1373），則明初尚存也。

此書諸家書目皆未著錄，獨《永樂大典》頗載其文。其大旨專以發明朱子《集傳》，故名曰《纘緒》。體例與輔廣《童子問》相近，凡《集傳》中一二字之斟酌，必求其命意所在。或存此說而遺彼說，或宗主此論而兼用彼論，無不尋繹其所以然。至論比興之例，謂有有取義之興，有無取義之興，有一句興通章，有數句興一句，有興兼比、賦兼比之類。明用韻之法，如曰隔句為韻，連章為韻，疊句為韻，重韻為韻之類。論風雅之殊，如曰有腔調不同，有詞義不同之類。於朱子比興叶韻之說，皆能反覆體究，縷析條分。雖未必盡合詩人之旨，而於《集傳》一家之學，則可謂有所闡明矣。

明以來諸家《詩》解罕引其說，則亡佚已久。今就《永樂大典》所載，依經排纂，正其脫訛，定為一十八卷。〔三〕（《四庫全書總目》卷十六）

【注釋】

〔一〕【詩纘緒提要】右元劉玉汝撰。玉汝《元史》無傳，其行履亦不見於他書，惟以周霆震《石初集》考之，知其為廬陵人，字成之，嘗舉鄉貢進士，而所作《石初集序》末題洪武癸丑，則明初尚存也。此書諸家書目從未著錄，獨《永樂大典》各韻內頗載有其文。其大旨專以發明朱子《集傳》，故名曰「纘緒」，蓋以纘紫陽之緒為言，體例與輔廣《童子問》相近，而發揮更為精暢。凡集傳中一二字之斟酌，必求其命意所在，或存此說而去彼說，或宗主此說而兼用彼說，無不尋繹其所以然，而闡明之。至其論比興之例，如曰：「有取義之興，有無取義之興，有一句興數章，有數句興一句，有賦又比，比又賦之類。」

明用韻之法，如曰隔章為韻，迭句為韻，重韻為韻，隔句為韻之類。論風雅之別，如曰有腔調不同，有詞氣不同之類。於文公比興叶韻之說皆反覆體究，詮釋明當，足補前人所未備，洵可為朱氏功臣。《詩傳》自紫陽始發理趣，後宗其說者漸多。輔氏以外，如胡一桂之《附錄纂疏》、梁益之《旁通》、汪克寬之《音義會通》、劉瑾之《通釋》，悉能發朱子之蘊。胡廣等據以纂輯《大全》，遂為世所習用。玉汝此書尤推闡無遺，與諸儒足相伯仲，乃前人罕有稱之者，則其亡佚久矣。今就《永樂大典》所載，依經排纂，正其訛脫，定為書十八卷，以為羽翼朱《傳》者備一家之說焉。（余集《秋室學古錄》卷二）今按，此條提要與余集所擬草高度相似。

〔二〕【石初集】元周霆震（1292～1379）撰。霆震字亨遠，安成（今屬江西）人。霆震生於前至元二十九年壬辰（1292），卒於明洪武十二年己未（1379），年八十有八。親見元代之盛，又親見元代之亡，故其詩憂時傷亂，感憤至深。如《二月十六日青兵逼城》……諸篇，並敘述亂離，沉痛酸楚，使異代尚如見其情狀。昔汪元量《水雲集》，論者以為宋末之詩史。霆震此集，其亦元末之詩史歟？（《四庫全書總目》卷一六八）

〔三〕【整理與研究】劉曦《劉玉汝〈詩纘緒〉研究》（暨南大學 2014 年碩士論文）認為，在經學方面，此書與朱熹《詩集傳》有明顯的承襲關係，但在闡發申說時常帶有駁正的性質，力求使朱熹說《詩》體系更為完善周密；在文學方面，《詩纘緒》細化了賦比興的分類、用法和規律，注重以地域風俗的宏觀視角讀《詩》。

56. 詩解頤四卷

明朱善（1314～1385）撰。善字備萬，號一齋，豐城（今屬江西宜春市）人。洪武中官至文淵閣大學士。事蹟附見《明史‧劉三吾傳》。

是編不載經文，但以《詩》之篇題標目。大抵推衍朱子《集傳》為說，亦有闕而不說者，則並其篇目略之。其說不甚訓詁字句，惟意主借《詩》以立訓。故反覆發明，務在闡「興觀群怨」之旨、「溫柔敦厚」之意，而於興衰治亂尤推求源本，剴切著明。在經解中為別體，而實較諸儒之爭競異同者為有裨於人事。

其論《何彼襛矣》為後人誤編於《召南》，蓋沿王柏之謬說，不足為據。其論《二子乘舟》，謂壽可謂之悌弟，伋不可謂之孝子。律以大杖則逃之文，

固責備賢者之意。實則申生自縊，《春秋》無貶。尚論古人，亦未可若是苛也。然論其大旨，要歸醇正，不失為儒者之言。其於「太王翦商」一條，引金履祥之言，補《集傳》所未備。其據宣王在位四十六年，謂《節彼南山》之申伯蹶父皇父尹氏，皆非當日之舊人，駁項安世之說，亦時有考據。《明史》載其引據往史，駁律禁姑舅兩姨為婚之說，極為典核〔一〕。知其研思典籍，具有發明。蓋元儒篤實之風，明初猶有存焉，非後來空談高論者比也。(《四庫全書總目》卷十六)

【注釋】

〔一〕【評論】律禁姑舅兩姨為婚之誤，本來不誤，駁之則妄，然《四庫提要》稱「極為典核」，可謂妄評。

〔二〕【整理與研究】張亞輝撰《朱善〈詩解頤〉研究》(暨南大學 2014 年碩士論文)，從成書動因、體例結構、經學特色、文學闡釋等方面進行研究。

57. 詩經大全二十卷

明胡廣(1370~1418)等奉敕撰。亦永樂中所修《五經大全》之一也。

自北宋以前，說《詩》者無異學。歐陽修、蘇轍以後，別解漸生。鄭樵、周孚以後，爭端大起。紹興、紹熙之間，左右佩劍，相笑不休。迄宋末年，乃古義黜而新學立。故有元一代之說《詩》者無非《朱傳》之箋疏。至延祐行科舉法，遂定為功令，而明制因之。廣等是書亦主於羽翼《朱傳》，遵憲典也。然元人篤守師傳，有所闡明，皆由心得。明則靖難以後，耆儒宿學，略已喪亡。廣等無可與謀，乃剽竊舊文以應詔。此書名為官撰，實本元安城劉瑾所著《詩傳通釋》而稍損益之。今劉氏之書尚有傳本，取以參校，大約於其太冗蔓者略刪數條，而餘文如故。惟改其中「瑾案」二字為「劉氏曰」。又劉書以《小序》分隸各篇，是書則從朱子舊本合為一篇，小變其例而已。顧炎武《日知錄》、朱彝尊《經義考》並抉摘其非〔一〕。陳啟源《毛詩稽古編》，但責廣等採劉瑾之說太濫，猶未究其源也。

其書本不足存，惟是恭逢聖代，考定藝文，既括千古之全書，則當備歷朝之沿革，而後是非得失，釐然具明。此書為前明取士之製，故仍錄而存之，猶小學類中存《洪武正韻》之例云爾。(《四庫全書總目》卷十六)

【注釋】

〔一〕【史源】顧炎武《日知錄》卷十八「四書五經大全」條：「自朱於作《大學中庸章句或問》《論語孟子集注》之後，黃氏有《論語通釋》，而採語錄附於朱子章句之下則始自真氏，名曰《集義》，止《大學》一書，祝氏乃仿而足之，為《四書附錄》。後有蔡氏《四書集疏》、趙氏《四書纂疏》、吳氏《四書集成》。昔之論者病其泛溢，於是陳氏作《四書發明》，胡氏作《四書通》，而定宇之門人倪氏合二書為一，頗有刪正，名曰《四書輯釋》。自永樂中命儒臣纂修《四書大全》，頒之學官，而諸書皆廢。倪氏《輯釋》今見於劉用章所刻《四書通義》中。永樂中所纂《四書大全》特小有增刪，其詳其簡或多不如倪氏，《大學中庸或問》則全不異，而間有外誤。至《春秋大全》則全襲元人汪克寬《胡傳纂疏》，但改其中『愚按』二字為『汪氏曰』，及添盧陵李氏等一二條而已。《詩經大全》則全襲元人劉謹《詩傳通釋》，而改其中『愚按』二字為『安成劉氏曰』。其三經後人皆不見舊書，亦未必不因前人也。當日儒臣奉旨修《四書五經大全》，頒餐錢，給筆札，書成之日，賜金遷秩，所費於國家者不知凡幾。將謂此書既成，可以章一代教學之功，啟百世儒林之緒，而僅取已成之書抄謄一過，上欺朝廷，下誑士子，唐、宋之時有是事乎？豈非骨鯁之臣已空於建文之代？而制義初行，一時人士盡棄宋、元以來所傳之實學，上下相蒙，以饕祿利，而莫之問也，嗚呼！經學之廢，實自此始，往之君子欲掃而更之，亦難乎其為力矣。」

今按，朱冶《明初〈四書五經大全〉取材及其成因考析》認為，永樂年間敕撰書《四書五經大全》對明清士人乃至東亞儒學影響深遠。該書之所以形成取材元代安徽、江西一帶理學著作之特色，實受敕修要求、纂修人事等多重因素影響，並如實反映元末明初主流士人的理學閱讀情形。《四書五經大全》的取材和編纂特色，體現元末明初儒學傳承的基本脈絡。（《史林》2017年第6期）

又按，朱冶《元明朱子學的遞嬗——〈四書五經性理大全〉》研究》（人民出版社2020年版）更為詳細地探討了朱子學的嬗變過程，可資參考。

又按，《四書五經大全》在後世備受爭議，明末以來學者批評的焦點在於其抄襲前人成書，這要追溯到顧炎武等人。長於考據而短於思辨的顧氏目睹神州陸沉，義憤填膺，感性壓倒理性，錯誤地將明朝滅亡這一政治事件歸因於晚明文人士大夫的清談誤國，又不遺餘力地否定明代學術，成功地解構

了《四書五經大全》，又將明學模式（即理學模式）轉換為清學模式（即樸學模式），功過是非，迄無定論。竊以為，理學研究的整體思辨模式被樸學研究的碎片化模式取代，其實是中國學術文化史上的一次大倒退。只有走出樸學研究的誤區，才有可能回到正途。

58. 詩經世本古義二十八卷

明何楷〔一〕撰。楷有《古周易訂詁》，已著錄。

其論《詩》專主孟子「知人論世」之旨，依時代為次，故名曰「世本古義」〔二〕。始於夏少康之世，以《公劉》《七月》《大田》《甫田》諸篇為首，終於周敬王之世，以《曹風‧下泉》之詩殿焉。計三代有詩之世，凡二十八王，各為序目於前，又於卷末仿《序卦傳》例，作《屬引》一篇，用韻語排比成文，著所以論列之意。考《詩序》之傳最古，已不能盡得作者名氏，故鄭氏《詩譜》，闕有間焉。三家所述，如《關雎》出畢公，《黍離》出伯封之類，茫昧無據，儒者猶疑之弗傳。楷乃於三千年後，鉤棘字句，牽合史傳，以定其名姓時代。如《月出》篇有「舒窈糾兮，舒慢受兮」之文，即指以為夏徵舒，此猶有一字之近也，《碩鼠》一詩，茫無指實，而指以為《左傳》之魏壽餘，此孰見之而孰傳之？以《大田》為豳雅，《豐年》《良耜》為豳頌，即屬之於公劉之世，此猶有先儒之舊說也，以《草蟲》為《南陔》，以《菁菁者莪》為《由儀》，以《緇蠻》為《崇邱》，又孰傳之而孰受之？大惑不解，楷之謂乎？

然楷學問博通，引援賅洽，凡名物訓詁，一一考證詳明，典據精確，實非宋以來諸儒所可及。譬諸搜羅七寶，造一不中規矩之巨器，雖百無所用，而毀以取材，則火齊木難，片片皆為珍物。百餘年來，人人嗤點其書，而究不能廢其書，職是故矣。（《四庫全書總目》卷十六）

【注釋】

〔一〕【何楷】字元子，晉江（今福建泉州）人。事蹟具《明史》本傳。

〔二〕【何楷自序】昔者孔子之教天下，道不外乎「六經」，而禮樂為王者之事，當世必皆各有成書，如《周禮》《儀禮》之類，不容以意為之損益，其所手定，惟《易》《書》《詩》《春秋》四者。《易》衍《十翼》，《春秋》修舊史，皆述也。而有作焉，若《書》《詩》，第以棄取見義而已。《易》《春秋》之為書，一明理，一紀事，各自孤行，而《書》《詩》則兼禮樂而有之，是故《易》體也，《春秋》用也，垂《書》《詩》以寄禮樂，聖人治世之跡所以流露於體

用之間者也。然以理言，則禮樂仍與《易》為類，物之有本末也。以事言，則《書》《詩》又與《春秋》為類，道之有升降也。不明乎此，亦未有能讀《書》誦《詩》者也。夫以《書》為兼乎禮樂，類乎《春秋》，人猶信之，若《詩》則第以道性情，一語蔽之足矣，將安取此？嗟乎！詩教失傳，莫大於是。今夫詩在《書》中，不過諸製之一，若《五子之歌》是也。諸製各因一事而作，宜不能多，而詩則上播諸聲律，下形諸諷詠，無地而不有詩，無人而不可以作詩。後儒視《詩》太淺，索《詩》太易，盍亦思聖人所以廣收約取，著之為經，與《易》《書》《春秋》並垂者，其立教宜何如精嚴，而可輕以里巷謳吟文人詞曲例之乎？凡余說《詩》，是不一術，先循之行墨以研其義，既證之他經以求其驗，既又考之山川譜系以摭其實，既又尋之鳥獸草木以通其意，既又訂之點畫形聲以正其誤，既又雜引賦詩斷章以盡其變，諸說兼詳，而詩中之為世為人，若禮若樂，俱一一躍出，於是喜斯文之在茲，歎絕學之未墜也。當其沉思莫解，寢食都忘，疑竇將開，鬼神如牖，亦閱七載，手不停披，斯已勤矣。書成，悉依時代為次，名曰《世本古義》。伸子輿氏誦詩論世之指也。卷凡二十八，與經宿配。每篇仿古序體，更定小引，以冠其前，其諸義未安者，則附見之章句之後，欲使觀者了其顛末，有所考鏡焉。

59. 欽定詩經傳說彙纂二十卷序二卷

康熙末，聖祖仁皇帝御定。刻成於雍正五年（1727），世宗憲皇帝製序頒行。〔一〕

《詩序》自古無異說，王肅、王基、孫毓、陳統爭毛、鄭之得失而已。其捨《序》言《詩》者，萌於歐陽修，成於鄭樵，而定於朱子之《集傳》。輔廣《童子問》以下，遞相羽翼，猶未列學官也。元延祐中行科舉法，始定《詩》義用朱子，猶參用古注疏也。明永樂中修《詩經大全》，以劉瑾《詩集傳通釋》為藍本，始獨以《集傳》試士。然數百年來諸儒多引據古義，竊相辨詰，亦如當日之攻毛、鄭。蓋《集傳》廢《序》，成於呂祖謙之相激，非朱子之初心，故其間負氣求勝之處在所不免。原不能如《四書集注》句銖字兩，竭終身之力，研辨至精。特明代纂修諸臣，於革除之際，老師宿儒銖鋤殆盡，不能如劉三吾等輯《書傳會選》，於蔡氏多所補正。又成祖雖戰伐之餘，欲興文治，而實未能究心經義，定眾說之是非。循聲附和，亦其勢然歟？

是編之作，恭逢聖祖仁皇帝天亶聰明，道光經籍，研思六義，綜貫四家。於眾說之異同，既別白瑕瑜，獨操衡鑒，而編校諸臣亦克承訓示，考證詳明，一字一句，務深溯詩人之本旨。故雖以《集傳》為綱，而古義之不可磨滅者，必一一附錄，以補闕遺。於學術持其至平，於經義乃協其至當。風雅運昌，千載一遇，豈前代官書任儒臣拘守門戶者所可比擬萬一乎？（《四庫全書總目》卷十六）

【注釋】

〔一〕【考證】此書總裁為王鴻緒、揆敘，南書房校對為張廷玉等。

60. 詩經通義十二卷

國朝朱鶴齡〔一〕（1606～1683）撰。鶴齡有《尚書埤傳》，已著錄。

是書專主《小序》，而力駁廢《序》之非。所採諸家於漢用毛、鄭，唐用孔穎達〔二〕，宋用歐陽修、蘇轍、呂祖謙、嚴粲，國朝用陳啟源。其釋音，明用陳第，國朝用顧炎武〔三〕。其《凡例》九條〔四〕，及考定鄭氏《詩譜》，皆具有條理。惟鶴齡學問淹洽，往往嗜博好奇，愛不能割，故引據繁富，而傷於蕪雜者有之，亦所謂「武庫之兵，利鈍互陳」者也。要其大致，則彬彬矣。

鶴齡與陳啟源同里。據其自序，此書蓋與啟源商榷而成〔五〕。又稱啟源《毛詩稽古編》專崇古義，此書則參停於今古之間，稍稍不同〔六〕。然《稽古編》中屢稱「已見《通義》，茲不具論」，則二書固相足而成也。〔七〕（《四庫全書總目》卷十六）

【注釋】

〔一〕【朱鶴齡】字長孺，吳江（今屬江蘇蘇州）人。事蹟具《清史稿》卷四八〇。

〔二〕【考證】王欣夫先生云：「蓋長孺於《詩傳》屬之毛萇，故《提要》並鄭君列為漢。然《自序》謂：『毛《傳》簡略，無所發明。鄭《箋》支離膠固，舉詩人之旨意而盡汨亂之。孔《疏》又踵陋仍訛，無以辨其得失。』則實於三家皆未以為是也。」（《蛾術軒篋存善本書錄》第718頁）今按，黃焯先生對於毛《傳》、鄭《箋》、孔《疏》皆有《平議》之作。

〔三〕【考證】《凡例》云：「陳季立氏謂古字本有古音，與後代不同，不必改叶。吾友顧寧人氏引申其說，又謂沈約四聲不當以律古人之詩，二家援證精博，可

信從無疑矣。但細覈《集傳》所叶之音，與二家考證者無甚相遠，而四聲不用，則平上去入通為一音，入聲轉韻初學多不曉，故今仍用《集傳》所叶。」則陳、顧之說僅作參考，未嘗專引也。（王欣夫《蛾術軒篋存善本書錄》第718～719頁）

〔四〕【凡例】通義者，通古《詩序》之義也。蓋《序》乃一詩綱領，必先申《序》意，然後可論毛、鄭諸家之得失。後序多漢儒附益者，今取歐、蘇、呂、嚴諸說，為之辨正，錯簡訛字，亦詳訂焉。制舉之家專宗《朱傳》，故《詩序》久置不講，並宋、元諸儒之說皆無由而見。余採其合於序說者，備錄之，蓋表章古義，不得不與俗學牴牾爾。古本皆標序於經文之前，後儒遂以《詩序》若今之詩題，余謂序所以明作者之意，非先有序而後有詩也。郝仲輿本移序從經，最為得體，今從之。古序最簡，毛、鄭訓多不明，鄭尤踳駁，故為後儒所排，學者善解而參伍之。夾漈《辨妄》、朱子《辨說》皆可不作矣。（下略）

　　今按，《詩經通義凡例》實有十條。

〔五〕【朱鶴齡《毛詩稽古編序》】昔夫子刪定「六經」，而其自言曰「信而好古」。夫三王五帝之事，若存若亡，蓋有不可深求者矣。自有聖門闕疑之法，在今人概黜為郢書燕說，此不可解一也。《爾雅》一書，古人專以釋經，亦子夏之徒為之。至六書必祖《說文》，名物必稽陸《疏》，皆先儒說《詩》律令。今人動以新義掩古義，今音證古音，此又不可解也。說者謂考亭《集傳》頒諸功令，學者不敢異同。然考亭嘗為《白鹿洞賦》，中云：「廣青衿之疑問，樂菁莪之長育。」仍不用己說，門人問之曰：「《序》說自不可廢。」然則考亭之意亦豈欲學者株守一家，而盡屏除漢、唐以來諸儒之箋傳，如今之人安於固陋荒忽者哉？余向為《通義》，多與陳子長發商榷而成，深服其援據精博。近乃自成《稽古編》若干卷，悉本《小序》，注疏為之，交推旁通，余書猶參停今古之間，長發則專宗古義，宣幽抉滯，劈肌中理，即考亭見之，亦當爽然心開，欣然頤解。嗚乎！經學之荒也，荒於執一先生之言，而不求其是。苟求其是，必自信古始。夫《詩》之有《序》也，猶江之發源羊膊嶺也。毛、鄭則出玉壘，過湔堋而下時也。後儒之說，則歷三峽，分九道，汩汩然莫知所極。今與之導源岷山，使知緣厓數百激湍萬里之皆濫觴於此也。豈非《記》所云「先王祭川，必先河而後海」之義乎？

　　　　司馬按，所謂「據其自序，此書蓋與啟源商榷而成」，王欣夫先生加以質
　　　疑，認為「自序均無此語，或在自跋中」（《蛾術軒篋存善本書錄》第719頁）。
　　　他說對了前半句，但後半句缺少證據。據筆者考證，此處「自序」實指《毛
　　　詩稽古編序》，序中明言：「余向為《通義》，多與陳子長發商榷而成。」

〔六〕【評論】《鄭堂讀書記》謂：「陳氏《毛詩稽古編》一準古義，而是書兼權眾
　　　說，為例不同，不可偏廢。若較其優絀，終當以陳氏書為長。是編不過稍勝
　　　於墨守朱《傳》者耳。」邵懿辰《四庫簡明目錄標注》謂：「朱鶴齡作《詩經
　　　通義》，陳啟源實佐成之。然《通義》兼權眾說，《稽古編》則堅持古義，不
　　　容一語之出入。」所評二家之得失最當。故阮元輯《學海堂經解》，不取是書。
　　　（《蛾術軒篋存善本書錄》第719頁）

〔七〕【整理與研究】施馬琪撰《朱鶴齡〈詩經通義〉文獻學研究》（廣西大學2011年
　　　碩士論文），於佳撰《朱鶴齡〈詩經通義〉研究》（吉林大學2018年碩士論文）。

61. 毛詩稽古編三十卷

　　國朝陳啟源〔一〕（？～1689）撰。啟源字長發，吳江（今屬江蘇蘇州）人。
　　是書成於康熙丁卯（1687）。卷末自記〔二〕，謂閱十有四載，凡三易稿乃定。
前有朱鶴齡序，又有康熙辛巳（1701）其門人趙嘉稷序。鶴齡作《毛詩通義》，
啟源實與之參正。然《通義》兼權眾說；啟源此編，則訓詁一準諸《爾雅》，
篇義一準諸《小序》，而詮釋經旨則一準諸《毛傳》，而《鄭箋》佐之，其名物
則多以陸璣《疏》為主。題曰「毛詩」，明所宗也；曰「稽古編」，明為唐以前
專門之學也。所辨正者，惟朱子《集傳》為多，歐陽修《詩本義》、呂祖謙《讀
詩記》〔三〕次之，嚴粲《詩緝》又次之〔四〕。所掊擊者，惟劉瑾《詩集傳通釋》
為甚，輔廣《詩童子問》次之。其餘偶然一及，率從略焉。前二十四卷，依次
解經，而不載經文，但標篇目，其無所論說者則並篇目亦不載，其前人論說
已明無庸復述者亦置不道。次為總詁五卷，分六子目，曰舉要、曰考異、曰正
字、曰辨物、曰數典、曰稽疑。末為附錄一卷，則統論風、雅、頌之旨。其間
堅持漢學，不容一語之出入。雖未免或有所偏，然引據賅博，疏正詳明，一一
皆有本之談。蓋明代說經喜騁虛辨，國朝諸家始變為徵實之學，以挽頹波。
古義彬彬，於斯為盛，此編尤其最著也。〔五〕
　　至於附錄中「西方美人」一條，牽及雜說，盛稱佛教東流始於周代，至
謂孔子抑三王，卑五帝，貌三皇，獨歸聖於西方。「捕魚諸器」一條，稱廣殺

物命，恬不知怪，非大覺緣果之文，莫能救之。至謂庖羲必不作網罟，是則於經義之外，橫滋異學。非惟宋儒無此說，即漢儒亦豈有是論哉？白璧之瑕，固不必為之曲諱矣。（《四庫全書總目》卷十六）

【注釋】

〔一〕【陳啟源】事蹟具《清史稿》卷四八〇、《清史列傳》卷六十八、《清儒學案》卷七。

〔二〕【後序】起甲寅（1674），訖丁卯（1687），閱十有四載，三易稿，始成此編。雖然未敢自謂盡善也，憶初脫稿時，以質於朱子長孺，賴其指謫，得以改正者數十條，今復再易稿，所改正又數倍於前矣。欲求就正之人，不能起長孺於九原也。及稍長，粗通文義，則疑之甚，以為「五經」皆聖人所以訓世，詩獨連章累幅，俱淫媟之談，此豈可為訓？時時為同學者道之，莫余答也。後或告余曰：「此解者自誤耳，詩義本不如是。」余因思《春秋》卿大夫賦詩相贈答，如《風雨》《褰裳》《蘀兮》《有女同車》《野有蔓草》諸篇皆與焉。若從今解，則牀笫之言，不逾閾，必為嘉賓所譏，可見古詩義不如是，告余者決非妄言，但未知古人詩說載在何書也。逮少長，將成人矣，適暑月，先君子命源曝書，見笥中有《十三經注疏》者，卷帙頗多，竊窺之，方知《詩》有子夏序，毛公傳，鄭氏箋，大喜曰：「此其古人詩說乎？」遂請此書於先君子，伏而誦之，則益喜，恍若披霧見天，始信詩教之真足訓世，不愧為聖作矣。而向日之疑盡釋，更旁覽餘經，愈歎古經真面目汨沒於後儒之訓釋者，不僅《詩》也。從此先儒之說始深入厥心，每持以折衷經義，不為眾喙所惑，後又於他書更見前輩論經學，多有右漢而左宋者，至如馬貴與、楊用修極口為《詩序》訟冤，語俱明確，甚幸其先得我心焉。然以語人，輒笑而弗信，學者沉於所聞，又何怪乎？惟朱子長孺，慨然以窮經自任，而與余遊處最密，持論又多與余同，故所著《周易廣義》《尚書埤傳》《毛詩通義》《讀左日抄》等書並以示余，共為論定。余頗效其一得，而詩則亦自成一書云。蓋余自童年好《詩》，繼乃歷疑而得信，以至白首，而其信益堅，又輔以前輩之同心、知己之共事，方有是編也，豈偶然哉？

〔三〕【呂氏家塾讀詩記】宋呂祖謙撰。朱子與祖謙交最契，其初論《詩》亦最合，此書中所謂「朱氏曰」者，即所採朱子說也。後朱子改從鄭樵之論，自變前說，而祖謙仍堅守毛、鄭，故祖謙沒後，朱子作是書序，稱：「少時淺陋之說，伯恭父誤有取焉。既久，自知其說有所未安，或不免有所更定，伯恭父反不

能不置疑於其間，熹竊惑之。方將相與反覆其說，以求真是之歸，而伯恭父已下世云云。」蓋雖應其弟祖約之請，而夙見深有所不平。然迄今兩說相持，嗜呂氏書者終不絕也。陳振孫《書錄解題》稱：「自《篤公劉》以下編纂已備，而條例未竟，學者惜之。」陳振孫稱其「博採諸家，存其名氏，先列訓詁，後陳文義，翦截貫穿，如出一手，有所發明，則別出之，詩學之詳正，未有逾於此書者」；魏了翁作後序，則稱其能發明詩人「躬自厚而薄責於人」之旨。二人各舉一義，已略盡是書所長矣。（《四庫全書總目》卷十五）

今按，此書有《四部叢刊》本，張元濟跋云：「此瞿氏鐵琴銅劍樓所藏宋孝宗時本也。」（《張元濟古籍書目序跋彙編》第 883～885 頁）此書還有《叢書集成初編》本。

〔四〕【退谷論經學】辛亥五月望後一日，雨後過孫退谷先生城南書屋，先生教以讀書當通經，因言：「元儒經學，非後人所及。蓋元時天下有書院百二十，各以山長主之，教子弟以通經學。經學既明，然後得入國學。即如昊澗穎、程普德輩，其集人多不知。明初，人猶多經學，皆元時遺逸，非後輩所及。」因出近日所撰《詩經集解》三十卷示予，意主《小序》，且言「生平學問，以朱子為宗，獨於《毛詩》不然。」予問：「呂氏《讀詩紀》、嚴氏《詩緝》如何？」先生云：「呂氏集眾說，不甚成片段；嚴氏太巧，只似詩人伎倆，非解經身份。」又言：「《春秋程傳》，考事不盡憑『三傳』，亦不盡離『三傳』；取義不盡拘類例，亦不盡屏類例。朱子因此書不敢復注《春秋》，其推尊可謂至矣。然其時以黨禍方作，至桓公九年閣筆，未為完書。予於是廣集諸儒之說，妄為補之，有成書矣。」又言：「古本《孝經》與今傳本迴別。」且言：「《五經翼》是十五年前所撰，不過集諸經序論耳，無當經學也。」時先生已七十有九，讀書日有程課，著述滿家，可謂耄而好學者矣。（王士禎《池北偶談》卷十五）

〔五〕【著錄與研究】王承略教授認為，陳啟源的《毛詩稽古編》捨棄了朱子之學，轉而研習漢唐注疏，其有關「義統全經，詞連數什」方面的論說，又類分之為六門的治《詩》的學術態度及方法，為學術發展提供了借鑒和啟示。《毛詩稽古編》手定底稿本有兩種：一種是寫定於康熙二十三年的初稿本，一種是寫定於康熙二十六年的最後定本。陳啟源弟子趙嘉稷先後據初稿本和最後定本分別抄錄以成甲子抄本和康熙四十年抄本。至嘉慶二十年，《毛詩稽古編》有了第一個刻本。嘉慶本之後，又有道光九年的廣東學海堂刊、咸豐十年補

刊的《皇清經解》本。《儒藏精華編》以《皇清經解》本為底本，推出了《毛
詩稽古編》的整理本。詳見其《陳啟源〈毛詩稽古編〉的內容體例及版本系
統》（《鹽城師範學院學報》2017 年第 3 期）。今按，《國家圖書館藏抄本毛詩
稽古編》已於 2017 年由中華書局出版。

62. 讀詩質疑三十一卷附錄十五卷

國朝嚴虞惇〔一〕（1650～1713）撰。虞惇字寶成，常熟人。康熙丁丑（1697）
進士。官至太僕寺少卿。

是編乃其孫湖南驛鹽道有禧所刊，乾隆十二年（1747）經進御覽。首為
《列國世譜》，次《國風世表》，次《詩指舉要》，次《讀詩綱領》，次《刪次》，
次《六藝》，次《大小序》，次《詩樂》，次《章句音韻》，次《訓詁傳授》，次
《經傳逸詩》，次《三家遺說》，次《經傳雜說》，次《詩韻正音》，次《經文
考異》，每一類為一詩，首附錄篇首，不入卷次。其正經則《國風》為十五
卷；《小雅》為八卷；《大雅》為三卷，而每卷析一子卷；《頌》為五卷。大
旨以《小序》為宗，而參以《集傳》。其從《序》者十之七八，從《集傳》者
十之二三。亦有二家皆不從，而虞惇自為說者。每篇之首，冠以序文及諸家
論序之說。每章之下，各疏字義。篇末乃總論其大旨與去取諸說之故，皆以
推求詩意為主。

頗略於名物訓詁，亦不甚引據考證。如《墨子》稱：「文王舉閎夭、太顛
於罝網中，授之政，西土服。」墨子在春秋戰國之間，當及聞古義，而虞惇以
為附會《兔罝》之詩。至《左傳》稱祭仲有寵於莊公，所謂寵者，信任顯榮之
意，故楚靈王對申無宇自稱盜有寵也。虞惇因此一字，指祭仲為安陵、龍陽
之流，以《山有扶蘇》之狡童當之，謂仲雖為卿，詩人醜其進身之始，此不更
附會乎？又《申培詩說》出自豐坊，其中多剽朱《傳》之義，而虞惇反謂朱
《傳》多引申培，亦殊失考。

然大致皆平心靜氣，玩味研求於毛、朱兩家，擇長棄短，非惟不存門戶
之心，亦並不涉調停之見。覈其所得，乃較諸家為多焉。（《四庫全書總目》卷十
六）

【注釋】

〔一〕【嚴虞惇】事蹟具《清史稿》卷四八四、《清史列傳》卷七十一。

63. 三家詩拾遺十卷

國朝范家相〔一〕撰。家相字蘅洲，會稽（今屬浙江紹興市）人。乾隆甲戌（1754）進士。官至柳州府知府。

漢代傳《詩》者四家，《隋書·經籍志》稱《齊詩》亡於魏，《魯詩》亡於西晉，惟《韓詩》存。宋修《太平御覽》，多引《韓詩》，《崇文總目》亦著錄。劉安世、晁說之尚時時述其遺說，而南渡儒者不復論及，知亡於政和、建炎間也。自鄭樵以後，說《詩》者務立新義，以掊擊漢儒為能，三家之遺文遂散佚而不可復問。王應麟於咸淳之末，始掇殘剩，輯為《詩考》三卷。然創始難工，多所掛漏。又增綴逸詩篇目，雜採諸子依託之說，亦頗少持擇。

家相是編，因王氏之書重加衺益，而少變其體例。首為《古文考異》，次為《古逸詩》，次以《三百篇》為綱，而三家佚說一一併見，較王氏所錄以三家各自為篇者，亦較易循覽〔二〕。惟其以《三家詩拾遺》為名，則《古文考異》不盡三家之文者，自宜附錄；其《逸詩》不繫於三家者，自宜芟除，乃一例收入，未免失於貪多。且冠於篇端，便開卷即名實相乖，尤非體例。其中如張超稱「《關雎》為畢公作」一條，說見超所作《誚蔡邕青衣賦》，非超別有解經之說，而但據《詩補傳》所載泛稱張超云云，並不錄其賦語，搜採亦間有未周。然較王氏之書則詳贍遠矣。近時嚴虞惇作《詩經質疑》，內有《三家遺說》一篇。又惠棟《九經古義》、余蕭客《古經解鉤沈》於三家亦均有採掇。論其賅備，亦尚不及是編也。（《四庫全書總目》卷十六）

【注釋】

〔一〕【范家相】字左南，號蘅洲。弱冠薄遊，年四十歸，而杜門研誦。乾隆三十三年（1768）出為柳州府知府，歲餘以疾告歸。與紀昀為同年友。著有《三家詩拾遺》十卷、《詩瀋》二十卷、《孔子家語證訛》十一卷、《夏小正輯注》四卷。《清人詩文集總目提要》第 630 頁著錄《古趣亭未定稿》十四卷，稿本藏浙江圖書館。

〔二〕【自序】魯、齊、燕韓詩，在漢最為早出，後為毛公所掩，遂至亡佚，歷唐、宋至今，未有舉其遺說而述之者。嘗疑三家師承至遠其弟子如孔安國、匡衡、王吉諸人，皆當世名儒，申公之師浮邱伯，與毛本出一家，何至相懸如是。因集三家之說散見於經傳子史之引用者，反覆推覽，多與《禮記》《周官》《左》《國》不合，而毛獨條條可覆，此毛之所以得掩前人者。然三家之說令人欣然頤解者，固觸目皆是也。經師專己守殘，昌黎深嫉其弊。今之學者視

漢、唐注疏若可覆瓿，不知注疏未可廢也。義理求而日出，古注亦探而彌新，漢、唐縱有缺敗，其可傳者自在，豈可任其散佚而不為之收拾哉？嗟乎！《詩》自朱《傳》一出，即毛《傳》尚束之高閣，何論三家？然《集傳》每取匡、劉、韓子之說，以糾毛《傳》之失矣，非其說之原有可信者在歟？今使三家之書與毛俱存，則朱子之駁三家者當甚於毛，唯僅存一二，見其有裨於經而採之，彌覺其可重。然則三家之說之是者固當信從，其非者亦不妨任其兩存也。余因毛、鄭箋傳之不行於世，而有感於三家之亡，於是就深寧王氏之《詩考》，更為蒐補，稍為推論其得失，附以《古文考異》及《逸詩》二卷，名之曰《拾遺》，將以問諸好古之士。乾隆庚辰（1760）四月長至後十日，會稽范家相自序。

今按，此書有家刻本、守山閣本、《嶺南遺書》本、《叢書集成初編》本。

64. 詩瀋二十卷

國朝范家相撰。

是編乃其釋《詩》之說。家相之學源出蕭山毛奇齡。奇齡之說經，引證浩博，善於詰駁，其攻擊先儒最甚。而盛氣所激，出爾反爾，其受攻擊亦最甚。家相有戒於斯，故持論一出於和平，不敢放言高論。其作是書，大旨斟酌於《小序》朱《傳》之間，而斷以己意。首為《總論》三十篇〔一〕，以下依次詮說，皆不載經文，但著篇目。其先儒舊說無可置辨者，則並篇目亦不著之。

今覈其所言，短長互見。如謂《卷耳》為文王在羑里，后妃遣使臣之作；謂《中谷有蓷》為憐申后；謂《褰裳》為在晉楚爭鄭之時；謂《豐》為男親迎而女不從；謂《敝笱》為歎王綱廢弛；謂《采苓》為申生而作；謂《采薇》為文王伐玁狁；謂《沔水》為宣王信讒，皆以意揣度，絕無確證。然如總論第十四條，力破《黍離》降為《國風》之說，謂：「太史不采風，王朝無掌故，諸侯之國史亦不紀錄以進。蓋四《詩》俱亡，非獨雅也。《詩》亡而諷諭彰癉之道廢，是以《春秋》作焉。」此與孟子「跡熄」之說深有發明。第十五條謂：「三百五篇之韻，叶之而不諧者，其故有三：列國之方音不同，一也；古人一字每兼數音，而字音傳訛已久，非可執一以諧聲，二也；詩必歌而後出，每以餘音相諧，自歌詩之法不傳，而餘音莫辨，三也。」此亦足解顧炎武、毛奇齡二家之鬥。其解《采蘩》篇謂「被之僮僮」為夫人齋居之首服，而歷引《周禮·內司服》《玉藻》及聶氏《三禮圖》以證之。蓋被者，所以配褖祿衣，今據聶

-151-

氏謂婦人之褖衣，因男子之玄端。又《玉藻》云：「玄冠丹組緌，諸侯之齋冠也。」則知夫人服被為齋，夫人齋於正寢，既不可如祭之服副褘，又不可服告桑之褕，故服無寢朝君之被，此說為前人所未及。其解《楚茨》《信南山》諸篇尤為詳晰。如「南東其畝」及「中田有廬」之類，於溝洫田制，咸依據確鑿，不同附會。在近代說《詩》之家，猶可謂瑜不掩瑕，瑕不掩瑜者也。〔二〕（《四庫全書總目》卷十六）

【注釋】

〔一〕【史源】總論上：原詩、詩名義、采詩、聲樂一至三、誦詩歌詩賦詩、刪詩、正樂正詩、學詩、說詩、四始六義、雅鄭、詩亡、詩韻；總論下：荀子、魯詩、齊詩、韓詩、大毛公、小毛公、衛宏、詩序一至五、集傳一至三。

〔二〕【評論】紀昀《詩序補義序》云：「今以范氏之書持王、何兩派之平。獨范氏之書，僅副本貯翰林院庫，卷帙繁重，無傳寫者。聞其子孫尚頗讀書，倘亦能如姜君之表章先德乎？」（《紀曉嵐文集》第一冊第 157 頁）

65. 詩序補義二十四卷

國朝姜炳璋〔一〕撰。炳璋字石貞，號白岩，象山（今屬浙江寧波市）人。乾隆甲戌（1754）進士。官石泉縣（今屬陝西安康市）知縣。

是編以《詩序》首句為國史所傳，如蘇轍之例。但轍於首句下申明之語竟刪除不論，炳璋則存其原文，與首句中離一字書之，而一一訂其疏舛，例又小殊。蓋參用朱子《詩序辨說》之義，以貫通兩家也。其論「江有汜」謂：「古者嫡媵並行，無待年於國之禮。」然《春秋》伯姬歸紀，叔姬歸酅，實非一年之事，未可斷其必無。論《魯頌》謂用天子禮樂自吉禘莊公，始見於經，斷以為僭自僖公。然《呂覽》史角之事，雖出雜說，而考仲子之宮，初獻六羽，注謂前此用八，故曰初獻，是已在隱公先矣。是過於考證，轉失之眉睫之前。他如論《野有死麕》，以尨吠為喻人之類，亦失經旨。要其恪守先儒，語必有據，而於廢序諸家亦置而不爭，不可不謂篤實近裏之學也。

其《綱領》有云：「有詩人之意，有編詩之意。如《雄雉》為婦人思君子，《凱風》為七子自責，是詩人之意也。《雄雉》為刺宣公，《凱風》為美孝子，是編詩之意也。朱子順文立義，大抵以詩人之意為是《詩》之旨。國史明乎得失之跡，則以編《詩》之意為一篇之要。」尤可謂解結之論矣。〔二〕（《四庫全書總目》卷十六）

【注釋】

〔一〕【姜炳璋】與紀昀為同年友。《清史稿》卷一四五著錄《讀左補議》五十卷。
《清史稿藝文志拾遺》補充了范氏六種著作。

〔二〕【紀昀《詩序補義序》】以姜氏、顧氏之書持《小序》《集傳》之平，六七百年
朋黨之習，捨是非而爭勝負者，其庶幾少息矣乎！余謂是書，《四庫總目》已
著錄，無庸為牀上之牀，惟著其以近時著作，得為千古經師殿，則說《詩》
之正脈在是書，可知矣。（《紀曉嵐文集》第一冊第 157 頁）

66. 虞東學詩十二卷

國朝顧鎮〔一〕（1720～1792）撰。鎮字備九，號古湫，常熟（今屬江蘇）人。
常熟，古海虞地，鎮居城東，故又號曰虞東。乾隆甲戌（1754）進士。官至宗
人府主事。

是書大旨以講學諸家尊《集傳》而抑《小序》，博古諸家又申《小序》而疑
《集傳》，構釁者四五百年，迄無定論；故作是編，調停兩家之說，以解其紛。
所徵引凡數十家，而歐陽修、蘇轍、呂祖謙、嚴粲四家所取為多。雖鎔鑄群言，
自為疏解，而某義本之某人，必於句下注其所出。又《集傳》多闡明義理，於
名物、訓詁、聲音之學皆在所略。鎮於是數端亦一一考證，具有根柢。蓋於漢
學、宋學之間能斟酌以得其平。書雖晚出，於讀《詩》者不無裨也。〔二〕

案：諸經之中，惟《詩》文義易明，亦惟《詩》辨爭最甚。蓋《詩》無達
詁，各隨所主之門戶，均有一說之可通也。今核定諸家，始於《詩序辨說》，
以著起釁之由，終於是編，以破除朋黨之見。凡以俾說是經者，化其邀名求
勝之私而已矣。是編錄此門之大旨也。（《四庫全書總目》卷十六）

【注釋】

〔一〕【顧鎮】與紀昀、錢大昕為同年友。卒於乾隆五十七年（1792），是《四庫全
書》著錄生者之一例。《清人詩文集總目提要》第 673 頁著錄《虞東先生文
錄》八卷。錢大昕《潛研堂文集》卷二十四有是書序。周春《耄餘詩話》卷
二云：「《四庫全書》採近時人著述甚少，通計不過十餘人，而余甲戌同榜得
三人焉，顧古湫鎮、姜白岩炳璋、范蘅洲家相，皆曉嵐先生力也。尤可異者，
三人二甲聯名，姜第十，顧十一，范十二。其書著錄亦相聯，顧有《虞東學
詩》十二卷，姜有《詩序補義》二十四卷，范有《詩瀋》二十卷。同時仰屋
著書不知凡幾，而三人得列金匱石室之藏，豈非幸乎？就中蘅洲為最幸，古

湫、白岩並前輩樸學，當之無愧色也。西莊詩云：『毋於廣坐逢人說，著述無如我榜高。』信然！」

〔二〕【史源】顧鎮《黃侍郎公年譜》云：「公（黃叔琳）謂葩經（指《詩經》）自朱子斥去《小序》，為後賢集矢，妄者或創造新說，此端木子所謂不知量者也。讀此經者，但當薈萃眾說，折而取衷爾。因錄漢、唐、宋、元、明及諸名家之說，分別異同，加以論斷，名曰《統說》，以著己之不自為說也。屬門下生顧鎮列為三十卷。」（載《清代徽人年譜合刊》上冊第48頁，黃山書社2006年版）今按，顧鎮的《詩經》研究最初可能受到黃叔琳較大影響。《年譜後序》又云：「十數年來所獲益於公最侈，辱知於公亦最深。」（同上書第51頁）

67. 韓詩外傳十卷

漢韓嬰撰。嬰，燕人。文帝時為博士，武帝時至常山太傅。

《漢書·藝文志》有《韓故》三十六卷，《韓內傳》四卷，《韓外傳》六卷，《韓說》四十一卷。歲久散佚，惟《韓故》二十二卷，《新唐書》尚著錄，故劉安世稱嘗讀《韓詩·雨無正》篇，然歐陽修已稱今但存其外傳，則北宋之時士大夫已有見有不見。范處義作《詩補傳》在紹興中，已不信劉安世得見《韓詩》，則亡在南北宋間矣。惟此《外傳》至今尚存，然自《隋志》以後即較《漢志》多四卷，蓋後人所分也。〔一〕

其書雜引古事古語，證以詩詞，與經義不相比附，故曰「外傳」。所採多與周秦諸子相出入，班固論三家之《詩》，稱其或取《春秋》，採雜說，咸非其本義，殆即指此類歟？中間「阿谷處女」一事，洪邁《容齋隨筆》已議之〔二〕。他如稱「彭祖名並堯禹」，稱「長生久視」，稱「天變不足畏」，稱「韶用干戚」，稱「舜兼二女為非」，稱「荊蒯芮僕不恒其德」，語皆有疵。謂「柳下惠殺身以成信」，謂「孔子稱御說恤民」，謂「舜生於鳴條一章為孔子語」，謂「輪扁對楚成王」，謂「冉有稱吳楚燕代伐秦王」，皆非事實。顏淵、子貢、子路言志事，與申鳴死白公之難事，皆一條而先後重見，亦失簡汰。然其中引荀卿《非十二子》一篇，刪去子思、孟子二條，惟存十子，其去取特為有識。又繭絲卵雛之喻，董仲舒取之為《繁露》，君群王往之訓，班固取之為《白虎通》，精理名言往往而有，不必盡以訓詁繩也。

是書之例，每條必引《詩》詞，而未引《詩》者二十八條；又「吾與女」一條，起無所因，均疑有闕文。李善注《文選》，引其「孔子升泰山，觀易姓

而王者七十餘家」事，及「漢皋二女事」，今本皆無之，疑並有脫簡。至《藝文類聚》引「雪花六出」之類，多涉訓詁，則疑為《內傳》之文，傳寫偶誤。董斯張盡以為《外傳》所佚，又似不然矣。〔三〕

案：《漢志》，《韓詩外傳》入「詩類」，蓋與《內傳》連類及之。王世貞稱《外傳》引《詩》以證事，非引事以明《詩》，其說至確。今《內傳》解《詩》之說已亡，則《外傳》已無關於《詩》義。徒以時代在毛萇以前，遂列為古來說《詩》之冠，使讀《詩》者開卷之初，即不見本旨，於理殊為未協，以其捨「詩類」以外，無可附麗。今從《易緯》《尚書大傳》之例，亦別綴於末簡。〔四〕（《四庫全書總目》卷十六）

【注釋】

〔一〕【版本】《書目答問補正》著錄版本為：「趙懷玉校本。周廷寀校注本。吳氏望三益齋刻周趙合校本。《古經解匯函》本。又津逮、學津、通津草堂三本，皆遜。光緒間定州王氏謙德堂重刻周趙合校本，入《畿輔叢書》中。又武昌局重刻明薛氏本。又《四部叢刊》影印明沈氏野竹齋刻本。」潘景鄭《明芙蓉泉書屋本〈韓詩外傳〉》云：「《韓詩外傳》，宋槧無傳，傳者以嘉靖中吾吳蘇獻可氏通津草堂本為最善。傳行未久，旋經沈與文氏剜補，據為己刻，更其名曰野竹齋。通津本經涵芬樓影印，流傳遂廣。」（《著硯樓讀書記》第8頁）

〔二〕【史源】《容齋隨筆》卷八「韓嬰詩」條云：《前漢書·儒林傳》敘《詩》云，漢興，申公作《魯詩》，后蒼作《齊詩》，韓嬰作《韓詩》。又云，申公為《詩》訓故。而齊轅固、燕韓生皆為之傳，或取《春秋》，採雜說，咸非其本義與不得已，《魯》最為近之。嬰為文帝博士，景帝時至常山太傅，推詩人之意，作《外傳》數萬言，其語頗與齊、魯間殊，然歸一也。武帝時，與董仲舒論於上前，精悍分明，仲舒不能難。其後韓氏有王吉、食子公、長孫順之學。《藝文志》，《韓家詩經》二十八卷，《韓故》三十六卷，《內傳》四卷，《外傳》六卷，《韓說》四十一卷。今惟存《外傳》十卷。慶曆中，將作監主簿李用章序之，命工刊刻於杭，其末又題云：「蒙文相公改正三千餘字。」予家有其書，讀首卷第二章，曰：「孔子南遊適楚，至於阿谷，有處子佩瑱而浣者。孔子曰：『彼婦人其可與言矣乎！』抽觴以授子貢，曰：『善為之辭。』子貢曰：『吾將南之楚，逢天暑，願乞一飲，以表我心。』婦人對曰：『阿谷之水，流而趨海，欲飲則飲，何問婦人乎？』受子貢觴，迎流而挹之，置之沙上，曰：『禮固不親授。』孔子抽琴，去其軫，子貢往請調其音。婦人曰：『吾五音不知，

安能調琴？』孔子抽絺紘五兩以授子貢，子貢曰：『吾不敢以當子身，敢置之水浦。』婦人曰：『子年甚少，何敢受子。子不早去，今竊有狂夫守之者矣。』《詩》曰：『南有喬木，不可休息。漢有游女，不可求思。』此之謂也。」觀此章，乃謂孔子見處女，而教子貢以微詞三挑之，以是說《詩》，可乎？其謬戾甚矣，他亦無足言。

〔三〕【整理與研究】清陳士珂撰《韓詩外傳疏證》（《文淵樓叢書》本），今人許維遹撰《韓詩外傳集釋》（中華書局 1980 年版），屈守元撰《韓詩外傳箋疏》（中華書局 1998 年版），於淑娟撰《韓詩外傳研究：漢代經學與文學關係透視》（上海古籍出版社 2011 年版）。

〔四〕【評論】劉咸炘云：「《四庫提要》因置之經部附錄，是不知外傳之體也……外傳之體本寬，門弟子記錄其言，並平昔嘉言及宗旨所在不關經義者亦錄之。」（《劉咸炘學術論集·子學編》第 347 頁）

68. 詩疑二卷

宋王柏（1197～1274）撰。柏有《書疑》，已著錄。

《書疑》雖頗有竄亂，尚未敢刪削經文。此書則攻駁毛、鄭不已，並本經而攻駁之；攻駁本經不已，又並本經而刪削之。其以《行露》首章為亂入，據《列女傳》為說，猶有所本也。以《小弁》「無逝我梁」四句為漢儒所妄補，猶曰其詞與《谷風》相同，似乎移綴也。以《下泉》末章為錯簡，謂與上三章不類，猶著其疑也。至於《召南》刪《野有死麕》，《邶風》刪《靜女》，《鄘風》刪《桑中》，《衛風》刪《氓》《有狐》，《王風》刪《大車》《邱中有麻》，《鄭風》刪《將仲子》《遵大路》《有女同車》《山有夫蘇》《蘀兮》《狡童》《褰裳》《東門之墠》《豐》《風雨》《子衿》《野有蔓草》《溱洧》，《秦風》刪《晨風》，《齊風》刪《東方之日》，《唐風》刪《綢繆》《葛生》，《陳風》刪《東門之池》《東門之枌》《東門之楊》《防有鵲巢》《月出》《株林》《澤陂》，凡三十二篇。案：書中所列之目實止三十一篇，疑傳刻者脫其一篇。又曰：「小雅中凡雜以怨誹之語，可謂不雅，予今歸之《王風》，且使小雅粲然整潔。」其所移之篇目，雖未具列，其降雅為風，已明言之矣。又曰：「《桑中》當曰《采唐》，《權輿》當曰《夏屋》，《大東》當曰《小東》。」則並篇名改之矣。此自有六籍以來第一怪變之事也。柏亦自知詆斥聖經為公論所不許，乃託詞於漢儒之竄入。夫漢儒各尊師說，字句或有異同，至篇數則傳授昭然，其增減一

一可考。如《易・雜卦傳》為河內女子壞老屋所得，《書》出伏生者二十九篇，孔安國以孔壁古文增十六篇，而《泰誓》三篇亦為河內女子所續得，《舜典》首二十八字為姚方興所上，《周禮・考工記》為河間獻王所補，具有明文。下至《左傳》，增其「處者為劉氏」一句，「秦穆姬登臺履薪」一段，先儒亦具有記載。惟《詩》不言有所增加，安得指《國風》三十二篇為漢儒竄入也？王弼之《易》，杜預之《左傳》，以傳附經，離其章句；鄭玄《禮記目錄》與劉向《別錄》不同，亦咸有舊說。惟《詩》不言有所更易，安得謂《王風》之詩竟移入《小雅》也？且《春秋》有三家，可以互考，故《公羊》經文增「孔子生」一條，而《左傳》無。《詩》有四家，亦可以互考，故三家《般》詩多「於繹思」一句，《毛詩》無之，見《經典釋文》，《毛詩・都人士》有首章而三家無之，見《禮記・緇衣》注。即《韓詩・雨無正》多「雨無其極」二句，宋人亦尚能道之，見《元城語錄》。一句一字之損益，即彼此參差，昭昭乎不能掩也。此三十二篇之竄入，如在四家既分以後，則齊增者魯未必增，魯增者韓未必增，韓增者毛未必增，斷不能如是之畫一。如在四家未分以前，則為孔門之舊本，確矣。柏何人斯？敢奮筆而進退孔子哉！至於謂《碩人》第二章形容莊姜之色太褻，《秦風・黃鳥》乃淺識之人所作，則更直排刪定之失，不復託詞於漢儒，尤為恣肆。

　　陳振孫《書錄解題》載陳鵬飛作《詩解》二十卷，不解《商頌》《魯頌》，以為《商頌》當闕，《魯頌》當廢，其說已妄，猶未如柏之竟刪也。後人乃以柏嘗師何基，基師黃榦，榦師朱子，相距不過三傳，遂並此書亦莫敢異議。是門戶之見，非天下之公義也。〔一〕（《四庫全書總目》卷十七）

【注釋】

〔一〕【整理與研究】程元敏撰《王柏之詩經學》（嘉新文化基金會 1968 年版）。

69. 魯詩世學三十二卷

　　明豐坊（1494～1569）撰。坊有《古易世學》，已著錄。

　　是編首列《子貢詩傳》，詭云石本；次列《詩序》，而以「正音」託之宋豐稷，以「續音」託之豐慶，以「補音」託之豐耘，以「正說」託之豐熙，譎稱祖父所傳，而自為之考補，故曰「世學」；又附以門人何昆之「續考」，共為一書，實則坊一人所撰也。

其書變亂經文，詆排舊說，極為妄誕，朱彝尊《經義考》辯之甚詳〔一〕。而康熙中禮部侍郎平湖陸葇乃尊信其中「三年之喪必三十六月」之說，遭憂家居，已閱二十七月，猶不出補官，其門人邱嘉穗載之《東山草堂邇言》〔二〕中，以為美談。不知此唐王元感之論，當時已為議者所駁，載於《舊唐書》中，非古義也。則偽書之貽害於經術者甚矣。〔三〕（《四庫全書總目》卷十七）

【注釋】

〔一〕【豐氏魯詩世學跋】豐氏坊《魯詩世學》三十六卷，列《偽子貢詩傳》於前，而更「小雅」為「小正」，「大雅」為「大正」，盡反子夏之序。謂之《世學》者，以《正音》歸之遠祖稷，以《續音》歸之慶，以《補音》歸之耘，以《正說》歸之其父熙，而己為之《考補》，其實皆坊一手所製也。坊恃其能書，以篆隸體偽為《正始石經》，一時巨公若泰和郭子章、京山李維楨輩皆信之，而又為此書以欺世。不知《魯詩》亡於西晉，自晉以後孰得見之？其僅存可證者，洪丞相適《隸釋》所載蔡邕殘碑數版，如「河水清且漣漪」作「㒼」，「不稼不穡」作「嗇」，「坎坎伐輪兮」作「欿欿」，「三歲貫女」作「宦女」，「山有樞」作「藍」，此外「素衣朱襮」作「綃」，見《儀禮》注，「傷如之何」作「陽」，見《爾雅注》，「豔妻煽方處」作「閻妻」，「中冓之言」作「中冓」，見《漢書注》，而豐氏本則仍同毛《傳》之文，是未睹《魯詩》之文也。楚元王受《詩》於浮邱伯，劉向，元王之後，故《新序》《說苑》《列女傳》說《詩》皆依魯，故其義與毛《傳》不同，而豐氏本無與諸書合，是未詳《魯詩》之義也。至於《定之方中》為楚宮移入《魯頌》，又移逸詩《唐棣之華》四句於《東門之墠》二章之前，而更篇名為《唐棣》，又增益《漸漸之石》之辭曰：「馬鳴蕭蕭，陟彼崖矣。月麗於箕，風揚沙矣。武人東征，不遑家矣。」肆逞其臆見，狎侮聖人之言。且慮己之作偽，未能取信於人，則又假託黃文裕佐作序，中間欲申魯說，而改易毛、鄭者皆託諸文裕之言，排斥先儒，不遺餘力。其如文裕自有《詩傳通解》行世，其自序略云：「漢興，魯、齊、韓三家列於學官，史稱魯最為近之，其後三家廢而《毛詩》獨行世，或泥於魯，最為近，一語必欲宗之。然《魯詩》今可考者，有曰佩玉晏鳴，關雎歎之，以為刺康王而作，固已異於孔子之言矣。」又曰：「騶虞掌鳥獸官，古有梁騶天子之田也，文王事殷，豈可以天子言哉！」其為《周南》《召南》首尾已謬至此，以是觀之，則文裕言《詩》不主於魯明矣。又四明楊文懿著《詩私抄》，改編《詩》之定次，文裕罪其師心僭妄，是豈肯盡棄其學，而甘心助豐氏之

邪說乎？至於黨豐氏者，不知石經為坊偽撰，乃誣文裕得之中秘，今文淵閣之書目錄具在，使果有魏時石經，目中豈不登載？洵無稽之言，稍有知識者當不為所惑也。（《曝書亭集》卷四十二）

全祖望《鮚埼亭集》外編卷四十四：「予鄉先生如楊鏡川、豐人翁都有經學。豐氏五經世學，先王父云曾見之，今舍間只有《魯詩世學》一書，而其餘雖博訪，已不可復得。」

浦起龍《史通通釋》卷十二：「舉一切真書胥變而為贗書，愚因是歎書之禍，焚棄者猶小，竄亂者甚焉，冒出者又甚焉，明穆神之際是已。時則有若豐坊之《魯詩世學》，矯語傳經，王某之《天祿閣外史》，俔稱蓄古，紛紛仿傚，偽種朋興。若屠氏者其為冒出，猶在陰陽形影間，視彼諸家差當末減耳。或云杭本《漢魏叢書》所收十六短錄，故是彥鸞之舊是說也，余猶疑之。」

閻若璩《潛丘札記》卷六《與劉超宗書》云：「《淮南子洪保》，馮子山公所著書名，與閻子《尚書古文疏證》辯論而作也。其勢如傾山倒海而出，卻可惜所憑據在《逸周書》《穆天子傳》，又可惜在《家語》《孔叢子》《偽本竹書紀年》，尤可惜則在《魯詩世學》《世本》《毛詩古義》耳。真謬種流傳，不可救藥，吾末如之何也已矣！向來以《春秋》純用周正、《毛詩》純用夏正，今考之殊不爾，曰為改歲，非周之歲乎？《十月之交》『朔日辛卯』非周之月乎？『維暮之春』非周之時乎？但不如不改者之多耳，先生以為何如？」

汪琬《堯峰文抄》卷三十四《節孝王先生傳》云：「士祿字子底，自號西樵山人，舉順治乙未進士，為人清介有守，自少以文章名，尤工於詩，晚歲益潛心《六經》。其論《偽詩傳》有曰：『近世所傳《子貢詩傳》《申公詩說》，皆偽也。明有鄞人豐道生，好撰偽書，自言其家有《魯詩世學》一書，傳自遠祖稷，實自撰也。又作《詩傳》，託之子貢，以為張本。而所謂《世學》者，若相與發明。蓋以《世學》之視《傳》，猶毛《傳》、鄭《箋》之視《序》，示有本也。』尋有妄人依旁《詩傳》，別撰《詩說》，其體類《小序》，其說與豐氏盡同，惟篇次小異。道生敘詩傳原流，又詭其所從出，云魏正始中虞喜奉詔摹石，而宋王子韶開河得之，其說最支離。而同時諸公無覺之者，郭子章刻之於楚，李維楨為序，亦不一致疑。惟道生同郡周應賓著《九經考異》，辨之特詳。然微周氏，其偽亦灼然也。凡古書原流、存亡、真贗，《漢藝文》《隋經籍》，降及鄭《通志》、馬《通考》諸書，可覆而按也。《漢書・儒林》敘諸家授受尤悉，並無一言及《子貢詩傳》者。考《虞喜傳》亦無奉詔書石經事，

獨申公為《魯詩》。《漢志》:『《魯故》二十五卷,《說》二十八卷。』《隋志》明言亡於西晉,安得至今猶存耶?且其卷數亦不合,所謂說者殆即《毛氏故訓》之流,必不效《小序》體也。至《詩傳世學》之偽,穿鑿掩覆,痕跡宛然。如《詩傳》篇目於鄭故闕《狡童》一篇,別出《麥秀》一篇,云子良諫用狂狡云云,而《世學》則取箕子麥秀一歌,為此篇首章,蓋以兩詩皆有『彼狡童兮』一語,故牽合也。《詩傳》於鄭又闕《東門之墠》一篇,於王風別出《唐棣》一篇,而《世學》則取《論語》唐棣之華四語為此篇首章,蓋以《唐棣》有『豈不爾思,室是遠而』之句,而《東門》首章有「其室則邇,其人甚遠,次章復有,豈不爾思」語,故牽合也。又好影借春秋時事為說,如陳風因《小序》《株林》一篇為刺陳靈淫夏姬事,遂以《墓門》為泄冶刺靈公,《防有鵲巢》為內子憂泄冶,《澤陂》為國人傷泄冶,其他異說尤多率取春秋事,與詩語相附會,其義之善,而與毛、鄭異者,又特暗竊諸家,非有所受也。此書本不足以欺後世,然凌濛初作《傳詩》,適冢竟躋傳於序之右,以為端木長於西河;鄒忠胤作《詩傳闡》,亦往往據傳以攻序。而姚氏《詩疑問》引傳說與序等,遂若《詩傳》果出子貢之手者,竊恐後世惑之,故著其概云。先生撰述甚夥,此一篇尤善。至於官閱世系,具載其同產弟貽上所作年譜中。」

　　陸隴其《三魚堂日記》卷六:「初三,借得《鈍翁類稿》三十二卷至五十卷,內有《王西樵傳》(名士祿,乙進士)載其所作《偽詩傳論》,略云:『近世所傳《子貢詩傳》《申公詩說》,皆偽也。明有鄞人豐道生好撰偽書,自言其家有《魯詩世學》一書,傳自遠祖稷,實自撰也。又作《詩傳》,託之子貢,以為張本,而所謂《世學》者,若相與發明。尋有妄人依旁詩傳,別撰《詩說》,其體類《小序》,其說與豐氏盡同,惟篇次小異。道生敘詩傳源流又詭其所從出,云魏正始中虞喜奉詔摹石,而宋王子韶開河得之,其說最支離,而同時諸公無覺之者。郭子章刻之於楚,李維楨為序,亦不一致,疑惟道生同郡周應賓者著《九經考異》,辨之特詳。然微周氏,其偽亦灼然也。凡古書源流、存亡、真贗,《漢藝文》《隋經籍》降及鄭《通志》、馬《通考》諸書,可覆而按也。《漢書·儒林》敘諸家授受尤悉,並無一言及《子貢詩傳》者。考《虞喜傳》亦無奉詔書石經事,獨申公為《魯詩》,《漢志》《魯故》二十五卷《說》二十八卷,《隋志》明言亡於西晉,安得至今猶存此書,本不足以欺後世,而姚氏詩疑問引傳說與序等,遂若《詩傳》果出子貢之手者?』按西樵之論最有功於詩注,載之集中亦最有見。余向固疑之,然未知其出於豐坊

也。鈍翁集有云：『公伯僚親與七十子之列，而敢於毀季路。邢和叔本程門高弟，而遽誣宣仁以附紹述之說，比例固好，但僚雖《史記》列弟子中，而《家語》無之，未可定為弟子也。即使果弟子矣，或在七十人之外，而未必在七十人之內。即使在內矣，而或在執贄以後叛其師友，或在執贄以前未聞聖教，皆不可知。古事遼遠，難以臆斷也。』」又曰：「廿二，見《詩經說約》，顧麟士亦引《魯詩世學》。甚矣偽書之易誤人也！」陸隴其《三魚堂剩言》卷十一亦云：「《鈍翁類稿》內有《王西樵傳》，載其所作《偽詩傳論》，略云：『近世所傳《子貢詩傳》《申公詩說》，皆偽也。明有鄞人豐道生，好撰偽書，自言其家有《魯詩世學》一書，傳自遠祖稷，實自撰也。又作《詩傳》，託之子貢，以為張本，而所謂《世學》者，若相與發明。尋有妄人，依旁《詩傳》，別撰《詩說》，其體類《小序》，其說與豐氏盡同，惟篇次小異。道生敘詩傳源流，又詭其所從出，云魏正始中，虞喜奉詔摹石，而宋王子韶開河得之，其說最支離，而同時諸公無覺之者，郭子章刻之於楚，李維楨為序亦不一致疑，惟道生同郡周應賓者，著《九經考異》，辨之特詳。然微周氏，其偽亦灼然也。凡古書源流存亡真贗，《漢藝文》《隋經籍》，降及鄭《通志》、馬《通考》諸書，可覆而按也。《漢書·儒林》敘諸家授受尤悉，並無一言及《子貢詩傳》者。考虞喜傳亦無奉詔書石經事，獨申公為魯詩，《漢志》：《魯故》二十五卷，說二十八卷。《隋志》明言亡於西晉，安得至今猶存耶？此書本不足以欺後世，而姚氏《詩疑問》引傳說與序等，遂若《詩傳》果出子貢之手者。』按：西樵氏論，最有功於《詩》。汪載之集中，亦最有見。余向固疑之，然未知其出於豐坊也。」《松陽抄存》卷上亦云：「豐坊不但作《偽大學》，又作《偽詩傳》。山東王西樵有《偽詩傳論》，略云：『近世所傳《子貢詩傳》《申公詩說》，皆偽也。明有鄞人豐道生，好撰偽書，自言其家有《魯詩世學》一書，傳自遠祖稷，實自撰也。又作《詩傳》，託之子貢，以為張本，而所謂《世學》者，若相與發明，尋有妄人依旁《詩傳》，別撰《詩說》，其體類《小序》，其說與豐氏盡同，惟篇次小異。道生敘詩傳源流，又詭其所從出，云魏正始中虞喜奉詔摹石，而宋王子韶開河得之，其說最支離，而同時諸公無覺之者。郭子章刻之於楚，李維楨為序，亦不一致疑，惟道生同郡周應賓者著《九經考異》辨之特詳。然微周氏，其偽亦灼然也。凡古書源流、存亡、真贗，《漢藝文》《隋經籍》，降及鄭《通志》、馬《通考》諸書可覆而按也。《漢書·儒林》敘諸家授受尤悉，並無一言及《子貢詩傳》者。考虞喜傳亦無奉詔書石經事，

獨申公為《魯詩》，《漢志》《魯故》二十五卷《說》二十八卷。《隋志》明言亡於西晉，安得至今猶存耶？此書本不足以欺後世，而姚氏詩疑問引傳說與序等，遂若《詩傳》果出子貢之手者。」按：西樵此論，最有功於《詩》。汪鈍庵作《西樵傳》，特載此論，亦最有見。」（原注：原第十七條〇西樵名士祿，順治壬辰進士，官考功郎。鈍庵名琬，吳人，順治乙未進士，康熙己未鴻博，官翰林。）

杭世駿《訂訛類編》「子貢詩傳申公詩說」：《汪堯峰文鈔》云：「王子底（諱士祿，自號西樵山人），晚歲潛心六經，其論《偽詩傳》曰：『近世所傳《子貢詩傳》《申公詩說》皆偽也，明有鄞人豐道生，好撰偽書，自言其家有《魯詩世學》一書，傳自遠祖稷，實自撰也。又作《詩傳》，託之子貢，以為張本，而所謂世學者，若相與發明。尋有妄人依旁《詩傳》別撰《詩說》，其體類《小序》，其說與豐氏盡同，惟篇次小異。道生敘詩傳源流，又詭其所從出，云魏正始中虞喜奉詔摹石，而宋王子韶開河得之，其說最支離，而同時諸公無覺之者。惟道生同郡周應賓著《九經考異》辨之特詳。然微周氏，其偽亦灼然也。凡古書源流、存亡、真贗，《漢藝文》《隋經籍》降及鄭《通志》、馬《通考》諸書可覆而按也。《漢書·儒林》敘諸家授受尤悉，並無一言及《子貢詩傳》者。考虞喜傳亦無奉詔書石經事，獨申公為《魯詩》，《漢志》《魯故》二十五卷，《說》二十八卷，《隋志》明言亡於西晉，安得至今猶存耶？』且其卷數亦不合，所謂說者，殆即《毛氏訓故》之流，必不效《小序》體也。至《詩傳》《世學》之偽，穿鑿牽合，又好影借春秋事，與《詩》語相附會，其義之善而與毛、鄭異者，又特暗竊諸家，非有所受也。」

〔二〕【東山草堂邇言】國朝邱嘉穗撰。編乃其札記之文，分經史、性命、學問、政教、見聞、詩文六門。大抵好為論辨而考據甚疏。（《四庫全書總目》卷一二九）

〔三〕【整理與研究】林慶彰撰《豐坊與姚士粦》（華東師範大學出版社 2015 年版）。

70. 詩傳一卷

舊本題曰子貢撰，實明豐坊（1494～1569）所作。

《明史》坊本傳稱坊為《十三經訓詁》，類多穿鑿，世所傳《子貢詩傳》，即坊編本者是也。〔一〕其說升魯於邶、鄘之前，降鄭於鄶、曹之後，《大雅》《小雅》各分為三，曰續曰傳，皆與所作《申培詩說》同。二書皆以古篆刻

之，不知漢代傳經悉用隸書。故孔壁科斗，世不能辯，謂之古文，安得獨此二書參用籀體？〔二〕

　　郭子章、李維楨皆為傳刻釋文，何鏜收入《漢魏叢書》，毛晉收入《津逮秘書》，並以為曾見宋拓，皆謬妄也。(《四庫全書總目》卷十七)

【注釋】

〔一〕【辨偽】《明史》卷一九一：「子坊，字存禮，舉鄉試第一，嘉靖二年成進士，出為南京吏部考功主事，尋謫通州同知，免歸。坊博學工文，兼通書法，而性狂誕。熙既卒，家居貧乏，思效張璁、夏言片言取通顯。十七年，詣闕上書，言建明堂事，又言宜加獻皇帝廟號稱宗，以配上帝，世宗大悅。未幾，進號睿宗配饗玄極殿，其議蓋自坊始。人咸惡坊畔父，云明年復進卿，云雅詩一章詔付史館待命。久之，竟無所進擢，歸家，悒悒以卒。晚歲改名道生，別為《十三經訓詁》，類多穿鑿語。或謂世所傳《子貢詩傳》，亦坊偽纂也。」

　　毛奇齡《詩傳詩說駁義》卷一：「《詩傳》，子貢作，《詩說》，申培作，向來從無此書，至明嘉靖中廬陵中丞郭相奎家忽出藏本見示，云得之黃文裕秘閣石本，然究不知當時所為石本者何如也。第見相奎家所傳本，則摹古篆書，而附以楷體今文，用作音注。嗣此，則張元平司馬刻於貴竹，專用楷體，無篆文，而李本寧宗伯則復合刻篆文楷體於白下，且加子夏小序於其端，共刻之名曰《二賢言詩》，而於是《詩傳》《詩說》一入之《百家名書》，再入之《漢魏叢書》，而二書之名遂相沿不可去矣。按：從來說《詩》，不及子貢，即古今藝文志目亦從無《子貢詩傳》，徒以《論語》有「賜也始可與言《詩》已矣」一語，遂造為此書。其識趣弇陋，即此可見。若申培魯人，善說《詩》，故《漢書‧儒林傳》云：『言《詩》，於魯則申培公。』而《藝文志》亦云：『漢興，魯申公為《詩訓故》。』則申培說《詩》固自有據。但《傳》又云：『申公獨以《詩經》為訓故，以教無傳言，第有口授，無傳文也。』則申公雖說《詩》，而無傳文。即《志》又云：『所載《魯詩》有《魯故》二十五卷、《魯說》二十八卷。』《隋志》亦云：『小學有《石經魯詩》六卷。』則申公說《詩》，雖有傳文，亦第名《魯故》《魯說》《魯詩》，不名《詩說》，即謂《魯說》，即《詩說》。然《詩說》只二十四篇，無卷次，亦並非二十八卷與二十五卷六卷。況《隋志》又云：『《魯詩》亡於西晉。』則雖有傳文，而亦已亡之久矣。乃或者又曰『《魯詩》』亡於西晉，則西晉後亡之，固已然，安

知西晉之所亡者，不即為明代之所出者耶？則又不然。夫《魯詩》至西晉始亡，則西晉以前，凡漢、魏說《詩》，有從《魯詩》者，則必當與今說相合。乃漢、魏以來，說《詩》不一，假如漢杜欽云『佩玉晏鳴關雎刺之』注云：『此《魯詩》也。』今《詩說》所載，反剽竊匡衡所論。如云風詩之首，王化之基，曾不一云刺詩。如劉向《列女傳》云：『《燕燕》，夫人定姜之詩。』或云此《魯詩》，而《詩說》反襲毛、鄭，為莊姜戴媯大歸之詩，如此者不可勝。則今之《詩說》全非舊之《詩故》，居然可知。且舊詩次第見於《左傳》襄二十九年，其時吳季札觀樂，以次相及，在孔子刪定之前，《毛傳訓詁傳》次第無不吻合，此非齊、魯、韓三家所得異者。即小有差殊，不過邠王之先後，與商魯之存亡已耳。今《詩說》悉與古異，有魯風，無邠與魯頌，而以邠與魯頌合之為魯，且又以邠之《七月》一詩名邠風，雜入小雅，而以小雅、大雅分為正續，為傳，即風與雅與頌中前後所次又復錯雜倒置，與舊乖反，然而外此無相合也。獨《子貢詩傳》與此兩書自為輔行，為補苴，彼倡此和，如出一手者。申培《魯詩》宗，不聞受學子貢，子貢亦不聞授某某為魯學，兩相解後，比若蚷駏，亦可怪矣。且其剽竊古說，淺薄無理，又飾以參差，儼若未嘗竊其說者。假如孔氏《正義》謂《儀禮》歌《召南》三篇，是《鵲巢》《采蘩》《采蘋》，越《草蟲》一篇，或者《采蘋》一篇舊在《草蟲》之前乎？曹氏《詩說》，又謂齊詩先《采蘋》而後《草蟲》，然要之皆臆說也。今兩書《采蘋》則實在《草蟲》前矣，然又恐人之伺其隱也。又以《羔羊》《江有汜》兩詩更列之《采蘋》之前，朱子《小序辨說》於邶之《日月》有云：『若果莊姜詩，則亦當在莊公之世，而列於《燕燕》之前。』於《終風》亦云：『此當在《燕燕》前也。』此即以《日月》《終風》兩詩置《燕燕》前矣，然又欲小異也，遂使《終風》又置之《日月》之前……則必合觀之，乃始得備窺其私智，蓋有不可以告人者。且其大概多襲朱子《集傳》，而又好旁竊《小序》，又惟恐《小序》之為朱子所既辨也，故從其辨之不甚辨者，則間乃襲之。否則，依傍朱子傳而故為小別，然亦十之八九矣。則豈有朱子生於百世下，上與子貢、申培暗吻合者，豈朱子陽襲子貢、申培書而私掩之，不以告人者，老學究授生徒，市門日煩，苦無所自娛，乃作此欺世焉。其庸罔固陋，無少忌憚，乃至如此，此不可不辨也。予客江介，有以《詩》義相質難者，攎摭二家言，雜為短長，予恐世之終惑其說，因於辯論之餘，且續為記之，世之說《詩》者可考鑒焉。」

嚴虞惇《讀詩質疑》卷一：「《子貢詩傳申公詩說》皆後人偽撰，以其流傳既久，其間亦有足與序相發明者。朱子《集注》多採用申說，故亦間錄其一二，非如劉歆所云『與其過而廢之，寧通而立之』之說也。」

考馬驌《左傳事緯前集》卷六、顧棟高《春秋大事表》卷七之四皆引用《子貢詩傳》。

秦松齡撰《毛詩日箋》六卷，宋犖序曰：「紫陽《毛詩集傳》往往不依《小序》，於《鄭風》皆目為淫奔之詩，先儒議之。然《語錄》論《東山》《鳲鳩》詩云：『惜注已行，不及更改。』則知《集傳》乃晚年未定之書。是箋雖不盡取《小序》，然能精擇毛、鄭舊說，以會萃於諸儒之言，而折衷於朱子，間發己意，必協於正，於近儒郝敬、顧炎武諸家皆取節焉。獨於明嘉靖時所出之《子貢詩傳》《申培詩說》排擯不錄一語。」

《經義考》卷一百「端木賜子詩傳偽本」：「何楷曰：『近世有偽為《魯詩》，而託之子貢傳者，其意欲與毛《傳》並行，然掇拾淺陋，有識哂焉。』」

《經義考》卷一百按：「《子貢詩傳》，自漢迄宋，志藝文者不著於錄，嘉靖中忽出於鄞人豐道生之家，取子夏所序三百十一篇，悉紊其次，以《鶴鳴》先《鹿鳴》，於是四始亂矣……尤可怪者邶、鄘、衛詩雖分為三，然延州來季子觀樂，曰：『我聞康叔、武公之德如是。』是其衛風乎？則同為衛詩矣，而乃以邶為管叔時詩，鄘為霍叔時詩，又以『小雅』為『小正』，『大雅』為『大正』。《中庸》子思所作，而子貢反襲其言，竊『凡為天下國家有九經修身則道立』以下十句，以說小正，竊《大學》『心正而身修』四句以傳《關雎》，陋矣哉！本欲伸己之詖辭邪說，而厚誣先賢，可謂妄人也已矣。無稽之言，君子弗信，乃烏程凌濛初取《子貢詩傳》與《子夏詩序》合刻之，目曰『聖門傳詩嫡冢』，真堪失笑。近蕭山毛大可作《詩傳詩說駁義》，力辨其誣，可謂助我張目者也。」

《經義考》卷一百六十《豐氏坊石經大學》：「陳龍正曰：《大學》自程朱一更再更，迄無確論。《石經大學》出自豐坊，云得之某處，明是坊偽作，而鄭端簡重其書，流傳漸久，恐後世不察，第見其段落分明，血脈融貫，果以為孔、曾真本，肇自天開，所謂彌近理而大亂真者也。古經自有脈絡錯綜者，遇不可解，無寧闕疑。程朱明更之，近於大臣擅易位之權，而坊暗更之，殆祖春申、文信之故智，行之著述之間，其罪大矣。」

吳應賓曰：「《石經大學》非真石經也，謂魏政和中詔諸儒虞松等考正『五經』，衛覬、邯鄲淳、鍾會等以古文小篆八分刻之於石，始行《禮記》，而《大學》《中庸》傳焉。按：魏文帝始以黃初紀元，在明帝則為太和，為青龍，為景初，在齊王芳則為正始，為嘉平，在高貴鄉公則為正元，為甘露，在元帝則為景元，為咸熙，而禪於晉，未嘗有政和之年號，瞿元立言魏者偽也，魏無政和而言政和，亡是子虛之謂也。」

陸元輔曰：「錢蒙叟《列朝詩集》為豐坊作小傳，謂《石經大學》《子貢詩傳》等書皆坊偽撰，而當時名公多為所惑，如鄭端簡以《石經大學》次第亦自可玩味，郭青螺、李本寧刻《子貢詩傳》於楚而序之是也。其書首《大學》之首四句，次古之欲明明德一節，又次物有本末四句，又次緝蠻詩，又次知止節，又次邦畿節，又次聽訟節，又次自天子二節，又次物格而後知至節，又次所謂誠其意章，又次所謂修身章，食而不知其味下有『顏淵問仁，子曰非禮勿視，非禮勿聽，非禮勿言，非禮勿動』二十二字，次所謂齊其家章，次所謂治國章首節，次一家仁節，次康誥曰如保赤子節，次故治國五節，次所謂平天下章三節，次秦誓曰四節，次節彼南山節，次是故君子先慎乎德四節，次殷之未喪師節，次楚書節，次是故言悖節次康誥維命節，次舅犯節，次仁者以財二節，次生財節，次孟獻子二節，次是故君子有大道節，次堯舜帥天下節，次明德新民二章，次穆穆文王節終焉。」

〔二〕【整理與研究】林慶彰撰《豐坊與姚士粦》（華東師範大學出版社2015年版）。

71. **詩說一卷**

舊本題曰申培撰。亦明豐坊（1494～1569）偽作也〔一〕。

何楷《詩世本古義》、黃虞稷《千頃堂書目》、毛奇齡《詩傳詩說駁義》皆力斥之。今考《漢書·杜欽傳》稱：「佩玉晏鳴」，《關雎》歎之。《後漢書·楊賜傳》稱：「康王一朝晏起，《關雎》見幾而作。」注皆稱《魯詩》，而此傳乃訓為太姒思淑女。又《坊記》注引「先君之思，以畜寡人」，為衛定姜之作。《釋文》曰此是《魯詩》，而此仍為莊姜送戴媯。培傳《魯詩》，乃用《毛傳》乎？其偽妄不待問矣。〔二〕（《四庫全書總目》卷十七）

【注釋】

〔一〕【辨偽】《經義考》卷一百：「《詩說》偽本一卷。陳弘緒跋曰：『《詩說》一卷，漢魯人申培著，取《豳風·鴟鴞》諸篇與《魯頌》綴於《周南》《召南》之後，

取曹、檜列於鄭、齊之前，取《豳風・七月》置之小雅，而以秦風殿於十五國。於大小雅曰大小正，於變雅曰小正續、曰大正續，有周頌、商頌，無魯頌，其說多與韓、毛牴牾』。按：《隋・經籍志》云：『漢初有魯人申公受《詩》於浮邱伯，作訓詁，是為《魯詩》。《魯詩》亡於西晉。』此本不知傳自何人，疑為後代偽筆。或曰：『宋董逌謂班固言《魯詩》最近，今徒於他書時得之，是則申公之《詩》雖亡，猶散見雜出於群帙，後人輯錄而稍補足之，未可知是亦一說也。』魯之不應有頌，朱子固嘗致疑。近高邑趙公南星曰：『《關雎》，文王之詩，猶稱風焉，以其未為天子也。』周自東遷後，且降而為風矣。魯安得有頌？毅然降魯頌於國風，學士大夫聞而共為駭愕，不知實本申公之說也。然風雅頌之體不同，譬如黔晢之不容混駉與駹，置之邶、鄘、衛諸篇，尚相彷彿，《泮水》《閟宮》，國風安得有此體耶？是不可以不辨。

《經義考》卷一百按：「申公《魯故》至晉已亡，今所存《詩說》及《子貢詩傳》皆出於鄞人豐坊偽撰，世遂惑之，爭為鏤版。君子可欺以其方，難罔以非其道也。」

《古文尚書冤詞》卷七：「夫申培授《魯詩》，未聞有所謂《詩說》也。在前史志藝文者並未嘗有此書名，至明嘉靖間，盧陵郭中丞家忽出《子貢詩傳》《申培詩說》二書，以為得之黃文裕秘閣石本，實則考功豐坊偽為之。予向有《駁義》一書，略斥之矣。今引此自據，使知之而引之耶？則以偽濟偽，此妖言畔道之同黨，可併案也。使不知而引之，則近代偽書尚不能辨，而欲辨唐虞三代之偽書，能乎？且是人胸臆全未讀書，欲作偽今文，則亦當覓真今文讀之，今文《大傳》其在虞傳中，有《九共》篇，引《書》曰：『予辯下土使民平，平使民無傲。』在殷傳中有《帝告篇》，引《書》曰：『施章乃服明上下。』則《九共》逸篇在今文有真書矣，乃墨守今文者全不之知，反攘古文之夏書而割綴成篇，不亦羞乎！」

明朱朝瑛《讀詩略記卷首・論偽詩傳》：「晦翁以前，無不信《小序》者，自晦翁之《集傳》出，而《小序》廢矣。其間即稍稍異同，大都致疑於淫風耳。嘉靖初，有偽為《子貢傳》及《申培詩說》，乃盡更其舊而變亂之，最異者以魯頌為魯風，而取《鴟鴞》諸詩以冠其首，更以《定之方中》為僖公之詩附益焉，而題之曰楚宮。當時好事者翕然稱之，如黃泰泉、季彭山雖未之深信，已不能無惑其說，豐一齊則著《魯詩正說》，信之最深，子南禹任誕而多才，又加緣飾焉，然其書猶未見稱於世。萬曆中，鄒肇敏復為《詩傳闡》，

廣據博引，以證其不謬，於是讀之者目眩而不能察，舌撟而不能下，幾無以別其真偽矣。若《定之方中》則其尤亂真者也。豐一齊稱引地理，以楚與堂在今曹與魚臺兩縣，皆為魯地楚宮者，即《春秋》襄公三十一年所書『公薨於楚宮』者也。季……至引《管子》《呂覽》之書以相難，無論《呂覽》在《三傳》之後，即《管子》一書，亦多後人所加，故桓公封衛一事凡三見而莫同，一曰馬三百匹，一曰車三百乘，一曰車五百乘，其非實錄可知，以是相難，亦未足以服諸子也。今以經證經，而諸子之說當自絀矣。《春秋》書諸侯城緣陵城虎牢，皆不書其國，又何疑於楚？邱所疑者惟不書諸侯為異，則後此襄五年之戍陳，十年之戍鄭虎牢，亦與諸侯同事而不書諸侯。公羊氏曰：不書諸侯，離至不可得序也。比事而觀，其義可睹矣。戎狄亂華，兄弟急難，即其境內而遷之，固尊王之事，不得謂之專封。施者受者，俱無不韙，此《春秋》之所與，而《詩》之所為頌美也，若魯自城《春秋》所書多矣，孰非備寇，何獨詠此，惟明乎《春秋》之義，而此《詩》之義不待辨矣。地名之或同或異，又不待辨矣。《子貢傳》與《申培說》之為偽作，復何須致辨哉？」

〔二〕【整理與研究】林慶彰撰《豐坊與姚士粦》（華東師範大學出版社 2015 年版）。

72. 毛詩原解三十六卷

明郝敬（1558～1639）撰。敬有《周易正解》，已著錄。

是書前有《讀法》一卷，大指在駁《朱傳》改《序》之非，於《小序》又惟以卷首一句為據。每篇首句增「古序曰」三字，餘文則以「毛公曰」別之。《序》或有所難通者，輒為委曲生解，未免以經就傳之弊。而又立意與《集傳》相反，亦多過當。夫《小序》確有所受，而不能全謂之無所附益。《集傳》亦確有所偏，而不能全謂之無所發明。敬徒以朱子務勝漢儒，深文鍛鍊，有以激後世之不平，遂即用朱子吹求《小序》之法，以吹求朱子。是直以出爾反爾，示報復之道耳，非解經之正軌也。〔一〕（《四庫全書總目》卷十七）

【注釋】

〔一〕【評論】《經義考》卷一百十五引錢澄之曰：「京山郝氏說《詩》專依《小序》，拘定《序》說，《序》有難通者，輒為委曲生解，未免有以經就傳之弊。而又立意與《集傳》相反，不得其平。至於議論之精醇者，足以發明《朱傳》，不可廢也。」

73. 風雅遺音四卷

國朝史榮（1674～1752）撰。榮自號雪汀老人。鄞縣（今屬浙江寧波市）人。

其書據朱子孫鑒所作《詩傳補遺後序》，定朱子《集傳》原本有音未備，其音多後人所妄加。因以《集傳》與音互相考證，得其矛盾之處，條分縷析以辨之。一曰《集傳》用舊訓義而無音，二曰《集傳》有異義而不別為之音，三曰音與傳義背，四曰古今未有之音，五曰聲誤，六曰韻誤，七曰音誤，八曰誤音為叶，九曰誤叶為音，十曰四聲誤讀，十一曰泛云四聲之誤，十二曰邶風注與某同之誤，十三曰補音，十四曰叶音闕誤，十五曰叶音志略。又附錄「經文誤字」「經文疑義」「京本音切考異釋文」「叶韻紀原」「吳棫韻補考異」「集傳相沿之訛」「俗書相沿之訛」「集傳偶考」「音訂誤」九門，共二十四類。其音與義背、用舊義而無音、異義而不別音三門，辯論頗為精確。誤音、誤叶、補音及俗音訂誤四門，亦多可取。

惟「未有之音」與「四聲誤讀」二門所言即是音誤，分目未免太繁。至「泛云四聲」及「《邶風》音與某同」二門，則有意吹求，未為平允。又榮考今音頗詳，而古音則茫無所解。故「叶音闕誤」「叶音志略」二門所言往往大謬。吳棫《韻補》見行於世，榮自言未見其書，摭諸書所引為考異，尤為贅疣。至於舊音舛謬之處，動輒漫罵，一字之失，至詆為全無心肝，亦殊乖著書之體。蓋考證頗有所長，而蕪雜亦所未免焉。〔二〕（《四庫全書總目》卷十八）

【注釋】

〔一〕【作者研究】史榮，字漢桓，號雪汀。《清人詩文集總目提要》第 434 頁著錄《陶陶軒詩稿》十二卷。

〔二〕【紀昀《審定史雪汀〈風雅遺音〉序》】己卯夏，始卒讀之，歎其用心精且密。此書於《集傳》以外，無所發明，固不敢與陸氏齒；而因人人習讀之書，救正其訛謬，以之針砭俗學，較易於信從。獨惜其不知古音，故叶韻之說多舛誤。又門目太瑣，辯難太激，於著書之體亦微乖。（詳見《紀曉嵐文集》第一冊第 159～160 頁）

司馬按，紀昀與戴震共同審定史雪汀《風雅遺音》，重新編錄，有所潤飾，但無所增益。因此，《風雅遺音提要》與紀昀《審定史雪汀風雅遺音序》大致脗合。商務印書館 1936 年曾經出版《審定風雅遺音》。

74. 周禮注疏四十二卷

漢鄭玄（127～200）注〔一〕，唐賈公彥疏。玄有《易注》，已著錄。公彥，洺州永年（今河北永年）人。永徽中官至太學博士。事蹟具《舊唐書·儒學傳》。

《周禮》一書，上自河間獻王，於諸經之中，其出最晚，其真偽亦紛如聚訟〔二〕，不可縷舉。惟《橫渠語錄》曰：「《周禮》是的當之書，然其間必有末世增入者。」〔三〕鄭樵《通志》引孫處之言曰：「周公居攝六年之後，書成歸豐，而實未嘗行。蓋周公為《周禮》，亦猶唐之顯慶、開元禮，預為之以待他日之用，其實未嘗行也。惟其未經行，故僅述大略，俟其臨事而損益之。故建都之制不與《召誥》《洛誥》合，封國之制不與《武成》《孟子》合，設官之制不與《周官》合，九畿之制不與《禹貢》合（云云）。」〔四〕案：此條所云，惟《召誥》《洛誥》《孟子》顯相舛異，至《禹貢》乃唐虞之制，《武成》《周官》乃梅賾《古文尚書》，《王制》乃漢文帝博士所追述，皆不足以為難。其說蓋離合參半。其說差為近之，然亦未盡也。

夫《周禮》作於周初，而周事之可考者，不過春秋以後。其東遷以前三百餘年，官制之沿革，政典之損益，除舊布新，不知凡幾。其初去成、康未遠，不過因其舊章，稍為改易。而改易之人，不皆周公也。於是以後世之法竄入之，其書遂雜。其後去之愈遠，時移勢變，不可行者漸多，其書遂廢。此亦如後世律令條格，率數十年而一修，修則必有所附益。特世近者可考，年遠者無徵，其增刪之跡遂靡所稽，統以為周公之舊耳。迨乎法制既更，簡編猶在，好古者留為文獻，故其書閱久而仍存。此又如《開元六典》《政和五禮》，在當代已不行用，而今日尚有傳本，不足異也。使其作偽，何不全偽六官，而必闕其一，至以千金購之不得哉？且作偽者必剽取舊文，借真者以實其贋，《古文尚書》是也。劉歆宗《左傳》，而《左傳》所云「禮經」皆不見於《周禮》。《儀禮》十七篇皆在《七略》所載古經七十篇中，《禮記》四十九篇亦在劉向所錄二百十四篇中，而《儀禮·聘禮》賓行饔餼之物，禾米芻薪之數，籩豆簠簋之實，鉶壺鼎甕之列，與《掌客》之文不同。又《大射禮》天子諸侯侯數侯制，與《司射》之文不同。《禮記·雜記》載子男執圭，與《典瑞》之文不同，《禮器》天子諸侯席數與《司几筵》之文不同。如斯之類，與二禮多相矛盾。歆果贋託周公為此書，又何難牽就其文，使與經傳相合，以相證驗，而必留此異同，以啟後人之攻擊？然則《周禮》一書不盡原文，而非出依託，可概睹矣。《考工記》稱「鄭之刀」，又稱「秦無廬」。鄭封於宣王時，秦封於孝王時，其非周公之舊典，已無疑義。

　　《南齊書》稱，文惠太子鎮雍州（今陝西西安），有盜發楚王冢，獲竹簡書，青絲編，簡廣數分，長二尺有奇，得十餘簡，以示王僧虔。僧虔曰是科斗書《考工記》，則其為秦以前書亦灼然可知。雖不足以當《冬官》，然百工為九經之一，共工為九官之一，先王原以製器為大事，存之尚稍見古制。俞庭椿以下，紛紛割裂五官，均無知妄作耳。

　　鄭《注》，《隋志》作十二卷，賈《疏》文繁，乃析為五十卷，新舊《唐志》並同。今本四十二卷，不知何人所併。玄於「三禮」之學，本為專門，故所釋特精。惟好引《緯書》，是其一短。歐陽修集有《請校正五經札子》，欲刪削其書。然《緯書》不盡可據，亦非盡不可據，在審別其是非而已，不必竄易古書也。又好改經字，亦其一失。然所注但曰「當作某」耳，尚不似北宋以後連篇累牘，動稱「錯簡」，則亦不必苛責於玄矣。公彥之疏，亦極博核，足以發揮鄭學。《朱子語錄》稱五經疏中《周禮疏》最好。蓋宋儒惟朱子深於禮，故能知鄭、賈之善云。〔五〕（《四庫全書總目》卷十九）

【注釋】

〔一〕【版本】《周禮》鄭玄《注》宋刊本，國家圖書館、上海圖書館和北京大學圖書館均有收藏。日本足利學校藏宋建安巿箱本，靜嘉堂文庫藏宋婺州本、纂圖互注本和蜀大字本各一種。（《日本藏漢籍珍本追蹤紀實》第221～224頁）

〔二〕【辨偽】《經義考》卷一百二十所引材料節錄如下：

　　李覯曰：「昔劉子駿、鄭康成皆以《周禮》為周公致太平之跡。而林碩謂末世之書，何休云六國陰謀竊觀六典之文，其用心至悉，非古聰明睿知，誰能及此？其曰周公致太平者信矣。」又曰：「《周官》六屬，其職三百六十，而員數則多如六鄉七萬五千家爾，自比長以上卿大夫士萬八千餘人，此大可怪。」

　　蘇轍《欒城後集》卷七《歷代論》之「周公」條曰：「言周公之所以治周者，莫詳於《周禮》。然以吾觀之，秦、漢諸儒以意損益之者眾矣，非周公之完書也。何以言之？周之西都，今之關中也，其東都，今之洛陽也，二都居北山之陽，南山之陰，其地東西長，南北短，短長相補，不過千里，古今一也。而《周禮》王畿之大，四方相距千里，如畫棋局，近郊遠郊、甸地稍地、大都小都相距皆百里，千里之方，地實無所容之，故其畿內遠近諸法類皆空言耳，此《周禮》之不可信者一也……凡《周禮》之詭異遠於人情者，皆不足信也。古之聖人因事立法，以便人者有矣，未有立法以強人者也，立法以強人，此迂儒之所以亂天下也。」

程伯子曰：「《周禮》不全是周公之禮法，亦有後世隨時添入者，亦有漢儒撰入者。」

孫之宏曰：「《周官》在漢最晚出，孔氏既無明言，孟軻之徒或未之見疑，信猶未決也。不幸劉歆用之而大壞，王安石用之而益壞，儒生學士真以為無用於後世矣。夫去古遼遠，雖使先生之制爛然在日，固難盡棄今之法而求復其初也。然究觀其書，以道制欲，以義防利，以德勝威，以禮措刑，尊鬼神，敬卜筮，親賓客，保小民，藹然唐、虞、三代極盛之時，非春秋、戰國以後所能彷彿也。學者欲知先王經制之備，捨此書，將焉取之。」

王炎曰：「《周官》六典，周公經治之法也。秦人舉竹簡以畀炎火。漢興，諸儒掇拾於煨燼，藏於巖穴之間，其書已亡，而幸存。漢既除挾書之律，六典始出，武帝不以為善，作《十論七難》以排之，藏於秘府，不立於學官。東都諸儒知有《周禮》，而其說不同。以為戰國陰謀之書，何休也；以為周公致太平之跡者，鄭康成也。六官所掌，綱正而目舉，井井有條，而詆之以為戰國陰謀，休謬矣！」

朱子曰：「《周禮》一書，廣大精微，周家法度在焉。後世皆以《周禮》非聖人書，其間細碎處雖可疑，其大體直是非聖人做不得。」又曰：「《周禮》乃周家盛時聖賢制作之書。」又曰：「胡氏父子以《周禮》為王莽令劉歆撰，此恐不然。《周禮》是周公遺典也。」又曰：「今人不信《周官》，據熹言古人立法無所不有，天下有是事，他便立此一官，且如女巫之職掌宮中巫祝之事，凡宮中所祝皆在此人，如此則便無後世巫蠱之事矣。」

陳汲曰：「《周禮》一書，周家法令政事所聚，或政典，或九州，或司馬教戰之法，或《考工記》，後之作者纂其典章法度而成一代之書，有周公之舊章，有後來更續者。信之者以為周公作，不信者以為劉歆作，皆非也。」又曰：「《周禮》雖以設官三百六十為額，然職事員數不止此，以天官考之，凡卿、大夫、命士三百五十餘人，地官除鄉遂、山虞、林衡、司關、司門不可考者四百餘人，春、夏、秋三官皆五百餘人。凡六官中大略以春、夏、秋三官為準，以小乘多皆以五百人為額，凡三千人，其間兼攝者必相半也。何者？蓋先王之制，因事而命官，作史之人，因官而分職。以三公、六卿論之，如《周禮》所云：二卿必公一人，六卿各掌其職，宜若不可兼。而成王時，周公以公兼太宰，召公以公兼宗伯，蘇忿生以公兼司寇，故《書·洛誥》云：『司徒、司馬、司空也，成王將崩，同召太保奭芮、伯彤、伯畢公、衛侯毛

公。』則是六卿中，召公、畢公、毛公亦上兼三公矣。由是推之，先王之制，其職則不可廢，其官未必一一有。（下略）」

陳振孫曰：「此書多古文奇字，名物度數可考不誣，其為先秦古書似無可疑。」

魏了翁曰：「《周禮》《左氏》並為秦、漢間所附會之書，《周禮》亦有聖賢禮法，然附會極多。」又曰：「《周禮》與《左傳》兩部，字字謹嚴，首尾如一，更無疏漏處，疑秦漢初人所作，因聖賢遺言足成之。」

黃震曰：「孔子刪《詩》，定《書》，繫《周易》，作《春秋》。此四書，正經也。《禮記》雖漢儒所集，而孔門之《中庸》《大學》在焉，《樂記》等篇亦多格言。若《周禮》，未知何如？夾漈鄭氏嘗謂：『《周禮》一書，詳周之制度，而不及道化，嚴於職守，而闊略人主之身。』後來求其說而不得。或謂文王治岐之制，或謂成周理財之書，或謂戰國陰謀之書，或謂漢儒附會之說，或謂末世瀆亂不驗之書。林孝存作《十論七難》以排之。至孫處，又獨為之說曰：『《周禮》之作，周公居攝之後，書成歸豐，而實未嘗行。惟其未行，故建都之制不與《召誥》《洛誥》合，封國之制不與《武成・孟子》合，設官之制不與《周官》合，九畿之制不與《禹貢》合，凡此皆預為之，而未嘗行也。』愚恐亦意度之言。按：《周禮》實漢成帝時，劉歆始列之於《七略》，王莽時劉歆始奏置博士，乃始用於王莽而敗，再用於王安石，又大敗，夾漈以為用《周禮》者之過，非《周禮》之過，是固然矣。然未有用而效，恐亦未可再以天下輕試哉！

馬端臨曰：「《周禮》一書，先儒信者半，疑者半，其所以疑之者，特不過病其官冗事多，瑣碎而煩擾耳。然愚嘗論之，經制至周而詳，文物至周而備，有一事必有一官，毋足怪者，有如閽闔卜祝，各設命官，衣膳泉貨，俱有司屬。自漢以來，其規模之瑣碎，經制之煩密，亦復如此特，官名不襲六典之舊耳。固未見其為行《周禮》，而亦未見其異於《周禮》也。獨與百姓交涉之事，則後世惟以簡易闊略為便，而以《周禮》之法行之，必至於厲民而階亂。王莽之王田市易、介甫之青苗均輸是也。後之儒者見其效驗如此，於是疑其為歆、莽之偽書而不可行。或以為無《關雎》《麟趾》之意，則不能行。愚俱以為未然。蓋《周禮》者，三代之法也。三代之時，則非直周公之聖可行，雖一凡夫亦能行之。三代而後，則非直王莽之矯詐、介甫之執拗不可行，而雖賢哲亦不能行，其故何也？蓋三代之時，寰宇悉以封建，天子所治不過

千里，公侯則自百里以至五十里，而卿大夫又各有世食祿邑，分土而治，家傳世守，民之服食，日用悉仰給於公上，而上之人所以治其民者，不啻如祖父之於其子孫，家主之於其臧獲，田土則少而授，老而收，於是乎有鄉遂之官。又從而視其田業之肥瘠，食指之眾寡，而為之斟酌區畫，俾之均平，貨財則盈而斂，乏而散，於是乎有泉府之官。又從而補其不足，助其不給，或賒或貸而俾之足用，所以養之者，如此司徒之任，則自鄉大夫州長以至閭胥比長，自遂大夫縣正以至里宰鄰長，歲終正歲，四時孟月皆徵召其民，考其德藝，糾其過惡，而加以勸懲……其有疲懦貪鄙之人，則視其官，如逆旅傳舍，視其民如飛鴻土梗，發政施令，不過受成於吏手。既受成於吏手，而欲以《周官》之法行之，則事繁而政必擾，政擾而民必病，教養之恩意未孚，而追呼之苛嬈已極矣。是以後之言善政者必曰事簡。夫以《周禮》一書觀之，成周之制，未嘗簡也，自土不分胙，官不世守，為吏者不過年除歲遷，多為便文，自營之計，於是國家之法制率以簡易為便，慎無擾獄市之說，治道去太甚之說，遂為經國庇民之遠猷，所以臨乎其民者，未嘗有以養之也。苟使之自無失其養，斯可矣，未嘗有以教之也。苟使之自無失其教，斯可矣。蓋壤土既廣，則志慮有所不能周。長吏數易，則設施有所不及竟。於是法立而奸生，令下而詐起，處以簡靖，猶或庶幾。稍涉繁夥，則不勝其潰亂矣。昔子產聽鄭國之政，其所施為者曰：『都鄙有章，上下有服，田有封洫，廬井有伍。』此具《周官》之法也。然一年而輿人謗之曰：『孰殺子產，吾其與之。』三年而誦之曰：『子產而死，誰其嗣之。』按鄭國土地褊小，其在後世則一郡耳。夫以子產之賢智，而當一郡守之任，其精神必足以周知情偽，其念慮必足以洞究得失，決不至後世承流宣化者之以苟且從事也。而周制在當時亦未至盡隳，但未能悉復先王之舊耳。然稍欲更張，則亦未能遽當於人心，必俟歷以歲月，然後昔之謗讟者轉而為謳歌耳。況賢不及子產，所涖不止一郡，且生乎千載之後，先生之制久廢，而其遺書僅存，乃不察時宜，不恤人言，而必欲行之乎？王介甫是也。介甫所行變常平而為青苗，誑曰：『此《周官》泉府之法也。』當時諸賢極力爭之，蘇長公之言曰：『青苗雖云不許抑配，然其間願請之戶必皆孤貧不濟之人家，若自有贏餘，何至與官交易此等？鞭撻已急，則繼之逃亡，逃亡之餘，則均之鄉保。』蘇少公之言曰：『出納之際，吏緣為奸，法不能禁，錢入民手，雖良民不免非理費用，及其納錢，雖富民不免違限，受責如此，則鞭笞必用，而州縣多事矣。』是皆言官與民賒貸之

非便也。蓋常平者糶糴之法也，青苗者賒貸之法也。糶糴之法，以錢與粟兩相交易，似未嘗有以利民，而以官法行之則反為簡便。賒貸之法，損錢以予民，而以時計息，取之似實有以濟民，而以官法行之，則反為繁擾。然糶糴之說始於魏文侯，常平之法始於漢宣帝，三代之時未嘗有此，而賒貸之法則《周官》泉府明言之，豈周公經制顧不為其簡易者，而欲為其煩擾者邪……以青苗賒貸一事觀之，則知《周禮》所載凡法制之瑣碎煩密者，可行之於封建之時，而不可行之於郡縣之後。必知時識變者，而後可以語通經學古之說也。」

〔三〕【史源】《經義考》卷一百二十。

〔四〕【史源】此條引文實載於《六經奧論》卷六，檢索鄭樵《通志》未見。

〔五〕【整理與研究】孫詒讓撰《周禮正義》（中華書局 1987 年版）。日人加藤虎之亮《周禮經注疏音義校勘記》（中西書局 2016 年版）將現存中日《周禮》版本及相關文獻幾乎網羅殆盡，書中逐章校勘諸本音義和音義異體文字，對各版本文字是非、先儒校語的考證，卷首有序說，書後附錄詳細引書、官名目次、官名字畫索引。

75. 周禮復古編一卷

宋俞庭椿撰。庭椿字壽翁，臨川（今屬江西撫州市）人。乾道八年（1172）進士。官古田令。

是書《宋志》作三卷。今本作一卷，標曰陳友仁編。蓋友仁訂正《周禮集說》，而以此書附其後也。庭椿之說〔一〕，謂五官所屬皆六十，不得有羨，其羨者皆以補《冬官》。鑿空臆斷，其謬妄殆不足辯。又謂《天官》世婦與《春官》世婦、《夏官》環人與《秋官》環人為一官復出，當省併之。其說似巧而其謬尤甚。二世婦與二環人，無論職掌各殊，即以序官考之，《天官》世婦為王之後宮，故與九嬪、八十一御女皆無官屬；至於《春官》世婦為王之宮官，故每宮卿一人，下大夫四人，中士八人，女府二人，女史二人，奚十六人，與《天官》世婦顯異。鄭《注》以漢之大長秋、詹事、中少府、太僕為證，其說本確。庭椿乃合而一之，是誤以《春官》之世婦為婦人也。至於《司馬》環人之屬，下士六人，史二人，徒十有二人，《秋官》環人之屬，中士四人，史四人，胥四人，徒四十人。若二環人是一官，何所屬之中、下士及史、胥、徒，乃各不同如此耶？此好立異說者之適以自蔽也。

　　然「復古」之說，始於庭椿。厥後邱葵、吳澄皆襲其謬。說《周禮》者遂有「冬官不亡」之一派，分門別戶，輾轉蔓延，其弊至明末而未已。故特存其書，著竄亂聖經之始，為學者之炯戒焉。（《四庫全書總目》卷十九）

【注釋】

〔一〕【俞庭椿自序】「六經」厄秦，至漢稍稍得復，然而多出於儒者記誦傳授之學，不能無訛誤。既成篇帙，相傳至今，世儒信其師承之，或有所自也，無或疑議遂使聖經之舊泯焉，不可復見。《周禮》一書，皆周之舊典禮經，然方諸侯惡其害己，而去班爵祿之籍，已有亡失之漸，況一燔於煨燼，而僅僅出於口傳追記之餘，安能盡復其故耶？伏生年過九十，口授《尚書》。自非孔壁所藏古文出而考證，則《舜典》與《堯典》孰分？《益稷》與《皋陶謨》奚別？《盤庚》不得而異篇，《康王之誥》不得而殊體，信以傳信，未必不至於今日也。「六經」惟《詩》失其六，《書》逸其半，《周禮》司空之篇有可得言者，反覆之經，質之於《書》，驗之於《王制》，皆有可以是正焉者。而司空之篇實雜出於五官之屬。且因司空之復，而六官之訛誤亦遂可以類考，將一一摘其要者議之，誠有犁然當於人心者，蓋不啻寶玉大弓之得，而鄆讙龜陰之歸也。雖然，由漢迄今，世代遠邈，大儒碩學，項背相望，而區區末學，乃爾起義，是不得罪於名教者幾希。嗚呼！學者寧信漢儒，而不復考之經耶？無寧觀其說而公其是非，以旁證於聖人之言，而幸復於聖經之故耶？知我罪我，所弗敢知，此《復古編》之所為作也。

【整理與研究】梁藝馨《俞庭椿〈周禮復古編〉若干問題再商榷》認為，俞庭椿作《周禮復古編》為周禮學史上集前人「《冬官》不亡」理論之大成，開「《冬官》補亡」之風氣的開拓性著作，在宋代思想史、文化史方面具有重要價值，其書內容雖深為清以後人詬病，但其合理性與對元、明兩代的《周禮》思想影響是不可忽視的，故其得失值得我們重新評價。（載《文化學刊》2017年第6期）今按，俞庭椿借「復古」之名，行竄亂古經之實。對此惡劣行徑，前人以為治學之炯戒，今人價值重估，肆意推翻前人定論，妄圖重新評價，未免譁眾取寵。

76. 周官總義三十卷

　　宋易祓（1156～1240）撰。祓有《周易總義》，已著錄。

是書陳振孫《書錄解題》不載。惟趙希弁《讀書附志》著錄，稱許儀為之序，刻於衡陽。今衡陽本世已無傳。惟《永樂大典》尚載其《天官》《春官》《秋官》《考工記》，而《地官》《夏官》亦佚。謹裒合四官之文，編次成帙，以存其舊。其《地官》《夏官》則採王與之《周禮訂義》所引以補其亡，仍依《讀書附志》所列，勒為三十卷。雖非全帙，然十已得其八九矣。

其書研索經文，斷以己意，與先儒頗有異同〔一〕。如論大宰九賦，則援載師之任地及司市、司關、丱人、角人、職幣等職，以「駁口率出泉」之說；論宗廟九獻，則合籩人、醢人、內宰、司尊彝及行人「王禮再祼」之文，以駁「列祼事於九獻」之說；論《肆師》之「祈珥」，則引《羊人》《小子》及《山虞》諸條，以糾改「祈」為「刉」、改「珥」為「衈」之說；論《輈人》之四旗，則歷辯巾車、司常、大司馬、大行人與《考工記》不合，以明《曲禮》車騎為戰國之制。諸如此類，雖持論互有短長，要皆以經釋經，非鑿空杜撰。至於《內宰》「二事」，則改為副貳之「貳」；於《酒正》「式法」，則指為「九式之法」；於「園廛」、「漆林」諸賦，則謂以什一取民，又於一分中分十一、十二、二十而三數等而輸之於王；於《凌人》斬冰，則謂十二月為建亥之月，先令之於亥月，而後三為凌室，以待亥、子、丑三月之藏，亦皆自出新義，而於《職方氏》之地理山川尤為詳悉。

蓋祓雖人品卑污，而於經義則頗有考據，不以韓侂胄、蘇師旦故，掩其著書之功也。（《四庫全書總目》卷十九）

【注釋】

〔一〕【辨偽】易祓曰：「《考工記》非周書也。言周人上輿，而有梓匠之制，言周人明堂，而有世室重屋之制，言溝洫澮川，非遂人之制，言旐旗旟旌，非大司馬司常巾車之制，視周典大不類。」又曰：「三十工有以人名者，有以氏名者，有以事名者，惟畫繢職獨言所職之事，其他如輿人、輪人之類，則以人名之，謂工以巧為能，不必責之世守也。如築氏、冶氏之類，則以氏名之，謂官有世功，族有世業，必世習之為貴也。」

77. 周禮訂義八十卷

宋王與之撰。與之字次點，樂清（今屬浙江溫州市）人。淳祐二年（1242）六月，行在秘書省準敕訪求書籍，牒溫州宣取是編。知溫州趙汝騰奏進，特補一官，授賓州（今廣西賓陽）文學，後終於通判泗州（今江蘇泗洪）。

此本省牒、州狀、都司看詳及敕旨均錄載卷首，蓋猶宋本之舊。前有真德秀序〔一〕，作於紹定五年壬辰（1232），下距進書時十年。又有趙汝騰後序〔二〕，作於嘉熙元年丁酉（1238），下距進書時六年，故汝騰奏稱「素識其人」，又稱德秀歿後，與之「益刪繁取要，由博得約，其書益精粹無疵也」。所採舊說，凡五十一家〔三〕。然唐以前僅杜子春、鄭興、鄭眾、鄭玄、崔靈恩、賈公彥等六家，其餘四十五家則皆宋人。凡文集、語錄無不搜採。蓋以當代諸儒為主，古義特附存而已。

德秀稱：「鄭、賈諸儒析名物，辯制度，不為無功，而聖人微旨終莫之睹。惟洛之程氏、關中之張氏獨得聖經精微之蘊。永嘉王君其學本於程、張（云云）。」蓋以義理為本，典制為末，故所取宋人獨多矣。其注《考工記》，據《古文尚書》《周官·司空》之職，謂《冬官》未嘗亡，實沿俞庭椿之謬說。汝騰後序亦稱之，殊為舛誤。然庭椿淆亂五官，臆為點竄；與之則僅持是論，而不敢移掇經文，視庭椿固為有間。至其以序官散附諸官，考陸德明《經典釋文》，晉干寶注《周禮》，雖先有此例，究事由意創，先儒之所不遵，不得援以為據也。惟是四十五家之書，今佚其十之八九，僅賴是編以傳。雖貴近賤遠，不及李鼎祚《周易集解》能存古義。而搜羅宏富，固亦房審權《周易義海》之亞矣。〔四〕

又案邱葵《周禮補亡序》稱：「嘉熙間，東嘉王次點作《周官補遺》，由是《周禮》之六官始得為全書。」今本實無《補遺》，未審別為一書，或附此書內而佚之。然憑臆改經之說，正以不存為最善，固無庸深考也。〔五〕（《四庫全書總目》卷十九）

【注釋】

〔一〕【真德秀序】《周禮》之難行於後世也久矣。不惟難行，而又難言。然則終不可行乎？曰：「有周公之心，然後能行《周禮》。無周公之心而行之，則悖矣。然則終不可言乎？」曰：「有周公之學，然後能言《周禮》。無周公之學而言之，則戾矣。」《孟子》曰：「周公思兼三王，以施四事，其有不合者，仰而思之，夜以繼日，幸而得之，坐以待旦。」公之心，禹、湯、文、武之心；而其學，則禹、湯、文武、之學也。以此之心布而為政，以此之學著而為書，故能為成周致太平，而為萬世開太平……永嘉王君次點，其學本於程、張，而於古今諸儒之說莫不深究，著為《訂義》一編，用力甚至，然未以為足也，

方將蚤夜以思，深原作經本指，以曉當世，其心抑又仁矣。以是心而為是學，《周禮》一書，其遂大明矣。（下略）

〔二〕【趙汝騰後序】《周禮》一書，先儒疑信相半，橫渠氏最尊敬之，五峰氏最擯抑之。二說交馳，學者幽冥而罔知所從。嘗平心思之，《周禮》真周公書，《漢志》所謂《周官》六篇是也。獨不幸有三可憾：在成周未能為成書，在後世不得為全書，此予每深致其惋惜嗟歎之意。何以的知為周公書？是書之首曰：「惟王建國，辨方正位，體國經野，設官分職，以為民極。」此言宅洛建官之旨。司徒職曰：「日至之景，尺有五寸，謂之地中，乃建王國。」大宰職曰：「掌建邦之六典，以佐王治邦國。」此演而伸其旨也……又《書‧周官》載六卿，自冢宰至司空，雖不條陳設屬，亦曰六卿分職，各率其屬，大旨與六典合，所以的知為周公書。然向使周公得輔成王於洛邑，推行其六典，事制曲防之間，文理密察之際，必猶有所改定，庶幾為成書以詔後世。惜也洛宅未及遷，六典有書未嘗行，可憾一也。仲尼慕周公者也，從周之歎，發於閒居。使得遂其為東周之志，六典必見於推行，討論潤色，益至于大成，備周公之未備者，不在仲尼乎！橫渠氏謂「仲尼繼周，損益可知」是也。惜明王不興，天下莫能宗之，不復夢周之歎方形，而天復不憖遺矣，可憾二也。秦火後，經籍多殘失，禮書為甚。漢武帝時，河間獻王始得《周官》於民間，比《詩》《書》最晚出，故武帝詔有禮壞之歎。顏師古謂亡其《冬官》，補以《考工記》，有所亡，有所補，非全書也。此伊川氏所謂「《禮經》多出於掇拾煨燼之餘，安得句為之解」是也，可憾三也。有是三可憾，則是書之存，於天下後世固足以見周公為萬世開太平之大旨。然前之既未為成書，後之又不得為全書，則不能不使萬世而下，抱不得見周公經制大成之深恨。先儒乃盡歸咎於劉歆，以為剿入私說，迎合賊莽，不亦甚乎！（下略）

〔三〕【考證】孫詒讓云：「至所採舊說五十一家，《序目》載其姓氏……其書中所引，不列於《序目》者，尚有胡伸、竇巖、高閌、徐卿、毛彥清、呂芸閣（呂大臨）、張南軒、張沂公、陳彥群、陳宏父、藍氏、唐氏，及陳暘《樂書》《尚書精義》諸說，又十餘家。」（《溫州經籍志》第 114 頁）

〔四〕【評論】孫詒讓云：「東巖《周禮訂義》，採摭浩博，為《周官》說之淵藪，易祓、王昭禹諸書莫能及也……搜輯之富，不減衛湜《禮記集說》。惟剪裁舊說，為一家言，與衛書之備列眾說同異者異，又間以己見論定是非，亦與衛書之不加論斷者異耳。」（《溫州經籍志》第 113～114 頁）

〔五〕【版本】國家圖書館藏有宋刻本。

　　【整理與研究】潘斌《王與之〈周禮訂義〉的宋學特徵及學術價值》一文認
為，此書具有很強的宋學特徵，特別重視宋人解義，大膽懷疑前人注疏，多
闡發義理而少從事考據，認為《周禮·冬官》不亡，而是雜於五官。《周禮訂
義》採擇宋人解義最多，是宋代《周禮》學文獻輯佚之淵藪，今人可據其以
窺宋代《周禮》學之概況。（載《古籍整理研究學刊》2015 年第 6 期）今按，
潘斌此文要點實際上與《四庫提要》大致相近。

78. 欽定周官義疏四十八卷

　　乾隆十三年（1748）《御定三禮義疏》之第一部也。

　　考《漢志》載《周官》經六篇，傳四篇，故杜子春、鄭興、鄭眾、賈逵、
衛宏、張衡〔一〕所注皆稱《周官》。馬融、鄭玄所注猶稱《周官禮》。迨唐賈
公彥作疏，始沿用省文，稱為《周禮》，實非本名。今仍題曰《周官》，從其朔
也。

　　首冠以《御製日知薈說》〔二〕論《周官》者十則，以昭千古之權衡。其採
掇群言，則分為七例：一曰「正義」，直詁經義，確然無疑者也；二曰「辨正」，
後儒駁正，至當不易者也；三曰「通論」，或以本節本句，參證他篇，比類以
測義，或引他經與此互相發明者也；四曰「餘論」，雖非正解，而依附經義，
於事物之理有所推闡者也；五曰「存疑」，各持一說，義亦可通，又或已經駁
論，而持此者多，未敢偏廢者也；六曰「存異」，名物象數，久遠無傳，難得
其真。或創立一說，雖未即愜人心，而不得不存之，以資考辨者也；七曰「總
論」，本節之義已經訓解，又合數節而論之，合一職而論之者也。

　　大抵《周官》六典，其源確出周公，而流傳既久，不免有所竄亂，不必以
為疑，亦不必以為諱。說《周官》者，以鄭氏為專門，而訓詁既繁，不免有所
出入。不可護其短，亦不可沒其長。是書博徵約取，持論至平。於《考工記·
注》奧澀不可解者，不強為之詞，尤合聖人「闕疑」之義也。（《四庫全書總目》
卷十九）

【注釋】

〔一〕【張衡】（78～139），字平子，東漢安陽人。明人編有《張河間集》，今人張震
　　　澤作校注。許結撰《張衡評傳》（南京大學出版社 1999 年版）。

〔二〕【御製日知薈說】清高宗撰。高宗從十四歲時即研讀四書五經，求其義蘊，遍覽諸史，考定得失。乾隆元年，將十多年的日課取其精華，整理出歷代帝王有關治理國家的名言二百六十條，編成四卷。

79. 周官集注十二卷

國朝方苞〔一〕（1668～1749）撰。苞字鳳九，號靈皋，亦號望溪，桐城（今屬安徽）人。康熙丙戌（1706）會試中式舉人。官至內閣學士兼禮部侍郎。後落職修書，特賜侍講銜致仕。

是編集諸家之說，詮釋《周禮》。謂其書皆六官程式，非記禮之文。後儒因《漢志》《周官》六篇列於禮家，相沿誤稱《周禮》，故改題本號，以復其初。其注仿朱子之例，採合眾說者，不復標目；全引一家之說者，乃著其名；凡其顯然舛誤之說，皆置不論；惟似是而非者，乃略為考正。有推極義類、旁見側出者，亦仿朱子之例，以圈外別之。訓詁簡明，持論醇正，於初學頗為有裨。〔二〕

其書成於康熙庚子（1720）。後苞別著《周官辨》十篇，指《周官》之文為劉歆竄改，以媚王莽。證以《漢書·莽傳》事蹟，歷指某節某句為歆所增，言之鑿鑿，如目睹其筆削者。自以為學力既深，鑒別真偽，發千古之所未言。然明代金瑤先有是論〔三〕，特苞更援引史事耳。持論太高，頗難依據，轉不及此書之謹嚴矣。（《四庫全書總目》卷十九）

【注釋】

〔一〕【作者研究】清蘇惇元撰《清方望溪先生苞年譜》（臺北商務印書館 1981 年版），今人孟醒仁撰《桐城派三祖年譜》（安徽大學出版社 2002 年版）。楊向奎有《方苞〈望溪學案〉》，載《清儒學案新編》第三冊（齊魯書社 1994 年版），朱洪撰《方苞傳》（時代出版傳媒股份 2012 年版），王思豪撰《方苞傳》（鳳凰出版社 2019 年版）。

〔二〕【方苞自序】朱子既稱《周官》遍布周密，乃周公運用天理熟爛之書。又謂頗有不見其端緒者，學者疑焉，是殆非一時之言也。蓋公之兼三王，以施四事者，具在是書。其於人事之始終，百物之聚散，思之至精，而不疑於所行，然後以禮樂兵刑食貨之政，散佈六官，而聯為一體，其筆之於書也，或一事而諸職各載其一節，以互相備，或舉下以該上，或因彼以見此，其設官分職之精意，半寓於空曲交會之中，而為文字所不載，迫而求之，誠有茫然不見

其端緒者，及久而相說以解，然後知其首尾皆備，而脈絡自相灌輸，故歎其遍布而周密也。（《望溪集》卷六）

〔三〕【周禮述注】明金瑤撰。謂《周禮》之文為漢儒所竄改，其中有偽官、亂句，悉為考定，別以陰文書之。大旨本元吳澄《三禮考注》、明何喬新《周禮集注》之說，而又以臆見更定之。其補《冬官》之末，附以《改官議》《改文議》二篇，即評論二氏之得失者也……所定偽官亂句諸條，若親得周公舊本，一一互校而知者，其無稽更不足辨矣。（《四庫全書總目》卷二十三）

80. 周官祿田考三卷

國朝沈彤〔一〕（1688～1752）撰。彤有《尚書小疏》〔二〕，已著錄。

自歐陽修有《周禮》官多田少，祿且不給之疑，後人多從其說。即有辨者，不過以攝官為詞。彤獨詳究周制，以與之辨，因撰是書〔三〕，分《官爵數》《公田數》《祿田數》三篇。凡田、爵、祿之數不見於經者，或求諸注；不見於注者，則據經起例，推闡旁通，補經所無，乃適如經之所有。其說精密淹通，於鄭、賈注疏以後，可云特出。

其中稍有牴牾者，如謂子、男之國不得有中士。考《孟子》稱「小國地方五十里」有「中士倍下士」之文。趙岐注曰：「子、男為小國。」《王制》曰：「王者之制祿爵，公、侯、伯、子、男，凡五等。諸侯之上大夫卿、下大夫、上士、中士、下士凡五等。」孔穎達疏謂諸侯統公、侯、伯、子、男，則子、男有中士矣。《王制》又曰：「其有中士、下士，數各居其上之三分。」鄭《注》謂：「上、中、下士二十七人，各三分之」。《周禮·太宰》賈《疏》釋此文，謂朝聘之位、次國之上士當大國之中士，中士當下士，下士當其空。小國之上士當次國之中士，中士當下士，下士當其空。故云「各居其上之三分」。若子、男無中士，則小國之士不敷三分之數，與經文戾矣。彤又謂加田之制，國八十里者，其加田極於百里；四十里者，極於五十里。二十里者，極於二十五里。考《司勳》文曰：「凡賞地無常，輕重視功。」又曰：「惟加田無徵」。鄭《注》曰：「加田，既賞之，又加賜以田。」夫賞田且無常數，況加田乎！《春秋》宣公十五年《傳》「晉侯賞桓子狄臣千室，又賞士伯以瓜衍之縣」。襄公二十六年《傳》「三月甲寅朔享子展，賜之先輅三命之服，先八邑」。襄公二十七年《傳》「公與免餘邑六十」。襄公二十八年《傳》「與晏子邶殿，其鄙六十」。此無論其為「賞」為「加」，率無常數，正可與《司

勳》文相證。而彤定以二十里、十里、五里，稽諸經傳，略無明文。又彤算畿內百萬井，去山陵林麓等三十六萬井，存田六十四萬井，以為三分去一，本於班固《刑法志》。今考百萬井而去三十六萬井，乃二十五分而去九。班《志》本不云三分去一，彤所引殊為誤記。且班《志》非為《周官》作注，故立算不必盡據經文。今彤既據經文，即當參校經義，求其脗合。考鄭《載師》注，算近郊百里，則用三分去一之法。算六遂以外，則用十八分去五之法。蓋近郊以內，不易之地家百畝，一易之地家二百畝，再易之地家三百畝。相通，三夫而受六夫之地。至六遂以外，上地家百畝，萊五十畝。中地家百畝，萊百畝，下地家百畝，萊二百畝。相通，六夫而受十三夫之地。其所受之田、既較近郊為加多，則所去之地，即當較近郊為加少。故郊內三分去一，而遂外僅二八分去五也。夫以三分去一算遂外之地，且猶病其過多，而況於二十五分而去九乎！此不信鄭《注》之所以疏也。至謂《遂人》十夫亦為井田，乃襲宋人緒論，尤疏於考校。然其百慮一失者，僅此三四條耳，亦可云湛深經術者矣。〔四〕（《四庫全書總目》卷十九）

【注釋】

〔一〕【沈彤】字貫雲，號果堂，吳江人。事蹟具《清史稿》卷四八一。

〔二〕【尚書小疏】是編所解，自《堯典》至《禹貢》僅數十則，而往往失之好異。蓋彤長於《三禮》，而《尚書》非其所精，又務欲求勝於胡渭，故糾紛至是，不足為據也。（《四庫全書總目》卷十四）

〔三〕【自序】官之命者必有祿，祿必稱其爵，而量給於公田，是《周官》法制之大端。其等與數之相當，在當時固彰彰可考也。自司祿籍亡，先後鄭注內史專取諸《王制》，而本經之祿秩以晦。迨歐陽氏發「官多田寡，祿將不給」之疑，後之傅會者且踵為誣謗，即信《周官》者亦未得二者之等數，而此制幾無從復顯。余嘗研求本經，旁覽傳記，得其端於載師之都邑，以為有義例可推，確徵可佐，凡內外官之祿皆可得辨析整齊之，而前人之謬妄皆可得而破之。為官爵數、公田數、祿田數三篇，復為問答於每篇之後，反覆委蛇，以明其所以定是數之故，而總名曰《周官祿田考》。夫自宋以來之稽官，有未及鄉遂屬吏者，今乃並郊野之吏而補之，其稽田有不去山林、川澤、城郭等三之一者，今更通不易一易再易上中下之率，而二夫當一夫，則官益多而田益寡，宜祿之不給尤甚也。然以縣都已下數等之田，食公卿大夫士數等之爵，非獨相當，且供他法用而有餘，是田祿與官爵之數在本經曷嘗牴牾，乃晦蝕且二

千年而莫之開關，何也？凡定公田之數，以井數定祿之數，以其等定爵之數，以序官而定爵之等，以命數定祿之等，以爵等亦以命數云。

〔四〕【整理與研究】清倪景曾撰《周官祿田考補正》三卷。（見王欣夫《蛾術軒篋存善本書錄》第 736～738 頁）

81. 周禮疑義舉要七卷

國朝江永〔一〕（1681～1762）撰。永字慎修，婺源（今屬江西）人。

是書融會鄭《注》，參以新說，於經義多所闡發。其解《考工記》二卷〔二〕，尤為精覈。如經文「六尺有六寸之輪軹，崇三尺有三寸也。加軫與轐焉，四尺也」。軫圍尺一寸，見於經文，而轐圍不著。並軫轐以求七寸之崇，頗為難合，鄭《注》亦未及詳解。永則謂：「軫方徑二寸七分有半，自軸心上至軫面，總高七寸，轂入輿下，左右軧在轂上，須稍高，容轂轉，故轂上必有轐庋之。轐之圍徑無正文。《輈人》當兔之圍，居輈長十之一，方徑三寸六分，輈亦在輿下庋輿者，則兔圍與當兔同，可知軸半徑二寸二分，加轐方徑三寸六分，共高五寸八分。以密率算，轂半徑五寸一分弱，中間距軧七分強，可容轂轉。以五寸八分，加後軫出轐上者，約一寸二分，總高七寸。輿版之厚上與軫平，亦以一寸二分為率。後軫在輿下餘一寸五分，輈踵為闕曲以承之。算加軫與轐之七寸，當從輈算起。蓋輈在軸上，必當輿底相切。而兩旁伏兔，亦必與輈齊平。故知輈之當兔圍，必與兔圍等大。後不言兔圍者，因輈以見（云云）。」考《釋名》曰：「軫橫在前，如臥第之有枕也。枕，橫也，橫在下也。薦版在上，如薦席也。」似輿版在上而軫在下。永謂軫面與輿版相平，似乎不合。然輿版之下仍餘軫一寸五分，則其說仍不相悖。又考《說文》曰：「轐，車伏兔下革也。」則是伏兔鉗轂之處，尚有革承其間。永算伏兔距轂崇三寸六分，而伏兔下革厚尚未算入。要其增分甚微，固亦無妨於約算也。又《經文》曰：「參分其隧，一在前，二在後，以揉其式。」式之制，具詳於《曲禮》孔《疏》。其說謂車箱長四尺四寸而三分，前一後二，橫一木，下去車第三尺三寸，謂之為式。又於式上二尺二寸橫一木，謂之為較。至宋林希逸〔三〕，又謂揉者，揉其木使正直而為之。永則謂揉兩曲木，自兩旁合於前，通車前三分隧之一，皆可謂之式。式崇三尺三寸，並式深處言之。兩端與兩輢之植軹相接。軍中望遠，亦可一足履前式，一足履旁式。《左傳》長勺之戰，「登軾而望」是也。若較在式上，如何能「登軾而望」？若較於隧三分之前橫架一木，則在陰版之內，車外不見式

矣。記如何云：「苟有車，必見其式（云云）。」考鄭《注》曰：「兵車之式深尺四寸三分寸之二。」則經所云「一在前」者皆為「式」。凡一尺四寸有奇之地，注始得云「式深」。若僅於兩軛之中橫架一木，名之曰式，則一木前後，更不為式，注又何得以深淺度式乎？孔《疏》謂橫架一木於車箱內，蓋未會鄭《注》「式深」二字之義。又鄭《注》云：「較兩軛上出式者，兩軛則兩箱版也。上出式而度之以兩軛，則兩較各在兩箱之上，明矣。故《釋名》曰「較在箱上」，不云「較在式上」，是其明證。孔《疏》之誤顯然。至於經文凡云揉者，皆揉之使曲，而希逸反謂揉之使直，尤屬不考，均不及永之所說確鑿有徵。其他援引典核，率皆類此。其於古制亦可謂考之詳矣。〔四〕（《四庫全書總目》卷十九）

【注釋】

〔一〕**【作者研究】**江永事蹟具《清史稿》卷四八一。戴震、程瑤田、金榜等皆出自其門下，公認為開皖派樸學之先河的大師。江錦波、王世重合編《江慎修先生年譜》（載《清代徽人年譜合刊》上冊第 58～67 頁），但過於簡略，須改作。楊向奎編《江永〈婺源學案〉》（見《清儒學案新編》第五冊第 1～45 頁）。王力、陳新雄、董忠司、許惠貞等對江永的音韻學均有專門研究。

〔二〕**【辨偽】**《周禮》本是未成之書。闕《冬官》，漢人求之不得，以《考工記》補之。恐是當時原闕也。冬官掌事，而事不止工事；考工是工人之號，而工人非官。《注》謂以事名官，以氏名官，非也。《考工記》，東周後齊人所作也。其言秦無盧鄭之刀，厲王封其子友，始有鄭東遷，後以西周故地與秦始有秦，故知為東周時書。其言橘逾淮而北為枳，鸜鵒不逾濟，貉逾汶則死，皆齊魯間水，而終古戚速椑茭之類，鄭《注》皆以為齊人語，故知齊人所作也。蓋齊、魯間精物理、善工事而工文辭者為之。（《周禮疑義舉要》卷六）

〔三〕**【林希逸】**（1193～1271），字肅翁，號竹溪，福清人。著有《竹溪十一稿》，事蹟具《宋元學案》卷四十七。

〔四〕**【整理與研究】**《江永〈周禮疑義舉要〉初探》一文認為，同吳紱的相互問難觸發了江永撰作《周禮疑義舉要》的熱情，該書在《周禮》的軍事研究、賦稅研究、禮典研究方面多有收穫，是江永《周禮》研究的最終成果。其中《考工記》研究成就最為突出。採用文法分析、民俗民風實證是研究特色。注意吸收西學知識，適當使用常理推測法。江永的《周禮》研究為金榜、程瑤田、戴震、孫詒讓所發揚光大。（載《安徽農業大學學報》2013 年第 1 期）蘇正道博士撰《江永禮學研究》（復旦大學出版社 2019 年版）。

82. 儀禮注疏十七卷

漢鄭玄（127～200）注〔一〕，唐賈公彥疏〔二〕。

《儀禮》出殘闕之餘，漢代所傳，凡有三本：一曰戴德本，以《冠禮》第一，《昏禮》第二，《相見》第三，《士喪》第四，《既夕》第五，《士虞》第六，《特牲》第七，《少牢》第八，《有司徹》第九，《鄉飲酒》第十，《鄉射》第十一，《燕禮》第十二，《大射》第十三，《聘禮》第十四，《公食》第十五，《覲禮》第十六，《喪服》第十七；一曰戴聖本，亦以《冠禮》第一，《昏禮》第二，《相見》第三，其下則《鄉飲》第四，《鄉射》第五，《燕禮》第六，《大射》第七，《士虞》第八，《喪服》第九，《特牲》第十，《少牢》第十一，《有司徹》第十二，《士喪》第十三，《既夕》第十四，《聘禮》第十五，《公食》第十六，《覲禮》第十七；一曰劉向《**別錄**》本，即鄭氏所注。賈公彥《疏》謂：「《別錄》尊卑吉凶，次第倫序，故鄭用之；二戴尊卑吉凶雜亂，故鄭不從之也。」

其經文亦有二本：高堂生所傳者，謂之「今文」，魯恭王壞孔子宅，得亡《儀禮》五十六篇，其字皆以篆書之，謂之「古文」。玄注參用二本。其從今文而不從古文者，則今文大書，古文附注，《士冠禮》「闑西閾」外句，注古文「闑」為「槷」，閾為「蹙」是也。從古文而不從今文者，則古文大書，今文附注，《士冠禮》醮辭「孝友時格」句注，今文「格」為「嘏」是也。

其書自玄以前絕無注本，玄後有王肅注十七卷，見於《隋志》。然賈公彥序稱：「《周禮》注者則有多門，《儀禮》所注後鄭而已。」〔三〕則唐初肅書已佚也。為之義疏者有沈重〔四〕，見於《北史》。又有無名氏二家，見於《隋志》。然皆不傳，故賈公彥僅據齊黃慶、隋李孟悊二家之疏定為今本。其書自明以來刻本舛訛殊甚。顧炎武《日知錄》曰：「萬曆北監本《十三經》中，《儀禮》脫誤尤多。《士昏禮》脫『婿授綏姆辭曰未教不足與為禮也』一節十四字，賴有長安石經據以補此一節，而其注疏遂亡。《鄉射禮》脫『士鹿中翿旌以獲』七字。《士虞禮》脫『哭止告事畢賓出』七字。《特牲饋食禮》脫『舉觶者祭卒觶拜長者答拜』十一字。《少牢饋食禮》脫『以授尸坐取簟興』七字。此則秦火之所未亡，而亡於監刻矣（云云）。」〔五〕蓋由《儀禮》文古義奧，傳習者少，注釋者亦代不數人。寫刻有訛，猝不能校，故紕漏至於如是也〔六〕。今參考諸本，一一釐正，著於錄焉。〔七〕（《四庫全書總目》卷二十）

【注釋】

〔一〕【注之版本】日本東洋文庫今藏宋刊殘本九卷，係孤本。（《日本藏漢籍珍本追蹤紀實》第 191 頁）

〔二〕【疏之版本】此單疏有《四部叢刊》本，張元濟《清影刻宋本儀禮疏跋》云：「錢潛研先生嘗言：『唐人撰《九經疏》，本與《注》別行，故其分卷亦不與《經注》同。自宋以後，刊本欲省兩讀，合《注》與《疏》為一書，而《疏》之卷第遂不可考。』今日本《尚書》《春秋》及《禮記》殘本，均先後印行……」（《張元濟古籍書目序跋彙編》第 874 頁）今按，日人倉石武四郎撰《儀禮疏考正》（東京大學文化研究所《東洋文獻中心叢刊》，1979 年）。

〔三〕【賈公彥自序】至於《周禮》《儀禮》，發源是一，理有終始，分為二部，並是周公攝政太平之書。《周禮》為末，《儀禮》為本。本則難明，未便易曉。是以《周禮》注者則有多門，《儀禮》所注，後鄭而已。其為章疏則有二家：信都黃慶者、齊之盛德李孟悊者。

〔四〕【沈重】著有《毛詩音》。錢大昕《十駕齋養新錄》卷一「協句即古音」條云：「沈重生於梁末，其時去古已遠，而韻書實已萌芽，故於今韻有不合者有協句之例，協句即古音也。」

〔五〕【史源】《日知錄》卷十八「監本二十一史」條。

〔六〕【史源】凌廷堪《校禮堂文集》卷三十有《書校正汲古閣本儀禮注疏後》。

〔七〕【整理與研究】清盧文弨有《儀禮注疏詳校》，其自序載《抱經堂文集》卷三（中華書局 1990 年版第 30 頁）。吳廷華撰《儀禮章句》十七卷（乾隆丁丑、嘉慶丙辰兩刻本，阮元編錄《皇清經解》學海堂刻本），極善。金田進撰《儀禮經注疏正偽》，晚近曹元弼撰《禮經校釋》。日人吉川幸次郎撰《舊抄本〈儀禮正義〉校勘記》（《吉川幸次郎全集》第 4 卷），池田末利等整理《儀禮》（東海大學出版會 1977 年版）。鄧聲國教授撰《清代〈儀禮〉文獻研究》（上海古籍出版社 2006 年版）。張弓撰《〈儀禮〉經文研究》（上海古籍出版社 2020 年版）。

83. 儀禮集釋三十卷

宋李如圭（1167～1233？）撰。如圭字寶之，廬陵（今江西吉安）人。官至福建路撫幹。

　　案：《文獻通考》引《宋中興藝文志》曰：「《儀禮》既廢，學者不復誦習。乾道間，有張淳始訂其訛，為《儀禮識誤》〔一〕。淳熙中，李如圭為《集釋》，出入經傳，又為《綱目》，以別章句之旨，為《釋宮》以論宮室之制。朱嘉嘗與之校定《禮》書，蓋習於《禮》者（云云）。」則如圭當與朱子同時，而陳振孫《書錄解題》言如圭淳熙癸丑進士，《文獻通考》引振孫語又作紹興癸丑進士。考淳熙紀元凡十六年，中間實無癸丑。紹興癸丑為高宗改元之三年。朱子校正《儀禮》，乃在晚歲。疑當為紹熙癸丑（1192），陳氏、馬氏並訛一字也。

　　宋自熙寧中廢罷《儀禮》，學者鮮治是經。如圭乃全錄鄭康成注，而旁徵博引，以為之釋，多發賈公彥疏所未備。〔二〕又撰《綱目》《釋宮》各一篇。世無傳本，故朱彝尊《經義考》云俱未見。今從《永樂大典》錄出，排纂成書。十七篇中，首尾完具者尚十五篇。惟《鄉射》《大射》二篇在《永樂大典》闕卷內，其《綱目》一篇亦闕。無從考補，姑仍其舊，然已得其十之九矣。

　　《儀禮》一經，因治之者希，經文並注，往往訛脫。如圭生於南宋，尚見古本，今據以校正，補《注疏》本經文脫字二十四，改訛字十四，刪衍字十，補注文脫字五百有三，改訛字一百三十二，刪衍字一百六十九，並參考《唐石經》及陸德明《經典釋文》、張淳《儀禮識誤》及各本文句字體之殊，應加辯證者，不勝指數，各附案語於下方。其《鄉射》《大射》兩篇，如圭之釋雖佚，亦參取惠棟、沈大成二家所校宋本，證以唐石經本，補經文脫字七，改訛字四，刪衍字二，補注文脫字四十一，改訛字三十九，刪衍字十七，以成《儀禮》之完帙。如圭舊本本十七篇，篇自為卷，其間文句稍繁者，篇頁太多，雖於分帙，今析之得三十卷。其《釋宮》則仍自為一書，別著於錄焉。〔三〕（《四庫全書總目》卷二十）

【注釋】

〔一〕【儀禮識誤】宋張淳撰。淳字忠甫，永嘉人。是書乃乾道八年兩浙轉運判官直秘閣曾逮刊。近世久無傳本，故朱彝尊《經義考》以為「已佚」。惟《永樂大典》所載諸條，猶散附經文之後，可以綴錄成編。其《鄉射》《大射》二篇，適在《永樂大典》闕卷中，則不可復考矣。《朱子語錄》有曰：「《儀禮》人所罕讀，難得善本。而鄭《注》、賈《疏》之外，先儒舊說多不復見，陸氏《釋文》亦甚疏略。近世永嘉張淳忠甫校定印本，又為一書以識其誤，號為精密，然亦不能無舛謬。」又曰：「張忠甫所校《儀禮》甚仔細，較他本為最勝。」今觀其書，株守《釋文》，往往以習俗相沿之字，轉改六書正體，則朱子所謂

「不能無舛謬」者誠所未免。然是書存而古經漢注之訛文脫句藉以考識，舊槧諸本之不傳於今者亦藉以得見崖略，其有功於《儀禮》誠非淺小。（《四庫全書總目》卷二十）

今按，孫詒讓《溫州經籍志》第 126 頁對此則提要有所訂正。此書常見版本有聚珍本、杭本、福本、《經苑》本、《得月簃叢書》本、《清芬堂叢書》本、《勵志齋叢書》本、《叢書集成初編》本。

〔二〕【陳汶序】古者「禮儀三百，威儀三千」，其節備矣。自漢以來，禮日益壞，其大經大本固已晦蝕不明。所謂頌貌威儀之事，僅存此書。世亦莫有知者，此學士大夫之責也。然其節目之繁，文義之密，驟而讀之，未易曉解，甚或不能以句，后倉所說，泯沒無傳。鄭《注》又時有疏略，汶心竊病之。近得廬陵李君如圭所著《集釋》，窮探博採，出入經傳，以發明前人之未備，考論宮室之制，則有《釋宮》，分別章句之指，則有《綱目》。其有志於古，而用力之勤如此。

〔三〕【整理與研究】宋燕撰《李如圭〈儀禮集釋〉研究》（鄭州大學 2013 年博士論文），認為《儀禮集釋》是在鄭玄《儀禮注》的基礎上，廣徵博引，闡幽發微，申補經注，考論糾謬，博綜眾長，間下己意，多發前人之未發，卓然成一家之言，是研究《儀禮》不可或缺的參考文獻。

84. 儀禮釋宮一卷

宋李如圭撰。〔一〕

如圭既為《儀禮集釋》，又為是書，以考論古人宮室之制，仿《爾雅‧釋宮》，條分臚序，各引經、記、注、疏，參考證明。如據《顧命》「東西序」、「東西夾」、「東西房」之文，證寢廟之制異於明堂，而不用《鄭志》「成王崩在鎬京，宮室因文武不改作，故制同諸侯」之說。案：《鄭志》此條，見《顧命》孔《疏》。又如士大、夫，士東、房西室之說，雖仍舊注，而據《聘禮》賓館於大夫、士，證其亦有右房。據《鄉飲酒》及《少牢饋食》，證大夫、士亦有左房、東房之稱，與天子諸侯言左對右、言東對西者同。其辨析詳明，深得經意，發先儒之所未發，大抵類此，非以空言說禮者所能也。考《朱子大全集》亦載其文，與此大略相同，惟無序引。《宋中興藝文志》稱：「朱子嘗與之校定禮書。」疑朱子固嘗錄如圭是篇，而集朱子之文者遂疑為朱子所撰，取以入集，猶蘇軾書劉禹錫語，題姜秀才課冊，遂誤編入軾集耳。觀朱

子《儀禮經傳通解》，於《鄉飲酒》薦出自左房，《聘禮》負右房，皆但存賈《疏》，與是篇所言不同，是亦不出朱子之一證矣。古者宮室皆有定制，歷代屢更，漸非其舊。如序、楹、楣、阿、箱、夾、牖、戶、當榮、當碑之屬，讀《儀禮》者，尚不能備知其處，則於陳設之地，進退之位，俱不能知，甚或以後世之規模，臆測先王之度數，殊失其真〔一〕。是編之作，誠治《儀禮》者之圭臬也。宋陳汶嘗序《集釋》，刻之桂林郡學舍，兼刻是篇。今刻本不傳。惟《永樂大典》內全錄其文，別為一卷，題云李如圭《儀禮釋宮》，蓋其所據猶為宋本。今據以錄出，仍與《集釋》相附。其間字句與朱子本稍有異同，似彼為初稿，此為定本。今悉從《永樂大典》所載，以存如圭之舊焉。〔二〕（《四庫全書總目》卷二十）

【注釋】

〔一〕【辨偽】楊沛《朱熹文集本〈儀禮釋宮〉非朱子作考實》一文認為，《儀禮釋宮》自宋以來一直被收入朱熹文集而隨集流傳。該文在《四庫全書總目》辨析的基礎上，從書目著錄和觀點離合兩個方面對其作者問題展開進一步討論，考定該文的作者確非朱子，而是與朱子同時期的禮學名家李如圭，朱熹文集實屬誤收。（載《古籍整理研究學刊》2017 年第 3 期）今按，此文屬於不必辨而辨。

〔二〕【卷首語】周之禮文盛矣，今僅見於《儀禮》。然去古既遠，禮經殘闕。讀禮者，苟不先明乎宮室之制，則無以考其登降之節、進退之序。雖欲追想其盛，而以其身揖讓周旋乎其間，且不可得況欲求之義乎？於是本之於經，稽之於注釋，取宮室名製之可考者，匯而次之，曰《釋宮》。

85. 儀禮圖十七卷儀禮旁通圖一卷

宋楊復撰。復字茂才，號信齋，福州人。鄭逢辰為江西漕，以所撰《儀禮經傳通解續》獻於朝，贈文林郎。

是書成於紹定元年戊子（1228）。《書錄解題》謂成於淳祐中，蓋未覈其自序也。序稱嚴陵趙彥肅作《特牲》《少牢》二禮圖，質於朱子。朱子以為更得冠昏圖及堂室制度並考之乃佳。復因原本師意，錄十七篇經文，節取舊說，疏通其意，各詳其儀節陳設之方位，繫之以圖，凡二百有五。又分宮廟門、冕弁門、牲鼎禮器門，為圖二十有五，名《儀禮旁通圖》，附於後。〔一〕其於是經可謂用心勤摯。

惟是讀《儀禮》者必明於古人宮室之制，然後所位所陳，揖讓進退，不失其方。故李如圭《儀禮集釋》、朱子《儀禮經傳通解》皆特出《釋宮》一篇，以總挈大綱，使眾目皆有所麗。是書獨廢此一門，但隨事立圖，或縱或橫，既無定向，或左或右，僅列一隅。遂似滿屋散錢，紛無條貫。其見於宮廟門僅止七圖，頗為漏略。又遠近廣狹，全無分數，如序外兩夾，劉熙《釋名》所謂在堂兩頭，故曰「夾」是也。圖乃與房室並列，則《公食大夫禮》「宰東夾北西面」疏云，「位在北堂之南」，《特牲饋食禮》「豆籩鉶在東堂」注云：「房中之東當夾北者」，皆茫然失其處所矣。門與東西塾同在一基，圖乃分在東隅、西隅，則《士虞禮》「七俎在西塾之西」無其地，及《士冠禮》「擯者負東塾」之類，皆非其處所矣。如斯之類，殊未能條理分明。然甚餘諸圖，尚皆依經繪象，約舉大端，可粗見古禮之梗概，於學者不為裨。一二舛漏，諒其創始之難工可也。（《四庫全書總目》卷二十）

【注釋】

〔一〕【楊復自序】學者多苦《儀禮》難讀。雖韓昌黎亦云：「何為其難也？」聖人之文，化工也。化工所生，人物品匯，至易至簡，神化天成，極天下之至巧，莫能為焉。聖人寫胸中制作之妙，盡天理節文之詳，經緯彌綸，混成全體，竭天下之心思，莫能至焉。是故其義密，其辭嚴，驟讀其書者，如登太華，臨滄溟，望其峻深，既前且卻，此所以苦其難也。雖然，莫難明於《易》，可以象而求。莫難讀於《儀禮》，可以圖而見。圖亦象也。復曩從先師朱文公讀《儀禮》，求其辭而不可得，則擬為圖以象之，圖成而義顯。凡位之先後秩序，物之輕重權衡，禮之恭遜文明，仁之忠厚懇至，義之時措從宜，智之文理密察，精粗本末，昭然可見。（《經義考》卷一百三十二）

【整理與研究】喬輝《楊復〈儀禮圖〉考索》一文認為，楊復《儀禮圖》在體例方面有開創之功，其內容大多立說有理，間有失當之處。（載《古籍整理研究學刊》2019 年第 5 期）

86. 儀禮逸經二卷

元吳澄（1249～1333）撰。澄有《易纂言》，已著錄。

是編捃掇逸經，以補《儀禮》之遺〔一〕。凡經八篇：曰《投壺禮》，曰《奔喪禮》，取之《禮記》；曰《公冠禮》，曰《諸侯遷廟禮》，曰《諸侯釁廟禮》，取之《大戴禮記》，而以《小戴禮記》相參定；曰《中霤禮》，曰《禘於太廟

禮》，曰《王居明堂禮》，取之鄭康成《三禮注》所引逸文。其編次先後，皆依行禮之節次，不盡從其原文，蓋仿朱子《儀禮經傳通解》之例。其引二戴《記》著所出，鄭《注》不著所出，則與王應麟《鄭氏易》同，由古人著書不及後來體例之密，不足異也。

其傳十篇，則皆取之二戴《記》：曰《冠儀》，曰《昏儀》，曰《士相見儀》，曰《鄉飲酒儀》，曰《鄉射儀》，曰《燕儀》，曰《大射儀》，曰《聘儀》，曰《公食大夫儀》，曰《朝事儀》。其《鄉射儀》《大射儀》取《禮記・射義》篇所陳天子諸侯卿大夫之射，釐之為二。其《士相見》《公食大夫》二儀，則取宋劉敞之所補。敞擬《記》而作者尚有《投壺儀》一篇，亦見《公是集》中，澄偶遺之。明何喬新嘗取以次《朝事儀》後，並為之跋。通志堂刻《九經解》復佚其文，蓋所據乃未補之舊本，非喬新本也。又閻若璩《尚書古文疏證》第二十一篇曰：「漢興，高堂生傳《禮》十七篇，孔壁出多三十九篇，謂之逸禮。平帝時，王莽立之，旋廢，猶相傳至東漢，鄭康成注《三禮》曾引之。《天子巡狩禮》云：『制幣丈八尺，純四狁。』《中霤禮》云：『以功布為道布，屬於幾。』《烝嘗禮》云：『射豕者。』《軍禮》云：『無干車，無自後射』。《朝貢禮》云：『純四狁，制丈八尺。』《禘於太廟禮》云：『日用丁亥。不得丁亥，則己亥、辛亥亦用之，無則苟有亥焉可也。』又《中霤禮》云：『凡祭五祀於廟用特牲，有主有尸，皆先設席於奧，祀戶之禮，南面設主於戶內之西，乃制脾及腎為俎，奠於主北，又設盛於俎西，祭黍稷、祭肉祭醴，皆三，祭肉脾一，腎再。既祭徹之，更陳鼎俎，設饌於筵前，迎尸略如祭宗廟之儀。』《王居明堂禮》云：『出十五里迎歲。』又云：『帶以弓韣，禮之梅下，其子必得天材。』又云：『季春出疫於郊，以攘春氣。』又《中霤禮》云：『祀灶之禮，先席於門之奧，東面設主於灶陘，乃制肺及心肝為俎，奠於主西，又設盛於俎南，亦祭黍三，祭肺、心、肝各一，祭醴三，亦既祭徹之，更陳鼎俎，設饌於筵前，迎尸如祀戶之禮。』又《王居明堂禮》云：『毋宿於國。』又《中霤禮》云：『祀中霤之禮，設主於牖下，乃制心及肺肝為俎，其祭肉、心、肺、肝各一，他皆如祀戶之禮。』又云：『祀門之禮，北面設主於門左樞，乃制肝及肺、心為俎，奠於主南，又設盛於俎東。其他皆如祭灶之禮。』又《王居明堂禮》云：『仲秋九門磔攘，以發陳氣，禦止疾疫。』又云：『仲秋農隙，民畢入於室，曰：時殺將至，毋罹其災。』又云：『季秋除道致梁，以利農也。』又《中霤禮》云：『祀行之禮，北面設主於軷上，乃制腎及脾為俎，奠於主南，又設盛於俎

東，祭肉、腎一，脾再。其他皆如祀門之禮。」又《王居明堂禮》云：『孟冬之月，命農畢積聚，繫牧牛馬。』又云：『季冬命國為酒，以合三族，君子說，小人樂。』又云：『仲秋乃命國釀逸奔。』《喪禮》云：『不及殯日於又哭，猶括發即位，不袒告事畢者，五哭而不復哭也。』又云：『哭父族與母黨於廟，妻之黨於寢，朋友於寢門外，壹哭而已，不踴。』又云：『凡拜吉喪，皆尚左手。』又云：『無服祖免為位者，唯嫂與叔，凡為其男子服，其婦人降而無服者，麻。』凡二十五條，為篇名者八，吳草廬《逸經》八篇，僅及其三（云云）。」〔二〕則亦不免有所疏漏。然較之汪克寬書則條理精密多矣。

《明一統志》：「沅州劉有年，洪武中為監察御史，永樂中上《儀禮逸經》十有八篇。楊慎求之內閣，不見其書。」朱彝尊《經義考》謂有年所進即澄此本，《逸經》八篇，《傳》十篇，適符其數，其說似乎有據。今世傳《內閣書目》惟載澄書，不著有年姓名。蓋當時亦知出於澄矣。（《四庫全書總目》卷二十）

【注釋】

〔一〕【吳澄自序】右《儀禮逸經》八篇，澄所纂次。今所纂八篇，其二取之《小戴記》，其三取之《大戴記》，其三取之鄭氏注。疑古禮逸者甚多，不止於三十九也。《投壺》《奔喪》篇首與《儀禮》諸篇之體如一，《公冠》等三篇雖已不存，此例蓋作記者刪取其要以入記，非復正經全篇矣。《投壺》大小戴不同，《奔喪》與《逸禮》亦異，則知此兩篇亦經刊削，但未如《公冠》等篇之甚耳。五篇之經文殆皆不完，然實為《禮經》之正篇，則不可以其不完而擯之於記，故特纂為《逸經》，以續十七篇之末。至若《中霤》以下三篇，其經亡矣，而篇題僅僅見於注家。片言隻字之未泯者，猶必收拾，而不敢遺，亦「我愛其禮」之意也。

〔二〕【史源】《尚書古文疏證》卷二。

87. 儀禮集說十七卷

元敖繼公撰。繼公字君善，長樂（今福建福州）人，家於吳興（今浙江烏程）。趙孟頫嘗從受業。後以江浙平章高彥敬薦，授信州教授。

是書成於大德辛丑（1301）。前有自序〔一〕稱：「鄭康成《注》疵多而醇少。刪其不合於經者，意義有未足，則取疏記或先儒之說以補之；又未足，則附以一得之見。」又疑《喪服傳》違悖經義，非子夏作，皆未免南宋末年務詆漢儒之餘習。然於鄭《注》之中錄其所取，而不攻駁所不取，無吹毛索垢、百計

求勝之心。蓋繼公於《禮》所得頗深，其不合於舊說者，不過所見不同，各自抒其心得，初非矯激以爭名，故與目未睹注疏之面而隨聲佐鬥者有不同也。且鄭《注》簡約，又多古語，賈公彥《疏》尚未能一一申明。繼公獨逐字研求，務暢厥旨，實能有所發揮，則亦不病其異同矣。卷末各附「正誤」，考辨字句頗詳，知非徒騁虛詞者。其《喪服傳》一篇，以其兼釋記文，知作於記後，又疑為鄭康成散附經記之下，而不敢移其舊第，又十三篇後之記朱子《經傳通解》，皆割裂其語，分屬經文各條之下。繼公則謂：「諸篇之記，有特為一條而發者，有兼為兩條而發者，有兼為數條而發者，亦有於經義之外別見他禮者，不敢移掇其文，失記者之意。」自比於以魯男子之不可學柳下惠之可，卷末特為《後序》一篇記之〔二〕。則繼公所學，猶有先儒謹嚴之遺，固異乎王柏、吳澄諸人奮筆而改經者也。〔三〕（《四庫全書總目》卷二十）

【注釋】

〔一〕【儀禮集說序】《儀禮》何代之書也？曰周之書也。何人所作也？曰先儒皆以為周公所作，愚亦意其或然也。何以言之？周自武王始有天下，然其時已老矣，必未暇為此事也。至周公相成王，乃始制禮作樂，以致太平。故以其時考之，則當是周公之書。又以其書考之，辭意簡嚴，品節詳備，非聖人莫能為，益有以見其果為周公之書也。然周公之書乃為侯國而作也，而王朝之禮不與焉。何以知其然也？書中十七篇，《冠》《昏》《相見》《鄉飲》《鄉射》《士喪》《既夕》《士虞》《特牲》《饋食》凡九篇，皆言侯國之士禮。《少牢》《饋食》上下二篇，皆言侯國之大夫禮。《聘》《食》《燕》《大射》四篇，皆言諸侯之禮。惟《覲禮》一篇，則言諸侯朝天子之禮。然主於諸侯而言也。《喪服》篇中言諸侯及公子大夫士之服詳矣，其間雖有諸侯與諸侯之大夫為天子之服，然亦皆主於諸侯與其大夫而言也。由是觀之，則此書決為侯國之書無疑矣。然則聖人必為侯國作此書者，何也？夫子有言曰：「夫禮必本於天，殽於地，列於鬼神，達於喪祭冠昏射御朝聘。聖人以禮示之，故天下國家可得而正也。」以夫子此言證之，則是書也，聖人其以為正天下之具也歟？故當是時，天下五等之國莫不寶守是書，而藏之有司，以為典籍。無事，則其君臣相與講明之；有事，則皆據此以行禮。又且班之於其國，以教其人，此有周盛時所以國無異禮，家無殊俗，兵寢刑措以躋太平者，其以是乎？繼公半生遊學，晚讀此書，沉潛既久，忽若有得，每一開卷，則心目之間如親見古人於千載之上，而與之揖讓周旋於其間焉。蓋有手之舞，足之蹈，而不自知者。

夫如是，則其無用有用之說尚何足以蒂芥於胸中哉？嗚呼！予之所玩者僅十
七篇耳，而其意已若此。設使盡得三百三千之條目而讀之，又將何如耶？

〔二〕【後序】予之所撰者，但十七篇之集說耳。若亦用此法，則其所遺者不既多
乎？故不若仍舊貫之為愈，而不敢效朱子《通解》之為也。魯人所謂「以吾
之不可學柳下惠之可」者，吾有取焉爾夫，豈敢有求異之心哉？

今按，錢大昕《跋儀禮集說》云：「其說好與康成立異，而支離穿鑿，似
是而非。吾友褚寅亮有《儀禮管見》三卷，攻之不遺餘力矣。」（《潛研堂文
集》卷二十七）

〔三〕【整理與研究】陸元輔撰《儀禮集說補正》三十八卷。今按，《儀禮集說補正》
或題作《儀禮陳氏集說補正》。侯大年云：「此書玉峰徐氏以三百金購之，刻
以行世。」（《陸隴其年譜》第 240 頁）《總目》卷六亦云：「《合訂刪補大易集
義粹言》八十卷，舊本題國朝納喇性德編。相傳謂其稿本出陸元輔，性德歿
後，徐乾學刻入《九經解》，始署性德之名，莫之詳也。」舊題徐乾學《讀禮
通考》引用書目中有陸元輔《禮記辯疑》《菊隱紀聞》。《讀禮通考》實出萬斯
同之手。

又按，顧遷《敖繼公〈儀禮集說〉與清代禮學》一文認為，《儀禮集說》
作為鄭玄之後通解《儀禮》的名著，有其鮮明的個人特色及很高的學術水準。
清初學者喜其簡便，敖繼公的地位一度凌駕鄭玄之上。隨著乾嘉以降禮學考
據的深入，學者多恪守鄭學以為範式，貶低敖氏禮說，影響所及直至清末。
今日平心審視敖氏《集說》，創見極多，與鄭玄立異處往往有其根據，不背實
事求是之旨，故能於鄭學之外自成家法。清儒雖深惡敖氏之改經、詆鄭，但
也未能全廢其說，於《集說》每多採用。（《史林》2012 年第 3 期）郭超穎《論
元敖繼公〈儀禮集說〉》一文認為，《儀禮集說》存在改疑經文、隱竊注疏、
自逞私臆三大問題，這使得《儀禮》經注的完整體系變得支離破碎。雖清代
學者中已有人對其進行批駁，但終未能扭轉敖書混淆視聽的局面。時至今日，
隨著禮學研究的復興，對敖繼公《集說》弊病的全面揭示和系統條辨顯得越
發迫切和重要。如果不能深切認識到敖書的確不可從，則其說仍會給當今學
術研究帶來不必要的困擾。（《中國典籍與文化》2018 年第 1 期）何俊《理學
的知識考古——以敖繼公〈儀禮集說〉為中心》一文認為，理學由於是富具
價值論題的哲學型態，因此其知識探求的方式一直缺乏討論，而清代考證學
的崛起所標示的漢學與宋學對立，致使理學的知識探求被彰顯為不可靠的空

疏風格。《儀禮》的復原工作由於極具純形式的知識考古,因而能夠成為理解理學的知識探求方式的重要對象。本文以宋末元初理學成熟時期的《儀禮》代表性成果敖繼公的《儀禮集說》為中心,分析其復原《儀禮》的工作過程,以及敖門相關的經學研究,以呈現理學的知識考古。(《浙江社會科學》2020年第4期)

88. 欽定儀禮義疏四十八卷

乾隆十三年(1748)《御定三禮義疏》之第二部也。

其詮釋七例,與《周官義疏》同,分經文為四十卷,冠以《綱領》一卷,《釋宮》一卷,不入卷數,殿以《禮器圖》四卷,《禮節圖》四卷。

《儀禮》至為難讀。鄭《注》文句古奧,亦不易解,又全為名物、度數之學,不可以空言騁辯,故宋儒多避之不講。即偶有論述,亦多不傳。惟元敖繼公《儀禮集說》疏通鄭《注》,而糾正其失,號為善本。故是編大旨,以繼公所說為宗,而參核諸家,以補正其舛漏,至於今文、古文之同異,則全採鄭《注》,而移附音切之下;經文、記文之次第則一從古本,而不用割附之說;所分章段則多從朱子《儀禮經傳通解》,而以楊復、敖繼公之說互相參校;《釋宮》則用朱子點定李如圭本,禮器則用聶崇義《三禮圖》本,禮節用楊復《儀禮圖》本,而一一刊其訛謬,拾其疏脫。舉數百年庋閣之塵編,搜剔疏爬,使疑義奧詞渙然冰釋,先王舊典,可沿溯以得其津涯。考證之功實較他經為倍蓰,豈非遭遇聖朝表章古學,萬世一時之嘉會歟?〔一〕(《四庫全書總目》卷二十)

【注釋】

〔一〕**【整理與研究】**清盧文弨撰《儀禮注疏詳校》十七卷,有抱經堂本、《叢書集成初編》本。清胡培翬撰《儀禮正義》,有《清經解續編》本、《四部備要》本、《十三經清人注疏》點校排印本。治《儀禮》當以此書為最佳。清胡承珙撰《儀禮古今文疏義》,有墨莊遺書本、武昌局本、《續經解》本、湖北新刻叢書本。清徐養原撰《儀禮古今文疏證》,一名《儀禮古今文異同》,凡五卷,有廣州局本、《續經解》本、《湖州叢書》本。金曰追撰《儀禮經注疏正訛》十七卷(乾隆五十三年刻、《續經解》本)。

今按,饒益波《〈儀禮義疏〉解經研究》(廣西大學 2015 年碩士論文)認為,《儀禮義疏》是乾隆年間詔開三禮館纂修的《三禮義疏》中的一種,它

吸收了先秦至有明一代的《儀禮》研究成果，並且首創新例，以「正義」「辨正」「通論」「餘論」「存疑」「存異」「總論」七個類目來統攝所徵引的文獻，並且在每個類目之下以「案語」的形式進行補充、駁正或辯解，在還原《儀禮》經義的基礎上保留異說，對於《儀禮》的研究不無裨益。然而學界對於《儀禮義疏》的研究還不夠充分。該文對《儀禮義疏》的解經體例、解經特色、學術取向及其案語和禮圖做出了初步的探討，並對其解經的得失及其影響進行歸納總結。分為五個部分，第一部分討論《三禮義疏》的成書以及刊刻過程等問題。第二部分考察《儀禮義疏》的體例及其解經的主要特點。第三和第四部分考察《儀禮義疏》解經的引書、案語以及禮圖，歸納其學術取向。最後探討《儀禮義疏》在解經方面的得失。鄧聲國《試論〈儀禮義疏〉學術取向及清初之影響》（《中原文化研究》2013 第 6 期）認為，《儀禮義疏》注重徵實，不宗主一家之說，引領當時學界自覺追求博學的治學方式，自覺打破經學研究中漢學與宋學涇渭分明的學術界限，倡導發明禮例的禮經詮釋方法，催生了《儀禮纂錄》《儀禮集編》等一批纂集體、通釋體禮學著作的問世，為清代中期《儀禮》學的演進與發展留下了很大的拓展空間。

89. 儀禮鄭注句讀十七卷附監本正誤石經正誤二卷

國朝張爾岐〔一〕（1612～1677）撰。爾岐有《周易說略》〔二〕，已著錄。

是書全錄《儀禮》鄭康成注，摘取賈公彥疏，而略以己意斷之。因其文古奧難通，故並為之句讀。〔三〕馬端臨《文獻通考》載其父廷鸞《儀禮注疏序》，稱其家有景德中官本《儀禮疏》，正經注語，皆標起止，而疏文列其下。因以監本附益之，手自點校，並取朱子禮書，與其門人高弟黃氏、楊氏續補之編，分章析條，題要其上。今廷鸞之書不傳。爾岐是編，體例略與相近。案《禮記》曰：「一年視離經辨志。」注曰：「離經，斷句絕也。」則句讀為講經之先務。

沈約《宋書·樂志》於他樂歌皆連書。惟《鐸舞曲·聖人制禮樂篇》，有聲音而無文義，恐迷其句，遂每句空一字書之，則難句者為之離析，亦古法也。至於字句同異，考證尤詳。所校除監本外，則有唐開成石經本，元吳澄本及陸德明《音義》、朱子與黃榦所次《經傳通解》諸家。其謬誤脫落，衍羨顛倒，經注混淆之處，皆參考得實。又明西安王堯惠所刻《石經補字》最為舛錯，亦一一駁正。

　　蓋《儀禮》一經，自韓愈已苦難讀，故習者愈少，傳刻之訛愈甚。爾岐茲編，於學者可謂有功矣。顧炎武少所推許，而其《與汪琬書》云：「濟陽張君稷若名爾岐者，作《儀禮鄭注句讀》一書，頗根本先儒，立言簡當。以其人不求聞達，故無當時之名，而其書實似可傳。使朱子見之，必不僅謝監獄之稱許也。」又其《廣師》一篇曰：「獨精《三禮》，卓然經師，吾不如張稷若。」乃推挹之甚至，非徒然也。爾岐《蒿庵集》〔四〕中有自序一篇，稱尚有《吳氏儀禮考注訂誤》一卷，今不在此編中。然此編乃新刊之本，無所佚脫，或是卷又自別行歟？〔五〕（《四庫全書總目》卷二十）

【注釋】

〔一〕【作者研究】李惠廣撰《閒話蒿庵——經學大師張爾岐評傳》（海天出版社 2009 年版），張志雲撰《蒿庵記》（山東友誼出版社 2015 年版）。按，張爾岐字稷若，號蒿庵，山東濟陽人。

〔二〕【周易說略】清朝張爾岐撰。（提要詳見《四庫全書總目》卷九）

〔三〕【自序】蓋先儒於《周官》疑信各半，而《儀禮》則苦其難讀故也。夫疑《周官》者尚以新莽、荊國為口實，《儀禮》則周公之所定，孔子之所述，當時聖君賢相士君子之所遵行，可斷然不疑者，而以難讀廢，可乎？所守者，唯鄭《注》、賈《疏》而已。《注》文古質，而《疏》說又漫衍，皆不易了，讀不數翻，輒罷去。於是取經與注章分之，定其句讀，《疏》則節錄其要，取足明《注》而止。或偶有一得，亦附於末，以便省覽，且欲公之同志，俾世之讀是書者或少省心目之力，不至如愚之屢讀屢止，久而始通也。

〔四〕【蒿庵集】近有張翰勳點校本（齊魯書社 1991 年版）和《四庫全書存目叢書》本。羅振玉云：「其《蒿庵集》闡明道藝，文亦浩瀚精密，辭理兼擅，亭林而外，無與抗手。」（《雪堂類稿》第 457 頁）

〔五〕【整理與研究】林存陽《張爾岐與〈儀禮鄭注句讀〉》（《齊魯學刊》2001 年第 1 期）認為，張爾岐對《儀禮》所做的句讀、考辨，以及對禮意的闡發，倡清代儀禮學之先聲。張爾岐為學路向的確立，以及其對《儀禮》研究的疏理，奠定了他在禮學研究領域的重要地位。

90. 儀禮商二卷

　　國朝萬斯大（1633～1683）撰。斯大字充宗。鄞縣（今屬浙江寧波市）人。〔一〕

是書取《儀禮》十七篇，篇為之說，頗有新義，而亦勇於信心。前有應撝謙序稱：「喜其覃思，而嫌其自用。」〔二〕亦篤論也。

其《聘禮》解衣之「裼」「襲」，謂：「裘外之衣，謂之裼衣。裼衣即禮服。聘禮既聘而享，賓主皆裼以將事。」推此，則凡裘外之裼衣皆禮服矣。考《聘禮》鄭《注》曰：「裼者免上衣，見裼衣。」則裼衣之上更有衣，明矣。賈《疏》曰：「假令冬有裘，襯身襌衫，又有襦褲，襦褲之上有裘，裘上有裼衣，裼衣之上又有上服，皮弁祭服之等，則禮服也。」如斯大之說，則裼衣之上不得更有皮弁祭服之等矣。至《玉藻》所謂「君衣狐白裘，錦衣以裼之」，蓋諸侯皮弁視朔，特以錦衣為裼，未聞其不加皮弁服而專用錦衣也。《玉藻》又謂：「君子狐青裘，豹褒，玄綃衣以裼之。」大夫助祭，服爵弁純衣，亦特以玄綃衣為裼，未聞其不用純衣而用玄綃衣也。然則謂裼衣之上無禮服，不特迕注且悖經矣。斯大又謂襲衣乃於裼衣上加深衣。蓋裼衣直衿，故露美，深衣交衽，故不露美也。今即以聘服皮弁考之，皮弁服之下為朝服，朝服之下為玄端，玄端之下為深衣，深衣為庶人之服。聘禮重聘而輕享，若享時皮弁而裼，聘時深衣而襲，則聘服反殺於享服三等矣，隆殺之義何在乎？且主國之君與使臣行聘於廟，而各服庶人之服以相見，以為此其充美，無是理也。其《廟寢圖》列東西箱在東西堂之下，如今廊廡。考《公食大夫禮》云：「賓升，公揖退於箱下。」又云：「公降再拜。」若箱在堂下，則既退於箱，又何降乎？故鄭《注》以箱為堂上東夾之前。《漢書·董賢傳》：「大皇太后召大司馬賢，引見東箱。」則東箱非廊廡間明矣。王延壽《魯靈光殿賦》曰：「右个清晏。」李善注引杜預《左傳注》曰：「个，東西箱也。」東西个在堂上，則東西箱不在堂下明矣。斯大所圖亦非經義也。

然斯大學本淹通，用思尤銳，其合處往往發明前人所未發。卷末附《答應嗣寅書》，辨治朝無堂，尤為精覈。棄所短而取所長，亦深有助於考證也。

（《四庫全書總目》卷二十）

【注釋】

〔一〕【作者研究】方祖猷撰《萬斯大年譜》（附於《萬斯同年譜》，南京大學出版社 1996 年版）、《萬斯同年譜》（香港中文大學出版社 1991 年版）。今按，王煥鑣為其父萬泰編有《明遺民萬履安先生年譜》。其實萬泰諸子皆有名於時，可以編一部《萬氏父子合譜》，包括萬斯大、萬斯同以及萬經等人。

〔二〕【應撝謙序】今之世有經濟之學，有禪玄之學，有詩賦之學，有四六之學，有刑名之學，有舉業之學，而性命之學則未之見也。獨孜孜於經學者，吾見充宗萬子。萬子於禮經專志殫精者數十年矣，有所著尺許，為回祿所忌，失去，而萬子益自喜不衰。其所爬羅剔抉，頗能見先儒所不及，而自負其能。每有欲推倒一世，獨擴心胸之意。余喜其覃思，嫌其自用，時欲切磋之，而萬子護其所見，未肯動步。往復之際，動盈卷軸。非余兩人不適時宜，癡且癖，莫肯為此也。余謂萬子：「經之已訛者，注疏承而訛之，不可也。經之已明者，駁議從而殽之，亦不可也。世之儒者，或取前儒已廢之說，而示博示奇，如建文之欲復皋雉，更不可也。去此幾失，庶不負數十年忘食忘憂之苦志，愚敢不與萬子勉之哉！舉業之學本近於經學，其失也惟功名之是狥，雖明見舊習之不可從，而惟恐稍有違法以落於主司，則其從違不出於所見，趨時而已，非有益於身心也。」

91. 禮記正義六十三卷

漢鄭玄（127～200）注〔一〕。唐孔穎達（574～653）疏〔二〕。

《隋書·經籍志》曰：「漢初，河間獻王得仲尼弟子及後學者所記一百三十一篇獻之，時無傳之者。至劉向考校經籍，檢得一百三十篇，第而敘之。又得《明堂陰陽記》三十三篇、《孔子三朝記》七篇、《王史氏記》二十一篇、《樂記》二十三篇，凡五種，合二百十四篇。戴德刪其煩重，合而記之，為八十五篇，謂之《大戴記》。而戴聖又刪大戴之書，為四十六篇，謂之《小戴記》。漢末，馬融遂傳小戴之學。融又益《月令》一篇、《明堂位》一篇、《樂記》一篇，合四十九篇（云云）。」〔三〕其說不知所本。今考《後漢書·橋玄傳》云：「七世祖仁，著《禮記章句》四十九篇，號曰橋君學。」仁即班固所謂「小戴授梁人橋季卿」者，成帝時嘗官大鴻臚，其時已稱四十九篇，無四十六篇之說。又孔《疏》稱《別錄》《禮記》四十九篇，《樂記》第十九。四十九篇之首，疏皆引鄭《目錄》，鄭《目錄》之末，必云此於劉向《別錄》屬某門。《月令目錄》云：「此於《別錄》屬《明堂陰陽記》。」《明堂位目錄》云：「此於《別錄》屬《明堂陰陽記》。」《樂記目錄》云：「此於《別錄》屬《樂記》。」蓋十一篇，今為一篇。則三篇皆劉向《別錄》所有，安得以為馬融所增？《疏》又引玄《六藝論》，曰戴德傳記八十五篇，則《大戴禮》是也。戴聖傳禮四十九篇，則此《禮記》是也。玄為馬融弟子，使三篇果融所增，玄不容不知，豈有以四

十九篇屬於戴聖之理？況融所傳者乃《周禮》，若小戴之學，一授橋仁，一授楊榮。後傳其學者有劉祐、高誘、鄭玄、盧植，融絕不預其授受，又何從而增三篇乎？知今四十九篇，實戴聖之原書，《隋志》誤也。

元延祐中，行科舉法，定《禮記》用鄭玄《注》，故元儒說禮率有根據。自明永樂中敕修《禮記大全》，始廢鄭《注》，改用陳澔《集說》，禮學遂荒。然研思古義之士，好之者終不絕也。

為之疏義者，唐初尚存皇侃、熊安生二家。案：明北監本，以皇侃為皇甫侃，以熊安生為熊安。二人姓名並誤，足徵校刊之疏，謹附訂於此。貞觀中，敕孔穎達等修《正義》，乃以皇氏為本，以熊氏補所未備。穎達序稱：「熊則違背本經，多引外義，猶之楚而北行，馬雖疾而去愈遠，又欲釋經文，惟聚難義，猶治絲而棼之，手雖繁而絲益亂也。皇氏雖章句詳正，微稍繁廣，又既遵鄭氏，乃時乖鄭義。此是木落不歸其本，狐死不首其邱。此皆二家之弊，未為得也。」故其書務伸鄭《注》，未免有附會之處。然採摭舊文，詞富理博，說禮之家，鑽研莫盡，譬諸依山鑄銅，煮海為鹽，即衛湜之書尚不能窺其涯涘，陳澔之流，益如莛與楹矣。〔四〕（《四庫全書總目》卷二十一）

【注釋】

〔一〕【版本】日本國會圖書館今藏宋建安刊本鄭玄《注》殘本十九卷。（《日本藏漢籍珍本追蹤紀實》第 91 頁）

〔二〕【版本】日本東洋文庫今藏《禮記正義》唐寫本（殘）一卷，被確認為「日本重要文化財」；足利學校藏宋紹熙三年（1192）兩浙東路茶鹽司刊本七十卷，被確認為「日本國寶」。（《日本藏漢籍珍本追蹤紀實》第 191～195 頁，第 224～226 頁）此書有《四部叢刊》，即日本影印古抄本及宋本。張元濟撰有長跋。（《張元濟古籍書目序跋彙編》第 925～928 頁）

〔三〕【考證】王志翔認為此處徵引有誤，詳見《四庫全書總目提要〈禮記正義〉考辨一則》，載《古籍整理研究學刊》2018 年第 5 期。

〔四〕【整理與研究】清孫希旦撰《禮記集解》（蘇州新刻本、《永嘉叢書》本、商務印書館 1930 年版、《四部備要》本、中華書局 1989 年《十三經清人注疏》點校排印本）。清張敦仁撰《撫本禮記鄭注考異》二卷（清嘉慶丙寅刻本），附仿宋撫本《禮記》後。治禮迄無善注，求其次則以孫氏《集解》為上，朱氏《訓纂》次之。今按，張興《四庫全書總目提要〈禮記正義〉辨正》（《重慶三峽學院學報》2016 年第 6 期）認為，四庫館臣對橋仁做大鴻臚的時間判斷

錯誤，對《禮記正義》的評價比較中肯，但對衛湜《禮記集說》、陳澔《禮記
集說》的評價稍有偏頗之處。又按，劉金鑫《〈禮記正義〉解經研究》（南京
師範大學 2011 年碩士論文）認為，《禮記正義》充分吸收了南北朝義疏的成
果，兼收並蓄，保存了大量有價值的異說，並對禮制進行了闡述與總結，對
《禮記》的各種版本也能夠做到廣參眾本，擇善而從。

92. 禮記集說一百六十卷

宋衛湜撰。湜字正叔，吳郡（今江蘇蘇州）人。

其書始作於開禧、嘉定間。自序言：「日編月削，幾二十餘載而後成。寶
慶二年（1226），官武進令時、表上於朝，得擢直祕閣，後於朝散大夫，直寶
謨閣，知袁州（今江西宜春）。紹定辛卯（1231），趙善湘為鋟版於江東漕院。越
九年，湜復加核訂、定為此本。」自作前序〔一〕、後序〔二〕，又自作跋尾〔三〕，
述其始末甚詳。蓋首尾閱三十餘戴，故採摭群言，最為賅博，去取亦最為精
審。自鄭《注》而下，所取凡一百四十四家，其他書之涉於《禮記》者，所採
錄不在此數焉。今自鄭《注》、孔《疏》而外，原書無一存者。朱彝尊《經義
考》採摭最為繁富，而不知其書與不知其人者，凡四十九家，皆賴此書以傳，
亦可云禮家之淵海矣。

明初定制，乃以陳澔注立於學，而湜注在若隱若顯間。今聖朝《欽定禮
記義疏》，取於湜書者特多，豈非是非之公，久必論定乎！

又湜後序有云：「他人著書，惟恐不出於己；予之此編，惟恐不出於人。
後有達者，毋襲此編所已言，沒前人之善也。」〔四〕其後，慈谿黃震《讀禮記
日抄》、新安陳櫟《禮記集義詳解》皆取湜書刪節，附以己見。黃氏融匯諸家，
猶出姓名於下方，案：此見《黃氏日抄》。陳氏則不復標出。案：櫟書今不傳，此見《定字
集》中櫟所作自敍。即此一節，非惟其書可貴，其用心之厚亦非諸家所及矣。〔五〕
（《四庫全書總目》卷二十一）

【注釋】

〔一〕【衛湜自序】《禮記》四十九篇，自二戴分門，王鄭異注，歷晉迄陳，雖南北
　　殊隔，家傳師授，代不乏人，唐正觀中孔穎達等詳定疏義，稍異鄭說，罔不
　　芟落，諸家全書自是不可復見。由貞觀至五代，逾三百年，世儒競攻專門之
　　陋學，禮者幾無傳矣。本朝列聖相承，崇顯經學，師友淵源，跨越前代，故
　　經各有解，或自名家，或輯眾說，逮今日為尤詳。《禮記》並列六籍，乃獨闕

焉。諸儒間嘗講明，率散見雜出，而又窮性理者略度數，推度數者遺性理，欲其參考並究，秩然成書，未之有也。予晚學孤陋，濫承緒業，首取鄭《注》孔《義》，蕫除蕪蔓，採摭樞要，繼遂博求諸家之說，零篇碎簡，收拾略遍，至若說異而理俱通，言詳而意有本，抵排孔、鄭，援據明白，則亦並錄，以俟觀者之折衷。其有沿襲陳言，牽合字說，於義舛駁，悉置弗取。日編月削，幾二十餘載而後成，凡一百六十卷，名曰《禮記集說》。傳禮業者，苟能因眾說之淺深，探一經之旨趣，詳而度數，精而性理，庶幾貫通而盡識之矣。或曰：「是書粹聚諸家之善，逾數十萬言，毋乃務博而忘約乎？」予曰：「『博學之，審問之』，夫子嘗以誨人也。『博我以文，約我以禮』，顏子親得於師也。『博學而詳說之，將以反說約也』，孟子之所深造也。『吾道一以貫之』，為曾子言之也。予欲無言。」

今按，此書有通志堂本、高麗刻本、文物出版社 1986 年影印本。

〔二〕【後序】予舊習諸家訓解，每病世儒剿取前人之說，以為己出。近得延平周諝希聖解，一再翻閱，始知陳氏、方氏亦推衍其說者耳。蓋後人掇拾前言而觀者，據新忘舊，莫究其始。先儒之書，日就湮晦，此予之所慨歎，而《集說》所由作也。他人著書，惟恐不出於己。予之此編，惟恐不出於人。因不敢謂此編能盡經旨，後有達者，何嫌論著，謹無襲此編所已言，沒前人之善可也。（《經義考》卷一百四十二）

〔三〕【史源】跋尾見《經義考》卷一百四十二。

〔四〕【學術規範】錢泰吉《曝書雜記》卷中云：「學者讀斯語（指黑體字部分——引者注），可知著書當以正叔之用心為法。」胡渭《禹貢錐指略例》亦云：「衛櫟齊湜撰《禮記集說》，其自敘曰：『人之著書，唯恐其言不出於己；吾之著書，唯恐其言不出於人。』此語可為天下法。莊子有重言非必果出其人，亦假之以增重，況真出其人者乎？近世纂述，或將前人所言，改頭換面，私為己有，掠美貪功，傷廉害義，子深恥之，故每立一義，必繫以書名，標其姓字，而以己說附於後。死者可作，吾無愧焉。」今按，二百年後讀此等語，猶戰戰兢兢，汗不敢出。近百年學人不以剿襲為恥，反以剿襲為榮，異哉！生為文抄公，卒諡文抄公，有心人可為此輩撰《文抄公列傳》。

〔五〕【整理與研究】杭世駿撰《續衛氏禮記集說》一百卷（活字板本、杭州局本）。潘斌《衛湜〈禮記集說〉探論》（《儒學論壇》2012 年卷）認為，《禮記集說》

體大思精，條理清晰，援引解義宏富，漢宋兼採，以宋學為重。既是宋代《禮記》學文獻輯佚之淵藪，也是後世禮書編纂的資料來源。

93. 雲莊禮記集說十卷

元陳澔（1261～1341）撰。澔字可大，都昌（今屬江西九江市）人，雲莊其號也。〔一〕

是書成於至治壬戌（1322）。朱彝尊《經義考》作三十卷。今本十卷，坊賈所合併也。〔二〕初，延祐科舉之制，《易》《書》《詩》《春秋》皆以宋儒新說與古注疏相參，惟《禮記》則專用古注疏。蓋其時老師宿儒猶有存者，知禮不可以空言解也。澔成是書，又在延祐之後，亦未為儒者所稱。明初始定《禮記》用澔注，胡廣等修《五經大全》，《禮記》亦以澔注為主，用以取士，遂誦習相沿。

蓋說《禮記》者，漢、唐莫善於鄭、孔，而鄭《注》簡奧，孔《疏》典贍，皆不似澔注之淺顯。宋代莫善於衛湜，而卷帙繁富，亦不似澔注之簡便。又南宋寶慶以後，朱子之學大行，而澔父大猷師饒魯，魯師黃榦，榦為朱子之婿，遂藉考亭之餘蔭，得獨列學官。

其注《學記》「術有序」句，引《周禮·鄉大夫》「春秋以禮會民，而射於州序」，《周禮·鄉大夫》實無此文。注《檀弓》「五十以伯仲」句，引賈公彥《儀禮疏》，乃孔穎達《禮記疏》文，正與賈說相反，頗為論者所譏。然朱子注《詩》「騋牝三千」，引《禮記》「問國君之富，數馬以對」，《禮記》無此文。注《孟子》「神農之言」，引史遷所謂「農家者流」，《史記》無此文。蔡沈注《書》「釐降二女於媯汭」，引《爾雅》「水北曰汭」，《爾雅》無此文；又注「西伯戡黎」，引《史記》「紂使膠鬲觀兵」，注「星有好雨」，引《漢志》「軫星好雨」，《史記》《漢書》亦均無此文。是皆偶然筆誤，未足以累全書。且何休漢代通儒，號為「學海」，而注《公羊傳》「舟中之指可掬」句，引「天子造舟、諸侯維舟、卿大夫方舟、士特舟」語，尚誤記《爾雅》為《禮》文，又何有於澔？澔所短者，在不知「禮制當有證據，禮意當有發明」。而箋釋文句，一如注《孝經》《論語》之法。故用為蒙訓則有餘，求以經術則不足〔三〕。朱彝尊《經義考》以「兔園冊子」詆之〔四〕，固為已甚，要其說亦必有由矣。

特禮文奧賾，驟讀為難，因其疏解，得知門徑，以漸進而求於古，於初學之士，固亦不為無益。是以國朝定制，亦姑仍舊貫，以便童蒙。然復欽定

《禮記義疏》，博採漢、唐遺文，以考證先王制作之旨，並退澔說於諸家之中，與《易》《詩》《書》三經異例。是則聖人御宇，經籍道昌，視明代《大全》，抱殘守匱，執一鄉塾課冊以錮天下之耳目者，盛衰之相去，蓋不可以道里計矣。〔五〕（《四庫全書總目》卷二十一）

【注釋】

〔一〕**【作者】**陸元輔曰：「澔字可大，都昌人。宋亡不樂仕進，教授鄉里，學者稱雲莊先生。」《元史》無傳。《宋元學案》卷八十三有小傳。

〔二〕**【版本】**潘景鄭《殘元本禮記集說》云：「元初刊本十六卷，至明時，經坊賈改並為十卷，已失原書次第面目。」（《著硯樓讀書記》第9頁）

〔三〕**【自序】**前聖繼天立極之道，莫大於禮。後聖垂世立教之書，亦莫先於禮。「禮儀三百，威儀三千」，孰非精神心術之所寓，故能於天地同其節，四代損益，世遠經殘，其詳不可得聞矣。《儀禮》十七篇，《戴記》四十九篇。先儒表章《學》《庸》，遂為千萬世道學之淵源。其四十七篇之文，雖純駁不同，然義之淺深同異，誠未易言也。鄭氏祖讖緯，孔《疏》惟鄭之從，雖有他說不復收載，固為可恨。然其灼然可據者，不可易也……會萃衍繹，而附以臆見之言，名曰《禮記集說》。蓋欲以坦明之說，使初學讀之即了其義，庶幾章句通則蘊奧自見。正不必高為議論，而卑視訓詁之辭也。

〔四〕**【兔園冊子】**朱彝尊云：「自漢以來，治小戴之《記》者不為不多矣。以公論揆之，自當用衛氏《集說》取士，而學者厭其文繁，全不寓目。若雲莊《集說》，直兔園冊子耳。獨得頒於學官，三百餘年不改。於其度數品節，擇焉不精，語焉不詳。禮云禮云，如斯而已乎？」（《經義考》卷一百四十三）

〔五〕**【整理與研究】**《儒藏》精華編第55冊收入此書校點本。王欣夫先生云：「明代劉績已有匡謬之作，但其書已失傳。清代方苞《禮記析疑》、江永《禮記訓義擇言》亦頗正其誤。而專著一書，加以糾彈者，前有陸元輔《陳氏禮記集說補正》，後有陳鱣《禮記參訂》。陳氏稿本曾為劉氏嘉業堂所得，今不知在何處。」（《蛾術軒篋存善本書錄》第750頁）今按，江永《禮記訓義擇言》有原刻本、守山閣本、金壺本、《續經解》本、《叢書集成初編》本。《禮記陳氏集說補正》三十八卷，陸元輔撰，徐乾學以納蘭性德之名刊入《通志堂經解》中。今按，蘇成愛《〈陳氏禮記集說〉研究》（南京師範大學2007年碩士論文）對著者生平進行考辨，對不同版本進行考察，校正武英殿影印本《禮記集說》存在的文字錯訛。戴雅萍《陳澔〈禮記集說〉平議》（南京師範大學

2012 年碩士論文）探討其解經方式和特點，審視其價值影響。司馬按，此種專書研究模式的優點是可以深入發掘原著的內涵，做「窄而深」的研究，缺點是往往只見樹木不見森林，缺少比較研究的維度，難以上下貫通。實踐證明並將繼續證明，此種「窄而深」的研究模式往往只能訓練出所謂的專家，卻無法培養出百科全書式的通儒。

94. 禮記大全三十卷

明胡廣（1370～1418）等奉敕撰。

以陳澔《集說》為宗。所採掇諸儒之說，凡四十二家。朱彝尊《經義考》引陸元輔之言謂：「當日諸經《大全》，皆攘竊成書，以罔其上。此亦必元人之成書，非諸臣所排纂（云云）。」〔一〕雖頗涉鄰人竊斧之義，然空穴來風，乳燕來巢，以他經之蹈襲例之，或亦未必無因歟？

諸經之作，皆以明理，非虛懸而無薄。故《易》之理，麗於象數；《書》之理，麗於政事；《詩》之理，麗於美刺；《春秋》之理，麗於褒貶；《禮》之理，麗於節文，皆不可以空言說，而《禮》為尤甚。

陳澔《集說》略度數而推義理，疏於考證，舛誤相仍。納喇性德至專作一書以攻之〔二〕，凡所駁詰，多中其失。廣等乃據以為主，根柢先失。其所援引亦不過箋釋文句，與澔說相發明。顧炎武《日知錄》曰：「自八股行而古學棄，《大全》出而經說亡。洪武、永樂之間，亦世道升降之一會。」〔三〕誠深見其陋也。特欲全錄明代「五經」，以見一朝之制度，姑並之云爾。（《四庫全書總目》卷二十一）

【注釋】

〔一〕【史源】《經義考》卷一百四十四。

〔二〕【陳氏禮記集說補正】國朝納喇性德撰。是編因陳浩《禮記集說》疏舛太甚，乃為條析而辨之。凡澔所遺者，謂之「補」；浩所誤者，謂之「正」。皆先列經文，次列澔說，而援引考證以著其失。其無所補正者，則經文與澔說並不載焉。頗採宋、元、明人之論，於鄭《注》、孔《疏》亦時立異同。大抵考訓詁名物者十三四，辨義理是非者十之六七。以澔注多主義理，故隨文駁詰者亦多也。凡澔之說，皆一一溯其本自何人，頗為詳覈。而愛博嗜奇，亦往往泛採異說……然綜覈眾論，原委分明，凡所指謫切中者十之八九。即其據理推求者，如《曲禮》「很毋求勝，分毋求多」，澔注稱況求勝者未必能勝，求

多者未必能多。性德則謂此乃不忮不求、懲忿窒欲之事。陳氏所云，不免計較得失，若是則可以必勝，可以必多，將不難於為之矣。是雖立濡於旁，恐亦無以復應也。(《四庫全書總目》卷二十一)

今按，《陳氏禮記集說補正》四庫本題為「納喇性德撰」，實出陸元輔之手。又按，張鈞撰《納蘭性德全傳》(長春出版社 1997 年版)。張任政撰《納喇性德年譜》，黃天驥撰《納喇性德和他的詞》(廣東人民出版社 1983 年版)，書末附《年譜》與《交遊考》兩篇，高岸撰《張任政納喇性德年譜補正》(《承德師專學報》1990 年第 3 期)。值得注意的是，應該在此基礎上重撰一部更為翔實的年譜。

〔三〕【史源】《日知錄》卷十八「書傳會選」條。

95. 大戴禮記十三卷

漢戴德撰。

《隋書·經籍志》曰：「《大戴禮記》十三卷，漢信都王太傅戴德撰。」〔一〕《崇文總目》云：「《大戴禮記》十卷三十五篇，又一本三十三篇。」《中興書目》云：「今所存止四十篇。」晁公武《讀志》云：「篇目自三十九篇始，無四十三、四十四、四十五、六十一四篇，有兩七十四。」〔二〕而韓元吉〔三〕、熊朋來〔四〕、黃佐〔五〕、吳澄〔六〕並云兩七十三。陳振孫〔七〕云兩七十二，蓋後人於《盛德》第六十六別出《明堂》一篇為六十七。其餘篇第，或至《文王官人》第七十一改為七十二，或至《諸侯遷廟》第七十二改為七十三，或至《諸侯釁廟》第七十三改為七十四，故諸家所見不同。蓋有新析一篇，則與舊有之一篇篇數重出也。漢許慎《五經異義·論明堂》稱《戴記禮說·盛德記》即《明堂篇》語。《魏書·李謐傳》《隋書·牛弘傳》俱稱《盛德篇》，或稱《泰山盛德記》，知析《盛德篇》為《明堂篇》者，出於隋、唐之後。又鄭康成《六藝論》曰：「《戴德傳記》八十五篇。」司馬貞曰：「《大戴禮》合八十五篇，其四十七篇亡，存三十八篇。」蓋《夏小正》一篇多別行，隋、唐間錄《大戴禮》者，或闕其篇，是以司馬貞云然。原書不別出《夏小正》篇，實闕四十六篇，存者宜為三十九篇。《中興書目》乃言存四十篇，則竄入《明堂篇》題，自宋人始矣。

書中《夏小正》篇最古。其《諸侯遷廟》《諸侯釁廟》《投壺》《公冠》皆禮古經遺文。又《藝文志》：《曾子》十八篇，久逸。是書猶存其十篇，自《立

事》至《天圓篇》，題上悉冠以曾子者是也。書有注者八卷，餘五卷無注，疑闕逸，非完本。朱子〔八〕引《明堂篇》鄭氏注云：「法龜文。」殆以注歸之康成。考注內徵引有康成、譙周、孫炎、宋均、王肅、范甯、郭象諸人，下逮晉之儒。王應麟《困學紀聞》〔九〕指為盧辯注。據《周書》，辯字景宣，官尚書右僕射。以《大戴禮》未有解詁，乃注之。其兄景裕謂曰：「昔侍中注《小戴》，今爾注《大戴》，庶續前修矣。」王氏之言，信而有徵。

是書正文並注，訛舛幾不可讀〔十〕。而《永樂大典》內散見僅十六篇。今以各本及古籍中摭引《大戴禮記》之文，參互校訂，附案語於下方。史繩祖《學齋占畢》言《大戴記》列之十四經中〔十一〕，其說今不可考。然先王舊制，時有徵焉，固亦禮經之羽翼爾〔十二〕。（《四庫全書總目》卷二十一）

【注釋】

〔一〕【考證】沈文倬先生云：「《隋志》《夏小正》別為卷，《唐志》無《小正》之別。今按，《夏小正》是當時根據天象、物候來指導農業生產的記錄。宋代有傅崧卿的校勘和金履祥的注釋，至清代而形成整理《夏小正》為研究天文動植物的一門專門科學。先後二十多家中，校勘以盧文弨、黃丕烈、孫星衍、葉大莊最著名；注釋方面，諸錦的《夏小正詁》，孔廣森的《夏小正補注》，畢沅的《夏小正考注》，王聘珍的《夏小正解詁》，朱駿聲的《夏小正補傳》，王筠的《夏小正正義》，洪震煊的《夏小正疏義》，顧鳳藻的《夏小正集解》，王貞的《夏小正小箋》，都是很出色的。《夏小正》一書應與《尚書》《詩經》一樣，看作是我國最古的文獻資料之一。」（《菿闇文存》第1000～1002頁，商務印書館2006年版）今按，《卷盦書跋》第9～10頁載有稿本《夏小正箋疏》。又按，在《夏小正》中提到了六個宿名，其中兩個是第一次出現，天文學上的證據顯示該書的年代在公元前4世紀。

〔二〕【史源】《郡齋讀書志》卷二。

〔三〕【史源】《經義考》卷一百三十八。

〔四〕【史源】《經義考》卷一百三十八。

〔五〕【史源】《經義考》卷一百三十八。

〔六〕【史源】《經義考》卷一百三十八。

〔七〕【史源】《經義考》卷一百三十八。

〔八〕【史源】朱子曰：「《大戴禮》無頭，其篇目缺處皆是，元無非小戴所去取，其間多雜偽，亦有最好處，然多誤難讀。」又曰：「《大戴禮》本文多錯，注尤

舛誤，或有注，或無注，皆不可曉。又曰：《大戴禮》冗雜，其好處已被小戴採摘來做《禮記》了，然尚有零碎好處在。」

〔九〕【史源】《經義考》卷一百三十八。

〔十〕【整理與研究】至清中葉戴震、盧文弨、汪中等始校訂正誤，孔廣森撰《大戴禮記補注》，王聘珍撰《大戴禮記解詁》（中華書局 2004 年版），晚清俞樾撰《大戴禮記平議》。王樹柟撰《校正孔氏大戴禮記補注》（《叢書集成》本），謝貴安撰《大戴禮研究》（武漢出版社 1991 年版），高明撰《大戴禮記今注今譯》（臺北商務印書館 1984 年版），黃懷信撰《大戴禮記匯校集注》（三秦出版社 2005 年版），方向東撰《大戴禮記匯校集解》（中華書局 2008 年版）。張京《近二十年來〈大戴禮記〉研究綜述》（《衡水學院學報》2018 年第 5 期）考察時段為 2000～2018 年。

王聘珍云：「近代以來，人事校讎，或據王肅私定《家語》，改易經文，是猶聽信盜賊，研審事主也。又或據唐、宋類書所引，增刪字句，是猶捨當官案牘，而求情實於風聞也。」今按，此語取譬甚妙，深得考據之法，可謂卓絕之識。

〔十一〕【史源】史繩祖曰：「《大戴記》一書，雖列之『十四經』，然其書大抵雜取《家語》之書，分析而為篇目。又《勸學》一篇全是荀子之辭，《保傳》一篇全是賈誼疏，以子、史雜之於經，固可議矣。」

《經義考》卷一百三十八按：「《大戴禮記》本無甚蹖駁，自小戴之書單行，而《大戴記》遂束之高閣，世儒明知《月令》為呂不韋作，乃甘棄《夏小正》篇不用，殊不可解。學齋史氏其論說亦不取大戴，然由其說推之，則《大戴記》在宋日曾列之於經，故有『十四經』之目，此亦學者所當知也。」

〔十二〕【禮經之羽翼】錢大昕《潛研堂文集》卷二十七《跋大戴禮記》云：「《小戴記》經北海鄭氏表章，得列『十經』之數，而大戴之書無師授者，以致亡佚過半。宋、元以後，《小戴記》與《易》《書》《詩》《春秋》列而為五，而《儀禮》《周官》亦束之高閣，士夫之能讀《大戴》者，益以少矣。然兩家之《記》，要各有所長，如《夏小正》勝於呂氏《月令》，《武王踐阼》較之《文王世子》為醇，而《孔子三朝記》七篇、《曾子》十篇，皆古書之僅存者，實賴斯《記》以傳，必軒彼而輕此，非通論也。學者惑於《隋志》之文，謂大戴之書為小戴所刪取。然《隋志》述經典傳授，多疏舛不可信。鄭康成《六藝論》但云

戴德傳記八十五篇，戴聖傳四十九篇，別無小戴刪大戴之說。今此書與小戴略同者凡六篇，可證其非刪取之餘。」

96. 三禮圖集注二十卷

宋聶崇義撰。崇義，洛陽（今屬河南）人。周顯德中累官國子司業。

世宗詔崇義參定郊廟祭玉，因取《三禮》舊圖，凡得六本，重加考訂〔一〕。宋初上於朝，太祖覽而嘉之，詔頒行。考禮圖始於後漢侍中阮諶。其後有梁正者題諶圖云：「陳留阮士信受學於潁川綦母君，取其說為圖三卷，多不按禮文，而引漢事與鄭君之文違錯。」〔二〕正稱：「《隋書・經籍志》列鄭玄及阮諶等《三禮圖》九卷。」《唐書・藝文志》有夏侯伏朗《三禮圖》十二卷，張鎰〔三〕《三禮圖》九卷，《崇文總目》有梁正《三禮圖》九卷。《宋史》戴吏部尚書張昭等奏云：「《四部書目》內有《三禮圖》十二卷，是開皇中敕禮部修撰，其圖第一、第二題云梁氏、第十後題云鄭氏，今書府有《三禮圖》，亦題梁氏、鄭氏。」則所謂六本者，鄭玄一，阮諶二，夏侯伏朗三，張鎰四，梁正五，開皇所撰六也。然勘驗《鄭志》，玄實未嘗為圖，殆習鄭氏學者作圖，歸之鄭氏歟？今考書中宮室、車服等圖，與鄭《注》多相違異。即如《少牢饋食》「敦皆南首」，鄭《注》云：「敦有首者，尊者器飾也。飾蓋象龜。」周之制，飾器必以其類，龜有上下甲，此言敦之上下象龜上下甲，蓋者意擬之辭，而是書敦與簠簋皆作小龜，以為蓋頂。是一器之微，亦失鄭意。沈括《夢溪筆談》譏其犧象尊、黃目尊之誤〔四〕。歐陽修《集古錄》譏其簠圖與劉原甫所得真古簠不同〔五〕。趙彥衛《雲麓漫抄》譏其爵為雀背承一器，犧象尊作一器繪牛象〔六〕。林光朝亦譏之曰：「聶氏《三禮圖》全無來歷，穀璧則畫穀，蒲璧則畫蒲，皆以意為之，不知穀璧止如今腰帶胯上粟文耳。」〔七〕是宋代諸儒亦不以所圖為然。然其書抄撮諸家，亦頗承舊式，不盡出於杜撰。

淳熙中，陳伯廣嘗為重刻，題其後云：「其圖度未必盡如古昔，苟得而考之，不猶愈於求諸野乎！」〔八〕斯言允矣。今姑仍其舊帙錄之，以備一家之學。此書世所行者，為通志堂刊本，或一頁一圖，或一頁數圖，而以說附載圖四隙。行款參差，尋覽未便。惟內府所藏錢曾也是園影宋抄本，每頁自為一圖，而說附於後〔九〕，較為清整易觀，今依仿繕錄焉。（《四庫全書總目》卷二十二）

【注釋】

〔一〕【三禮圖集注序】會國朝創製彝器，迨於車服乃究其軌量，親自規模，舉之措之，或沿或革，從理以變，惟適其本。時之學者，曉然服義，於是博採三禮舊圖，凡得六本，大同小異，其猶面焉，至當歸一之言，豈容如是吾誰適從之歎。蓋起於斯，何以光隆於一時，垂裕於千古，遂鑽研尋繹，推較詳求，原始以要終，體本以正末，躬命績素，不差毫釐，率文而行，恐迷其形範，以圖為正，則應若宮商。凡舊圖之是者，則率由舊章。順考古典，否者則當理彈射，以實裁量。通者則惠朔用，其互聞呂望，存其兩說，非其學無以臻其極，非其明無以宣其象，遵其文，譯其器，文象推合，略無差較，作程立制，昭示無窮。

〔二〕【史源】《經義考》卷一百六十三。

〔三〕【張鎰】（？～783），字季權，一字公度。建中四年（783），與吐蕃尚結贊盟於清水，劃定分疆。旋被叛將李楚琳所殺。著有《三禮圖》九卷、《孟子音義》三卷。

〔四〕【史源】沈括《夢溪筆談》卷十九「器用」條：「禮書所載黃彝，乃畫人目為飾，謂之『黃目』。余遊關中，得銅黃彝，殊不然。其刻畫甚繁，大體似繆篆，又如闌盾間所畫回波曲水之文。中彰二目，如大彈丸，突起。煌煌，所謂黃目也。視其文，彷彿有牙角口脗之象。或說黃目乃自是一物。又余昔年在姑熟王敦城下土中得一銅鉦，刻其底曰『諸葛士全荅鳴鉦』。荅，即古落字也，此部落。士全，部將名耳。鉦中間鑄一物，有角，羊頭；其身亦如篆文，如今時術士所畫符。傍有兩字，乃大篆『飛廉』字，篆文亦古怪；則鉦間所圖，蓋飛廉也。飛廉，神獸之名。淮南轉運使韓持正是一物。飛廉之類，其形狀如字非字，如畫非畫，恐古人別有深理。大抵先王之器，皆不敬為。昔夏后鑄鼎以知神奸，殆亦此類。恨未能深究其理，必有所謂。或曰《禮圖》樽彝，皆以木為之，未聞用銅者。此亦未可質，如今人得古銅樽者極多，安得言無？如《禮圖》『甕以瓦為之』，《左傳》卻有諸甕；律以竹草稼之象，今世人發古家得蒲璧，乃刻文蓬蓬如蒲花敷時；嗀璧如粟粒耳。則《禮圖》亦未可為據。」

今按，風師謂之飛廉。傳說中的風神。唐羅隱《自湘川東下立春泊夏口阻風登孫權城》詩：「只見風師長占路，不知青帝已行春。」《元典章·禮部三·祭禮》：「立春後丑日祭風師於東北郊。」

〔五〕【史源】歐陽修《集古錄》卷一「叔高父煮簋銘」條:「右煮簋銘曰:『叔高父作煮簋,其萬年,子子孫孫永寶用。』原父在長安得此簋於扶風,原甫曰:『簋容四升,其形外方內圓,而小墳之似龜,有首,有尾,有足,有甲,有腹。』今禮家作簋,亦外方內圓,而其形如桶,但於其蓋刻為龜形,於原甫所得真古簋不同。君謨以謂禮家傳其說,不見其形制,故名存實亡,原甫所見可以正其謬也。故並錄之,以見君子之於學,貴乎多見而博聞也。治平元年六月二十日書。」又同卷「終南古敦銘」條云:「右終南古敦銘,大理評事蘇軾為鳳翔府判官,得古器於終南山下,其形制於今《三禮圖》所畫及人家所藏古敦皆不同,初莫知為敦也,蓋其銘有寶尊敦之文,遂以為敦爾。」

〔六〕【史源】宋趙彥衛《雲麓漫抄》卷四。

〔七〕【史源】宋林光朝《艾軒集》卷三「策問」條。

〔八〕【聶氏三禮圖序】「六經」有圖,「三禮」尤不可少。鄭康成、阮諶、梁正、夏侯伏朗之書,吾不得而見之矣。博採諸圖成書者,洛陽聶崇義也。當周顯德中,崇義以國子司業兼太常博士,與國子祭酒汝陰尹拙同僚其論祭玉,援引《周禮》正文,拙無以難。迨宋建隆初,考正《三禮圖》,表上於朝。時拙已遷太子詹事,被詔集儒學之士,重加參議,拙多所駁正,崇義復引經釋之,書成,拜紫綬、犀帶、白金、繒帛之賜,頒其書於學官,繪圖宣聖殿後北軒之壁。至道初舊壁崩剝,命易以版,改作論堂之上。咸平中,車駕幸學,親覽觀焉。斯亦儒者稽古之榮矣。乃有賈安宅等言,其未見古器,出於臆度,而陳用之撰《太常禮書》,陸農師撰《禮象》,皆以正聶氏之失,而補其闕遺。有詔毀論堂畫壁。然寶學士儼序稱其採三禮舊圖,凡得六本,鑽研尋繹,推較詳求,原始要終,體本正末,能事盡焉,則非出於臆度者也。永嘉陳伯廣跋卷尾云:「其圖度未必盡如古昔,苟得而考之,不猶愈於求諸野乎!」斯言得之。(朱彝尊《曝書亭集》卷三十四)

〔九〕【版本】此書有《四部叢刊》影蒙古刻本。張元濟跋云:「首二卷,汲古閣毛氏據宋刻影寫,餘十八卷出於宋刻,而實非宋刻⋯⋯從王氏(指王國維——引者注)之言,定為蒙古刊本。」(《張元濟古籍書目序跋彙編》第 929～930 頁)

97. 三禮圖四卷

明劉績撰。績字用熙，號盧泉，江夏（今屬湖北武漢市）人。弘治庚戌（1490）進士。官至鎮江府知府。〔一〕

是書所圖，一本陸佃《禮象》、陳祥道《禮書》、林希逸《考工記解》諸書，而取諸《博古圖》者為尤多，與舊圖大異〔二〕。考漢時去古未遠，車服禮器猶有存者，鄭康成圖雖非手撰，要為傳鄭學者所為。阮諶、夏侯伏朗、張鎰、梁正亦皆五代前人，其時儒風淳實，尚不以鑿空臆斷相高。聶崇義參考六本，定為一家之學。雖踵謬沿訛，在所不免，而遞相祖述，終有典型。

至《宣和博古圖》所載，大半揣摩近似，強命以名，其間疏漏多端，洪邁諸人已屢攻其失。績以漢儒為妄作，而依據是圖，殊為顛倒。然所採陸、陳諸家之說，如齊子尾送女器出於魏太和中，犧尊純為牛形，王肅據以證鳳羽婆娑之誤；齊景公器出晉永康中，象尊純為象形，劉杳據以證象骨飾尊之非；蒲璧刻文如蒲荏敷時，穀璧如粟粒，其器出於宋時，沈括據以證蒲形、禾形之謬。此書並採用其說，亦足以備一解。至於宮室制度，輿輪名物，凡房序堂夾之位，輈較賢藪之分，亦皆一一分析，不惟補崇義之闕，且以拾希逸之遺。其他斑茶曲直之屬，增舊圖所未備者又七十餘事。過而存之，未始非兼收並畜之義也。（《四庫全書總目》卷二十二）

【注釋】

〔一〕【劉績之校勘學】王欣夫認為：「嘗謂劉氏校勘之學，為有明一代冠。昔於《管子》得之，今又於《淮南子》徵之矣。」（《蛾術軒篋存善本書錄》第 576 頁）今按，對於劉績的校勘學成就，我們應該進行專題總結，以明其成敗得失。

〔二〕【三禮圖說】三代制度本於義，故推之而無不合。自漢以來失其傳，而率妄作，間有微言，訓詁者又誤，遂使天下日用飲食、衣服作止，皆不合天人，而流於異端矣。績甚病之，既注《易》以究其原，又注《禮》以極其詳，顧力於他經不暇，故作此圖以總之。凡我同志留心焉，則可以一貫矣。勿泥舊說，見舊是者，今不復圖。（《三禮圖》卷一）

98. 學禮質疑二卷

國朝萬斯大（1637～1689）撰。斯大有《儀禮商》，已著錄。

是書考辨古禮，頗多新說。如謂：魯郊惟日至一禮祈穀不名郊。自魯僭〔一〕行日至之郊，其君臣託於祈穀以輕其事。後人不察郊與祈穀之分，遂以

魯為祈穀。見《春秋》不書祈穀，遂以祈穀為郊。〔二〕今考《襄公七年傳》：
「孟獻子曰：夫郊祀后稷以祈農事，啟蟄而郊，郊而後耕。」桓公五年秋大
雩，《左氏傳》曰：「書不時也。凡祀啟蟄而郊，龍見而雩。」與孟獻子之言亦
合。斯大既不信《左氏》，又據《詩序》謂昊天有成命為郊祀天地，而不言祈
穀，遂立是說。不知《大戴禮‧公符篇》戴郊祝曰：「承天之神，興甘風雨，
庶卉百穀，莫不茂者。」則郊兼祈穀之明證。《家語》雖出依託，然皆綴緝舊
文。其《郊問篇》稱：「至於啟蟄之月，則又祈穀於上帝。」王肅注曰：「啟蟄
而郊，郊而後耕。」與鄭、杜二家尤為契合。斯大別為創論，非也。斯大又
謂：「大社祭地地北郊，王社祈穀在國中。」今考《五經通義》，大社在中門之
外，王社在籍田之中。孔、賈《疏》及《通典》俱宗其說。又《左傳‧閔公二
年傳》：「間於兩社為公室輔。」杜預《注》：「周社、亳社，兩社之間，朝廷執
政所在。」孔穎達《疏》曰：「魯是周之諸侯，故國社謂之周社。」則國社之
所在為朝廷執政之所在，其為中門內無疑。諸侯之國社，與天子之大社同也。
《周書‧作雒篇》曰：「乃設立邱兆於南郊，以上帝配后稷日月星辰，先王皆
與食。諸侯受命於周，乃建大社於國中。」「國中」與「南郊」對舉，則大社
不在郊而在國可知。斯大所云，誤亦顯著。斯大又謂：「士止為小宗，不得為
大宗，以士無祖廟也。」今考《喪服小記》曰：「士不攝大夫，士攝大夫惟宗
子。」又《荀子》曰：「故王者天太祖，諸侯不敢壞，大夫、士有常宗。」楊
倞注曰：「繼別子之後為族人所常宗，百世不遷之大宗也。」據此，則士亦得
為大宗明矣。又《喪服小記》曰：「庶子不祭殤與無後者，殤與無後者從祖祔
食。」鄭玄《注》曰：「宗子之諸父無後者，為墠祭之。」孔穎達《疏》曰：
「若宗子是士，無曾祖廟，故諸父無後者為墠祭之。」又《曾子問》曰：「若
宗子死，告於墓而後祭於家。」鄭《注》曰：「祭於家，容無廟也。」孔《疏》
曰：「祭於家，是容宗子無爵，其家無廟，而祭於庶子之家。」是且有無廟而
為宗子者矣。今斯大謂有始祖廟乃得為大宗。充其說，不特士不得為大宗，
據《祭法》則大夫止有曾祖廟，將大夫亦不得為大宗乎？斯大又變其說，謂
大夫士皆得祭高曾祖禰，引《大傳》曰：「大夫士有大事，省於其君，干祫及
其高祖。」今考孔《疏》：「祫，合也。」謂雖無廟而得與有廟者合祭，大夫蓋
祫於曾祖廟而上及高祖。上士則祫於祖廟而上及曾祖、高祖，中士則祫於禰
廟而上及祖與曾祖、高祖。又安得援為皆得有廟之證乎？斯大又謂《小記》
大夫士之妾「祔於妾祖姑，亡則中一以上而祔」，則祔於高祖姑，是高祖有廟。

今考《小記》孔《疏》曰：「妾無廟，為壇祔之耳。」則妾雖祔於高祖之妾，不必高祖有廟。觀《雜記》：「父母之喪，尚功衰而祔兄弟之殤。」孔《疏》：「其小功兄弟身及父，是庶人不合立祖廟，則曾祖、嫡孫為之立壇，祔小功兄弟之長殤於從祖，立神而祭。」不為從祖立廟也，又安得謂高祖之妾有廟乎？凡此皆自立異說，略無顯據。其他若辨商、周改月改時，周詩、周正及兄弟同昭穆，皆極精確。宗法十餘篇，亦頗見推闡。置其非而存其是，亦未始非一家之學也。〔三〕（《四庫全書總目》卷二十二）

【注釋】

〔一〕【僭】超越本分，冒用在上者的職權、名義行事。

〔二〕【史源】《學禮質疑》卷一。

〔三〕【整理與研究】鄧聲國教授《試論萬斯大的儀禮學》一文（《齊魯文化研究》2012年版）認為，將萬斯大的《儀禮》研究置身於整個清代禮經詮釋史的背景下進行觀照，發掘萬氏禮經研習的歷程、務求「新」說的成因，以及萬氏禮經研究的詮釋特色、在有清一代經學界的評介情況，不僅有助於認知萬斯大禮經學的實際價值和貢獻，更有助於重構與還原清代禮學研究的真實面貌。

99. 讀禮志疑六卷

國朝陸隴其（1630～1692）撰。隴其有《古文尚書考》，已著錄。

是編以《三禮》之書多由漢儒採輯而成，其所載古今典禮，自明堂、清廟、吉、凶、軍、賓、嘉以及名物、器數之微，互相考校，每多齟齬不合，因取鄭、孔諸家注疏，折衷於朱子之書，務得其中，並旁及春秋律呂與夫天時人事，可與《禮經》相發明者，悉為採入。其有疑而未決者，則仍闕之，故曰《讀禮志疑》。

案：《禮經》自經秦火，雖多殘闕不完，而漢代諸儒去古未遠，其所訓釋大抵有所根據，不同於以意揣求。宋儒義理雖精，而博考詳稽，終不逮注疏家專門之學。隴其覃思心性，墨守程朱，其造詣之醇，誠近代儒林所罕見。至於討論「三禮」，究與古人之終身穿穴者有殊。然孔《疏》篤信鄭《注》，往往不免附會，而陳澔《集說》尤為弇陋。隴其隨文糾正，考核折衷，其用意實非俗儒所能及。如論孔《疏》《月令》，引《太史職》鄭《注》「中數曰歲，朔數曰年」，並舉則分年歲，單舉則可互稱。又祥禫，主鄭駁王。廟制，尊劉駁鄭；

於「禮有擯詔，樂有相步，溫之至也」之文，謂「溫」直是蘊藉，不當如孔《疏》所云以物承藉；於「未卜禘不視學」取孔《疏》「不當禘祭之年，亦待時祭之後」，駁《集說》不五年不視學之說；謂《司尊彝》變朝踐為朝獻，變再獻為饋獻，為省文互文之法。皆自抒所見，絕無門戶之私。至於緇、紂、純三字，謂純當作紂，古人字亦誤用，後來不可不慎。不知古字多通，原未可以近例相限。又袁黃《群書備考》，以賈公彥訛作賈逵，人所共知，何煩深辨，而亦特立一條，為之駁正。此蓋閱書時隨筆標記，門弟子編次校刊，乃誤入正文，未加簡擇，固不足為隴其病矣。〔一〕（《四庫全書總目》卷二十二）

【注釋】

〔一〕【評論】王欣夫先生云：「嘗謂制禮者，當揆之時勢而合，反之人情而安。泥古者非，徇俗者亦非。陸氏《讀禮志疑》曾謂：『有禮俗，有俗禮。禮俗不可變，俗禮則不可不徇。』猶拘墟之見也。」（《蛾術軒篋存善本書錄》第1337頁）

100. 參讀禮志疑二卷

國朝汪紱（1692～1759）撰。紱一名烜，字燦人，號雙池。婺源（今屬江西）人。〔一〕

是書取陸隴其所著《讀禮志疑》，以己意附參於各條之下。其於三禮大端，若謂南郊即為圜邱，大社即為北郊，禘非祭天之名，路寢不得仿明堂之制，又力斥大饗明堂文王配五天帝、武王配五人帝之說，皆主王肅而黜鄭玄，故頗與舊注相左。其謂東西夾室不在堂之兩旁，而在東西房之兩旁，考《儀禮·公食大夫禮》：「公迎賓入，大夫立於東夾南，士立於門，小臣東堂下，宰東夾北，內官之士在宰東上，介門西。」蓋均即位於堂之上下，如紱所云，則大夫及宰乃違眾而獨立於堂後，及東西房兩旁隱蔽之地以矣。又《聘禮》設殯亦云：「堂上之饌八，西夾六。」蓋致饌於賓，其陳設皆自堂及庭及門，取其羅布目前，如紱所云，則饌亦設於堂後矣。紱又謂士無朝服，玄端即士之朝服，上士玄裳，中士黃裳，下士雜裳。考《士冠禮》曰：「主人玄冠朝服，緇帶素韠。」既云素韠，則素裳矣，與卿大夫以上之朝服，初無以異，未嘗獨以黃裳、玄裳、雜裳之玄端為朝服也；又《魯語》曰：「列士之妻加之以朝服。」則士固非無朝服，紱皆未之深考也。至所謂大夫，士無西房，故《士喪禮》主人括髮，眾主人免於房，而婦人乃獨髽於室，以無西房故也。

其說本孔《疏》，可破陳祥道《禮書》之惑。又謂大夫士廟亦當有主，與《通典》所載徐邈及清河王懌之議相合。如斯之類，亦多深得經義。固可與隴其之書並存不廢也。〔二〕（《四庫全書總目》卷二十二）

【注釋】

〔一〕**【作者研究】**余龍光編《雙池先生年譜》（載《清代徽人年譜合刊》上冊第123～246頁）。祖廟前有方池二，因號雙池。

〔二〕**【成書時間】**此書成於乾隆十九年（1754）。（《清代徽人年譜合刊》上冊第222頁）今按，《雙池先生年譜》內載與江永往復論學書，甚有價值。而《江永年譜》反而一字不載。

101. 禮書一百五十卷

宋陳祥道（1053～1093）撰。祥道字用之，福州人。李薦《師友紀談》稱其許少張榜登科，又稱其元祐七年（1092）進《禮圖》《儀禮注》，除館閣校勘。明年用為太常博士，賜緋衣，不旬餘而卒。故稱其仕宦二十七年，止於宣義郎。《宋史》則作官至秘書省正字。

然晁公武《讀書志》載是書，亦稱「左宣義郎太常博士陳祥道撰」，與薦所記同。薦又稱：「嘗為《禮圖》一百五十卷，《儀禮說》六十餘卷，內相范公為進之，乞送秘閣及太常寺。」陳振孫《書錄解題》則稱「元祐中表上之」，晁公武則稱「朝廷聞之，給札繕寫奏御」。《宋史·陳暘傳》則稱禮部侍郎趙挺之上言：「暘所著《樂書》二十卷，案：《樂書》實二百卷，《宋史》字誤。貫穿明備，乞援其兄祥道進《禮書》故事給札。」則薦、振孫所記為確〔一〕，公武「朝廷聞之」之說非其實也〔二〕。其中多掊擊鄭學，如論廟制，引《周官》《家語》《荀子》《穀梁傳》謂天子皆七廟，與康成天子五廟之說異；論禘祫謂圜邱自圜邱，禘自禘，力破康成禘即圜邱之說；論禘大於祫並祭及親廟，攻康成禘小祫大，祭不及親廟之說；辨上帝及五帝，引《掌次》文，闢康成上帝即五帝之說。蓋祥道與陸佃皆王安石客。案：祥道為王安石之徒，見晁公武《讀書志》祥道《論語解》條下。

安石說經，既創造新義，務異先儒，故祥道與陸佃，亦皆排斥舊說。佃《禮象》今不傳，惟神宗時詳定郊廟禮文諸議，今尚載《陶山集》中，大抵多生別解，與祥道駁鄭略同。蓋一時風氣所趨，無庸深詰。然綜其大致，則貫通經傳，縷析條分，前說後圖，考訂詳悉。陳振孫稱其論辨精博，間以繪畫，唐

代諸儒之論，近世聶崇義之圖，或正其失，或補其闕。晁公武，元祐黨家，李廌，蘇門賓客，皆與王氏之學異趣。公武則稱其書甚精博，廌亦稱其禮學通博，一時少及，則是書固甚為當時所重，不以安石之故廢之矣。(《四庫全書總目》卷二十二)

【注釋】

〔一〕【考證】胡玉縉先生云：「陸氏《皕宋樓藏書志》有宋刊本及宋刊、元修本，題『左宣議郎太常博士臣陳道祥上進』，並有建中靖國元年尚書禮部牒。」(《四庫全書總目提要補正》第 142 頁)

〔二〕【考證】崔富章教授云：「道祥自序稱：『嘗考六藝百家之文，以究先王禮樂之跡。凡寓於形名度數者扣、辨其制，凡藏於道德仁義者必發其蘊。僅二十年著成《禮書》，總一百五十卷……豈謂伏蒙太皇太后陛下、皇帝陛下曲加採聽，特給筆札，俾寫上進……』是則公武『朝廷聞之』之說不誤，館臣未細檢耳。」(《四庫提要補正》第 141 頁)

102. 儀禮經傳通解三十七卷續二十九卷〔一〕

《儀禮經傳通解》，宋朱子（1130～1200）撰。

初名《儀禮集傳集注》。朱子《乞修三禮札子》所云「以《儀禮》為經，而取《禮記》及諸經史雜書所載有及於禮者，皆以附於本經之下，具列注疏諸儒之說，略有端緒」，即是書也。其《札子》竟不果上，晚年修葺，乃更定今名。朱子沒後，嘉定丁丑（1217）始刊版於南康。凡《家禮》五卷，《鄉禮》三卷，《學禮》十一卷，《邦國禮》四卷，共二十三卷，為四十二篇。中闕《書數》一篇，《大射》至《諸侯相朝》八篇，尚未脫稿。其卷二十四至卷三十七，凡十八篇，則仍前草創之本，故用舊名《集傳集注》，是為《王朝禮》。中闕《卜筮》一篇，目錄內《踐阼》第三十一以後，序說並闕，蓋未成之本也。所載《儀禮》諸篇，咸非舊次，亦頗有所釐析。如《士冠禮》三屨本在辭後，仍移入前；《陳器服章》戒宿、加冠等辭本總記在後，乃分入前各章之下；末取《雜記》「女子十五許嫁笄」之文，續經立「女子笄」一目。如斯者不一而足。雖不免割裂古經，然自王安石廢罷《儀禮》，獨存《禮記》，朱子糾其棄經任傳，遺本宗末，因撰是書以存先聖之遺制。分章表目，開卷了然，亦考禮者所不廢也。其喪、祭二門則成於朱子門人黃榦，蓋朱子以創稿屬之。楊復原序述榦之言有曰：「始余創二禮粗就，奉而質之先師，喜謂余曰：『君所立喪祭

禮，規模甚善，他日取吾所編《家鄉邦國王朝禮》，其悉用此更定（云云）。』」則榦之所編，尚不失朱子之意。然榦僅修《喪禮》十五卷，成於嘉定己卯（1219），其《祭禮》則尚未訂定，而榦又沒，越四年壬午（1222），張處刊之南康，亦未完本也。其後楊復重修《祭禮》，鄭逢辰進之於朝。復序榦之書云：「《喪禮》十五卷，前已繕寫，《喪服圖式》今別為一卷，附於正帙之外。」前稱《喪服圖式》《祭禮》遺稿，尚有未及訂定之遺憾。則別卷之意固在此。又自序其書云：「南康學宮舊有《家鄉邦國王朝禮》，及張侯處續刊《喪禮》，又取《祭禮》稿本並刊而存之。竊不自揆，遂據稿本，參以所聞，稍加更定，以續成其書，凡十四卷。」今自卷十六至卷二十九，皆復所重修。合前《經傳通解》及《集傳集注》，總六十有六卷。雖編纂不出一手，而端緒相因，規模不異。古禮之梗概節目，亦略備於是矣。〔二〕（《四庫全書總目》卷二十二）

【注釋】

〔一〕【考證】崔富章教授云：「《總目》據浙江巡撫採進本著錄，庫書底本不明，要亦不出明刻本。」（《四庫提要補正》第 144 頁）

〔二〕【整理與研究】佚名撰《〈儀禮經傳通解〉考證》（北平研究院 1936 年版），李紅撰《朱熹〈儀禮經傳通解〉語音研究》（廈門大學出版社 2011 年版），王志陽撰《〈儀禮經傳通解〉研究》（社會科學文獻出版社 2018 年版）。

103. 禮書綱目八十五卷

國朝江永（1681~1762）撰。

其書雖仿《儀禮經傳通解》之例，而參考群經，洞悉條理，實多能補所未及，非徒立異同〔一〕。如《士冠禮》「屨夏用葛」以下五十字，本在辭後記前，《通解》移置經文「陳器服節」節末。是書亦沿襲其說，不故相詰難。至於《士昏》記「父醮子，命之辭曰」以下三十一字，《通解》列在「陳器饌節」下。而是書改列在「親迎節」下。又《通解》以《記》文「婦入三月然後祭行」二句，別為「祭行」一節，在「奠菜節」之前。而是書以此二句附於「廟見節」之末。蓋是書「廟見」，即《通解》之所謂「釋奠也」。揆以禮意，較《通解》為有倫次。又《通解》割《士冠禮》無《大夫冠禮》而有婚禮以下四句，謂當在《家語·冠頌》內，疑錯簡於此經，頗涉臆斷，是書則仍《記》文之舊，不從《通解》，尤為詳慎，亦未嘗曲相附合也。蓋《通解》朱子未成之書，不免小有出入。其間分合移易之處，亦尚未一一考證，使之融會貫通。永引

據諸書，釐正發明，實足終朱子未竟之緒。視胡文炳輩務博，篤信朱子之名，不問其已定之說、未定之說，無不曲為袒護者，識趣相去遠矣。〔二〕（《四庫全書總目》卷二十二）

【注釋】

〔一〕【成書過程】江永致汪雙池書云：「自少即求《儀禮經傳通解》，反覆切究之。讀之既久，覺其中猶有蒐羅不備、疏密不倫之遺憾。竊不自揆，更欲為之增損隱括，以卒朱子之志。是以別定規模，區為八門。凡百單六篇，八十有五卷。又採漢、唐、宋諸家論禮及朱子欲修《禮書論禮綱領》者，別為首三卷。近又附入《深衣考誤》一卷、《律呂管見》二卷，總九十一卷。凡三代以前禮樂制度散見經傳雜書者，悉有條理可考。書凡三易稿，初曰《存羊篇》，次曰《增訂儀禮經傳》，三稿始易今名為《禮書綱目》。蓋八門為總綱，而各篇則綱中之綱也。」（《雙池先生年譜》）此書成於康熙六十年辛丑（1721），江永時年 41 歲。（《清代徽人年譜合刊》上冊第 60 頁）

〔二〕【整理與研究】蘇正道《〈禮書綱目〉與江永學術》（《安徽大學學報》2018年第 4 期）認為，《禮書綱目》是江永卷帙最大的著述，此書完撰後，江氏以相同體例續編《近思錄集注》《四書典林》《四書古人典林》等理學、制舉用書。其禮書編撰對律呂、曆算資料的收集和整理，為後來相關研究奠下基礎。江永後期轉向禮學考證，多以札記形式進行專題研究，批朱崇鄭。這一轉變萌生於《禮書綱目》的編撰過程之中，與清初學術由博轉精的歷程一致。

104. 家禮八卷

舊本題宋朱子（1130～1200）撰。〔一〕

案：王懋竑《白田雜著》有《家禮考》曰：「《家禮》非朱子書也。《家禮》載於行狀，其序載於文集，其成書之歲月載於年譜，其書亡而復得之由載於《家禮附錄》，自宋以來，遵而用之，其為朱子書幾無可疑者。乃今反覆考之，而知決非朱子之書也。李公晦敍《年譜》：《家禮》成於庚寅居祝孺人喪時。文集序不記年月，而序中絕不及居喪事。《家禮附錄》：陳安卿述朱敬之語，以為『此往年僧寺所亡本。有士人錄得，會先生葬日攜來，因得之』。其錄得攜來，不言其何人，亦不言其得之何所也。黃勉齋作《行狀》，但云：『所輯《家禮》，世所遵用，其後有損益，未及更定。』既不言成於居母喪

時，亦不言其亡而復得，其《書家禮後》亦然。敬之，朱子季子，公晦、勉齋、安卿，皆朱子高第弟子。而其言參錯，不可考據如此。案文集，朱子《答汪尚書書》《與張敬夫書》《呂伯恭書》，其論《祭儀》《祭說》往復其詳。汪、呂書在壬辰、癸巳，張書不詳其年，計亦在其前後也。壬辰、癸巳，距庚寅僅二三年，《家禮》既有成書，何為絕不之及？而僅以《祭儀》《祭說》為言耶？陳安卿錄云：『向作《祭儀》《祭說》甚簡而易曉，今已亡之矣。』則是所亡者乃《祭儀》《祭說》，而非《家禮》也明矣。文集、語錄，自《家禮序》外，無一語及《家禮》者，惟《與蔡季通書》有已取《家禮》四卷納一哥之語，此《儀禮經傳通解》中，《家禮》六卷之四，而非今所傳之《家禮》也。甲寅八月跋《三家禮範》後云：『嘗欲因司馬氏之書，參考諸家，裁訂增損，舉綱張目，以附其後。顧以衰病，不能及已。後之君子，必有以成吾志也。』甲寅距庚寅二十年，庚寅已有成書，朱子雖耄老，豈盡忘之至是而乃為是語耶？竊嘗推求其故，此必有因《三家禮範》跋語而依仿以成之者，蓋自附於『後之君子』而傳者，遂以託之朱子所自作。其序文亦依仿《禮範》跋語，而於《家禮》反有不合。《家禮》重宗法，此程、張、司馬氏所未及，而序中絕不言之，以跋語所未有也。其《年譜》所云居母喪時所作，則或者以意附益之爾。敬之但據所傳，不加深考，此如司馬季思刻溫公書之比。公晦從遊在戊申後，其於早年固所不詳，只敘所聞以為譜。而勉齋行狀之作，在朱子沒後二十餘年。其時《家禮》已盛行，又為敬之所傳錄，故不欲公言其非。但其詞略而不盡，其《書家禮後》謂《經傳通解》未成，為百世之遺恨，則其微意亦可見矣。後之人徒以朱子季子所傳，又見行狀、年譜所載，廖子晦、陳安卿皆為刊刻，三山楊氏、上饒、周氏復為之考訂，尊而用之，不敢少致其疑。然雖云尊用其書，實未有能行者，故於其中謬誤亦不及察，徒口相傳，以熟文公《家禮》云爾。惟元應氏作《家禮辨》，其文亦不傳，僅見於明邱仲深濬所刻《家禮》中。其辨專據《三家禮範跋》，語多疏略，未有以解世人之惑，仲深亦不然之。故余今遍考年譜、行狀及朱子文集、語錄所載，俱附於後，而一一詳證之。其應氏、邱氏語亦並附焉。其他所載謬誤亦數十條，庶來者有以知《家禮》決非朱子之書，而余亦得免於鑿空妄言之罪（云云）。』其考證最明。

又有《家禮後考》十七條，引諸說以相印證，《家禮考誤》四十六條，引古禮以相辨難，其說並精覈有據。懋竑之學，篤信朱子，獨於《易本義》九圖

及是書斷斷辯論，不肯附會〔二〕。則是書之不出朱子，可灼然無疑〔三〕。然自元、明以來，流俗沿用，故仍錄而存之，亦記所謂「禮從宜，使從俗」也。〔四〕（《四庫全書總目》卷二十二）

【注釋】

〔一〕【辨偽】朱熹《跋古今家祭禮》云：右《古今家祭禮》，熹所纂次，凡十有六篇。蓋人之生，無不本乎祖者，故報本反始之心，凡有血氣者之所不能無也。古之聖王，因其所不能無者，制為典禮，所以制其精神，篤其恩愛，有義有數，本末詳焉。遭秦滅學，禮最先壞。由漢以來，諸儒繼出，稍稍綴緝，僅存一二。以古今異便，風俗不同，雖有崇儒重道之君，知經好學之士，亦不得盡由古禮以復於三代之盛。其因時述作，隨事討論，以為一國一家之制者，固未必皆得先王義起之意，然其存於今者亦無幾矣。惜其散脫殘落，將遂泯沒於無聞，因竊蒐輯敘次，合為一篇，以便觀覽，庶其可傳於後。然皆無雜本可參校，往往闕誤，不可曉知。雖《通典》《唐書》，博士官舊藏版本，亦不足據，則他固可知已。諸家之書，如荀氏、徐暢、孟馮翊、周元陽、孟詵、徐潤、孫日周等儀，有錄而未見者尚多有之。有能採集附益，並得善本，通校而廣傳之，庶幾見聞有所興起，相與損益折衷，共成禮俗，於以上助聖朝敦化導民之意，豈不美哉！淳熙元年五月戊戌，新安朱熹謹識。（《晦庵集》卷八十一）

朱熹《家禮序》云：凡禮有本有文，自其施於家者言之，則名分之守，愛敬之實，其本也。冠婚喪祭儀章度數者，其文也，其本者，有家日用之常禮，固不可以一日而不修其文。又皆所以紀綱人道之始終，雖其行之，有時施之，有所然非講之素明，習之素熟，則其臨事之際，亦無以合宜而應節，是亦不可以一日而不講且習焉者也。三代之際，禮經備矣。然其存於今者，宮廬器服之制，出入起居之節，皆已不宜於世。世之君子，雖或酌以古今之變，更為一時之法，然亦或詳或略，無所折衷，至或遺其本而務其末，緩於實而急於文，自有志好禮之士，猶或不能舉其要，而困於貧窶者，尤患其終不能有以及於禮也。熹之愚，蓋兩病焉。是以嘗獨究觀古今之籍，因其大體之不可變者，而少加損益於其間，以為一家之書。大抵謹名分，崇愛敬，以為之本，至其施行之際，則又略浮文，務本實，以竊自附於孔子從先進之遺意，誠得與同志之士熟講而勉行之。庶幾古人所以修身齊家之道，謹終追遠之心，猶可以復見，而於國家所以崇化導民之意，亦或有小補云。

〔二〕【史源】王懋竑《朱子年譜》卷一「淳熙元年甲午（1174）四十五歲」條亦引《跋古今家祭禮》，又引《答鄭景望書》云：《家祭禮》三策並上，不知可補入見版本卷中否？（中華書局點校本第62～63頁）王懋竑《朱子年譜考異》卷一「編次《古今家祭禮》」條亦云：「朱子自為之跋甚詳，而不載其目。其《答鄭景望書》言增孟詵徐潤孫日用三卷為十九卷，以書考之，則賈頊家祭儀第六，孟詵第七，徐潤第八，政和五禮第十一，孫日用第十二，杜公祭享儀第十三，范氏祭儀第十九，其確然可考者七卷而已。而《家禮》則後人偽作。勉齋以《古今家祭禮》同為編次，而《家禮》則別出。至《宋史》以《家禮》入於編次諸書之內，而刪《古今家祭禮》，故後人但知有《家禮》，而《古今家祭禮》遂以不傳於世，甚可惜也。然藏書之家或當有存者。有志之士，多方訪求，庶朱子之書復見於世，寧非大幸乎！」（中華書局點校本第326～327頁）

〔三〕【證真】《家禮附錄》引李方子曰：「乾道五年九月，先生丁母祝令人憂，居喪盡禮，參酌古今，因成《喪葬祭禮》，又推之於冠昏，共為一編，命曰《家禮》。」

《年譜》引黃榦曰：「先生既成《家禮》，為一行童竊以逃。先生易簀，其書始出，今行於世，然其間有與先生晚歲之論不合者，故未嘗為學者道也。」

楊復曰：「愚按《家禮》一書，今之士大夫家冠、婚、喪、祭多所遵用，然此書始成，輒復失之。先生未嘗再加審訂，則世或未之知也。初，先生所定家鄉邦國王朝禮，專以《儀禮》為經。及自述家禮，則又通之以古今之宜，故冠禮則多取司馬氏，婚禮則參諸司馬氏、程氏，喪禮本之司馬氏，後又以高氏之書為最善，及論祔遷則取橫渠遺命，治喪則以書儀疏略而用儀禮，祭禮兼用司馬氏、程氏，而先後所見又有不同。節祠則以韓魏公所行者為法，若夫明大宗小宗之法，以寓愛禮存羊之意。此又《家禮》之大義所繫，蓋諸書所未暇及，而先生於此尤拳拳也。惜其書既亡，至先生既沒而後出，先生不及再修，為一定之成儀，以幸萬世，而反為未成之闕典，愚嘗與朋友讀而病之，於是竊取先生平日去取折衷之言，有以發明《家禮》之意者，若婚禮親迎，用溫公入門以後，則從伊川之類是也。有後來議論，始定不必守《家禮》之舊儀者，若祭禮，祭始祖初祖，而後不祭之類是也。有超然獨得於心，不用疏家穿鑿之說，而默與鄭《注》本義契合，若深衣之續衽鉤邊是也，有用先儒舊義與經傳不同，未見於後來之考訂議論者，若喪服辟領婦人不杖之類是也，凡若此者，悉附於逐條之下，以待朋友共相考訂，庶幾粗有以見先生之意云。」

〔四〕【整理與研究】盧仁淑撰《朱子家禮與韓國之禮學》（人民文學出版社 2000 年版）。毛國民《朱子家禮真偽考的歷史回顧與探索》認為，縱觀《家禮》真偽學術爭論史，偽本論最關鍵人物是王懋竑，最焦點的文獻是《家禮考》；真本論者惟有翻越王氏及其《家禮考》，才可能確立「《家禮》乃朱子書」之言。該文在邱濬、夏炘等人的研究基礎上，進一步補充和反駁王氏觀點，並提出一些新證，如手書《家禮序》筆跡對照、《家禮》核心內容並不悖逆《儀禮》主旨、無「深衣之續衽鉤邊」「喪服辟領」「婦人不杖」等常識錯誤等。這些新證將指向「《家禮》乃朱熹早年草創之作」。（載《現代哲學》2018 年第 1 期）